CA$H

CARBONE

Ouvrage dirigé par Florence Pierron-Boursot
Conception graphique : Stéphanie Aguado
Photographie de couverture : Alexis Reau

34-36, rue La Pérouse
75116 - Paris
www.hugopublishing.fr

ISBN : 9782755663129
Dépôt légal : octobre 2022
Imprimé en France par CPI Brodard et Taupin
N° d'impression : 3048134

Grégory
ZAOUI

CA$H CARBONE

ITINÉRAIRE DU CERVEAU DE L'ARNAQUE DU SIÈCLE

Hugo Doc

Pour mes enfants, Pamela, Ayrton, Benjamin et Tess.
Pardonnez-moi pour tous les moments de votre vie
où je n'ai pas été présent.

Prologue

Je m'présente, je m'appelle Henri
J'voudrais bien réussir ma vie, être aimé
Être beau, gagner de l'argent
Puis surtout être intelligent
Mais pour tout ça il faudrait que j'bosse à plein temps
Daniel Balavoine, « Le chanteur », 1978

– Grégory Zaoui ? appelle une voix froide, tandis qu'un homme ouvre la porte sur ma gauche.

Sans un mot, je me lève, avise le maton. Il est plus jeune que moi, plus musclé, se tient plus droit. En comparaison, je me sens fragile, voûté, rabaissé. Je n'aime ni le regard satisfait qu'il pose sur moi ni son sourire en coin. Il me fait penser à un chasseur de prime heureux d'avoir enfin mis la main sur l'homme le plus recherché du moment.

– Numéro d'écrou 303304, suivez-moi.

En silence, je m'avance vers lui, il me tourne déjà le dos. J'essaie de me redresser, de chasser la culpabilité qui m'assaille et pèse sur mes épaules, de me donner une contenance. J'ignore si je fais illusion, je ne crois pas. Je lui emboîte le pas, adapte mon allure à la sienne, bien qu'elle soit plus maladroite, moins assurée. Voilà ce que je suis aujourd'hui, Grégory Zaoui bien sûr, mais surtout un numéro. J'ai l'impression d'un éternel recommencement, sauf que dans mon cas, je suis le seul fautif. J'ai beau en avoir conscience, être réduit à quelques chiffres pour les années à venir me fait une drôle d'impression. Ne suis-je pas pourtant le cerveau de la grande fraude fiscale de tous les temps, celle de la taxe carbone, qui a coûté plus de 6 milliards d'euros au Trésor public européen ?

Aujourd'hui, je ne suis pas l'homme qui valait 6 milliards, aujourd'hui, je suis le numéro 303304.

En avançant, je regarde le sol, j'essaie de ne pas trop penser aux murs qui m'entourent comme autant d'obstacles à la liberté que j'ai abandonnée il y a quelques heures. Il fait froid, tout est gris, et je traîne ma peine comme un boulet. D'un geste mécanique, je passe une main dans mes cheveux, sur mon visage, mais la réalité est bien sous mes yeux, je ne rêve pas, je suis au contraire plongé dans les méandres de mon pire cauchemar.

J'entends les murmures à mesure que les cellules se succèdent. Je sens les regards curieux posés sur moi, l'histoire qu'on brode déjà sur mon compte, qui se répercutera comme un ricochet d'un bout à l'autre de la prison. De temps à autre, le gardien devant moi donne un coup de matraque contre les barreaux, pour impressionner ; ça y est, il me tient et il veut que tout le monde le sache, il veut s'imposer pour étouffer les rumeurs avant qu'elles ne s'épanouissent. Mais il est déjà trop tard, je connais la prison, je sais que rien n'empêchera les détenus d'inventer, de parler. Que pourraient-ils faire d'autre de toute façon ? Que leur imagination galope, grand bien leur fasse !

D'un rapide mouvement, le maton s'arrête, manquant me faire trébucher. Il pose sur moi son regard de glace, même si je crois deviner un éclair de sympathie sur son visage. Il me désigne du menton ce qui sera mon cachot, ma cellule pour les mois, les années à venir. Deux hommes s'y trouvent déjà, qui me regardent d'un air vaguement curieux, avant de retourner à leurs occupations. L'un regarde la télévision branchée sur une chaîne sportive, l'autre est allongé, le regard dans le vague, observant sans le voir le plafond. Une drôle d'habitude que de se perdre dans les taches et les fissures qui nous entourent.

J'entre, pose mes affaires sur le lit du haut et m'y installe. Une bonne place, tant mieux, je préfère surplomber les autres que d'avoir des ombres au-dessus de moi. J'entends la clé glisser dans la serrure et le déclic si redouté. Me voilà enfermé. Encore.

Après un dernier regard à mes colocataires qui ne m'adressent pas un mot et au gardien qui s'éloigne déjà, j'extirpe un carnet et un crayon de mon maigre paquetage et m'apprête à écrire. La mine de mon stylo posée sur une page blanche, je me demande par où commencer. Comment décrire les épreuves passées ? Comment raconter *qui* je suis et *pourquoi* je suis là ?

J'accouche des premiers mots, un premier pas vers ma vérité. Je me doute que le chemin sera long, mais j'ai le temps à présent. Cinq ans, plus de 1800 jours. Pour poser noir sur blanc l'aventure qui est la mienne, faite de passions, d'amour et de trahisons.

Je m'appelle Grégory Zaoui, numéro d'écrou 303304, et je vais vous raconter mon histoire.

1

« Tu seras béni, mon fils... »

Prison de la Santé, 1er jour

Nous sommes en février. Dehors, le temps est gris et froid, à l'image de mon environnement, à l'image de ce que je ressens au fond de moi. Je suis dans le QH5 : Quartier Haut Bâtiment 5. 3e étage, cellule n°3. Face à nous se trouve une école maternelle, dont je peux entendre les cris joyeux des enfants en récréation. Eux ne craignent pas le froid, ils s'amusent à attraper les légers flocons qui tombent du ciel, bien au chaud dans leurs épais blousons, bonnets et gants pour se protéger de la brise qui nous glace ici jusqu'aux os. En les entendant, je repense aux miens quand ils étaient encore petits, je repense à leur enfance, puis à la mienne. J'attrape mon stylo, au fur et à mesure que défilent les images dans mon esprit, j'entame le début de mon récit.

Je suis né le 11 août 1971, je pesais 3,5 kg.

Rien ne prédestinait le bébé que j'étais à devenir le cerveau d'une opération d'envergure mondiale, « le créateur de la plus grande fraude fiscale de tous les temps de tous pays confondus, celle de la taxe carbone », comme le dirait plus tard *Le Parisien*.

Il fait beau ce jour-là et au-dessus de mon visage un peu rosé et renfrogné, j'imagine la béatitude de mes parents, l'enfant roi est né.

Ils forment un couple d'émigrés juifs d'origine séfarade – venant d'Afrique du Nord –, qui ont œuvré toute leur vie pour gagner de l'argent honnêtement. Ma mère, Patricia, est née en Tunisie le 14 décembre 1950. Mon père, Armand, est né en Algérie le 9 mars 1942. Ma mère a posé le pied en France, à Paris, en 1957, elle avait sept ans. Mon père quant à lui, c'était en 1951, à Marseille, il avait neuf ans. Nous étions ce que l'on appelle une famille modeste, mais heureuse.

À ma naissance, mon père exerçait le métier de coupeur en confection pour son frère aîné Raymond, pour une marque de pantalon implantée dans le prêt-à-porter féminin : Raymarjory. Longtemps auparavant, l'un de mes oncles, Raymond – fondateur et propriétaire des marques Raymond-Ray, Marcel-Mar, Joseph-Jo, Richard-Ri –, s'était fait remarquer dans ce domaine et avait montré l'exemple à mon père et mon oncle. Ils faisaient partie de la grande réussite du quartier du Sentier, plus tard appelé « Silicon Sentier », tant les entreprises s'y sont implantées au fil des ans. Ce quartier est aujourd'hui connu pour avoir accueilli le tournage de la trilogie *La vérité si je mens !*.

Avant cela, il fut cordonnier rue Princesse dans le 6e à Paris, en lieu et place de la maison Castel à qui, d'ailleurs, il vendit son local, puis il devint boucher. Nourrir sa famille de façon digne et honnête avait toujours été son obsession, son leitmotiv dans la vie. C'était un homme acharné et volontaire.

Ma mère était mère au foyer, comme de nombreuses femmes dans les années 70. Elle s'occupait de la maison, et beaucoup de moi. J'étais le soleil autour duquel elle gravitait chaque jour, m'apportant tout ce dont j'avais besoin : son attention et son amour. Chaque midi et chaque soir, de bonnes odeurs emplissaient la maisonnée, elle me laissait souvent lécher la cuillère qui avait servi à remuer la sauce de la viande, et la musique traditionnelle de sa Tunisie natale s'imprégnait en moi comme ses baisers qui se plaquaient sur ma joue. J'étais heureux avec elle, et j'avais l'impression que nous nous suffisions l'un à l'autre.

Si les premiers mois de ma vie se sont écoulés à La Courneuve, nous avons rapidement déménagé à Bagnolet. Pendant plusieurs années, j'ai été le seul enfant de notre grande famille, j'étais « l'aîné des aînés », comme le disait ma mère, amusée.

Mes parents sont tous les deux issus d'une famille nombreuse. Ils ont chacun plusieurs frères et sœurs et j'ai eu par la suite de nombreux cousins et cousines. Je ne les connaissais pas tous et je ne les voyais pas souvent, mais cela ne m'a jamais dérangé ni déplu. J'aime ma famille, mais j'aimais avant tout être le centre de mon petit monde. Mon frère est né six ans après moi et pendant tout ce temps je suis resté le premier petit-fils du côté de ma mère. Nos rencontres étaient toujours une fête, je sentais sur moi leurs regards joyeux et ravis et je bénéficiais d'un cocon dont j'étais le seul locataire. Je voyais peu mes grands-parents paternels, Rose et Henri, qui habitaient dans le 13e arrondissement. De leur côté étaient présents bon nombre de cousins et cousines et, finalement, j'étais un petit-fils parmi tant d'autres... Je n'appréciais pas tellement d'être perdu dans cette masse. Ils étaient néanmoins d'une grande gentillesse et d'une belle générosité. J'ai le souvenir de repas abondants, de tables toujours bien garnies où les rires s'envolaient souvent.

Rose était malicieuse et possédait un humour très naturel, que certains trouvaient même grossier. Dès qu'elle voyait ma mère, elle n'avait de cesse de la taquiner sur Prosper, mon grand-père, qui travaillait alors comme chef éclairagiste à la Maison de la Radio, dans le chic 16ᵉ arrondissement parisien. Elle était persuadée que c'était lui qui gérait les programmes et s'exclamait régulièrement, dès qu'elle ne voyait plus de jolies jeunes femmes dénudées : « Tiens ! dis à ton père de nous remettre les putains à la télé ! » J'ai réalisé plus tard qu'il s'agissait en fait des fameuses Clodettes de Claude François, qui ont marqué les années 70 et l'image de la chaîne. Pour l'époque, c'était un peu osé pour une femme pratiquante de parler ainsi. Mais elle avait très bon cœur et adorait mon grand-père. C'était un couple d'une grande sympathie, d'une grande gaieté de vie. J'ai appris d'eux la générosité, la bienveillance envers la famille. J'ai rêvé, en les côtoyant, de pouvoir vieillir auprès d'une compagne dotée d'un bel humour, j'adorais leur façon d'être si uniques et, en grandissant, j'ai longtemps recherché cette authenticité qui semblait si naturelle chez eux. J'étais également très proche de mes tantes, qui n'avaient alors pas encore d'enfants. J'étais matériellement et affectivement très choyé par elles, bien plus parfois que par mes propres parents qui, eux, n'avaient pas les moyens de m'acheter beaucoup d'affaires ni de jouets. Il n'a jamais été question de richesse dans mon cercle familial proche, ceux qui le pouvaient offraient des présents, ceux qui ne le pouvaient pas offraient leur amour.

Bien qu'ayant grandi au cœur d'une unité familiale élargie, j'ai toujours préféré la solitude. Il n'y avait que ma mère qui pouvait la rompre sans que je m'en offusque. La collectivité ne me plaisait guère, je préférais rester cet enfant unique et chéri. Si vous cherchiez le jeune Grégory, à coup sûr vous le trouviez planqué sous les jupes de sa mère, marchant toujours dans son ombre. L'odeur de son parfum, qui s'incrustait dans les tissus de ses chemisiers, celle de son shampoing lorsqu'elle avait les cheveux détachés, tout me ramenait à un sentiment de bien-être sincère et profond.

Lorsqu'en 1974 j'ai dû faire mes premiers pas à l'école, ce fut à reculons. Je garde le souvenir d'une blessure profonde tant l'expérience fut éprouvante. Ce jour-là, l'idée même de quitter ma mère, ne serait-ce que pour quelques heures, fut une déchirure insupportable. Je me revois à la grille, elle de dos qui s'éloignait, sa longue jupe voletant autour de ses chevilles à chacun de ses pas. Je me rappelle le goût salé de mes larmes, je pleurais sans pouvoir m'arrêter. Ce fut chaque matin une douleur atroce, que je retrouverais bien plus tard à mes premiers séjours derrière les barreaux et lors de mon premier chagrin d'amour. J'ai fini par me calmer, je n'ai pas eu d'autre choix que de me résigner et d'accepter. Je me souviens des heures de sieste imposée, j'observais, ahuri, tous les enfants, bien obéissants, se diriger vers les petits lits de camp bleu marine – avec lesquels je me familiariserais bien plus tard en cellule. Je détestais ça. Suivre le mouvement, rentrer dans un moule dont je n'avais qu'une envie : m'extirper. Je ne le savais pas alors, mais déjà il apparaissait que la norme ne me convenait pas.

– Grégory, me disait ma mère le soir, qu'est-ce qui ne va pas à l'école ?

– Je ne suis pas comme eux, j'ai pas envie de faire pareil.

Lorsqu'on m'obligeait à me mêler aux autres, à dormir auprès d'un camarade qui n'en était pas vraiment un, je hurlais, c'était mon unique salut. Nous habitions à l'autre bout de la rue, je ne sais pas si ma mère m'entendait hurler, crier, brailler… mais elle venait parfois me chercher, c'était mon unique but. L'école s'est adaptée à cette phobie, moi j'ai été forcé de m'adapter au reste, et la suite s'est plutôt bien passée. Néanmoins, la séparation d'avec ma mère m'a toujours accablé, une vraie blessure physique et mentale qui creusait un gouffre dont j'étais certain de ne pas sortir. Je me demandais si je lui manquais, je me demandais comment elle faisait sans moi, comme si sans ma présence elle n'existait plus. Le soir, je l'attendais désespérément à la grille, pour qu'elle m'arrache à mon calvaire, avec parfois, un pain au chocolat. J'ignore si c'était une récompense pour avoir tenu une journée de plus sans elle ou bien un pardon, parce que ce jour-là elle n'avait pas entendu ma prière. C'est une petite tradition que j'ai perpétuée bien plus tard avec ma propre fille. Dès que l'aiguille se rapprochait du chiffre tant attendu, j'avais des palpitations, mon cœur s'affolait, j'allais retrouver ma dulcinée, ma promise, ma mère. Ce sont les mêmes sensations que j'ai ressenties adolescent, lors de mes premiers émois amoureux. Avec ma mère, la relation a toujours été fusionnelle parce qu'en définitive, je n'avais qu'elle, elle a été la première femme de ma vie et sera la dernière. Je garde en mémoire peu de souvenirs de mes années de maternelle, hormis la douleur de son absence et la solitude que je recherchais. Je n'avais pas d'amis, mais je n'en voulais pas.

Avec mon père, la relation a été tout autre. Mon enfance à ses côtés a été très particulière, nous avions peu d'interactions. Pourtant, à partir de mes quatre ans, nous sommes partis chaque année en vacances d'été en Israël, au mois d'août. Mon mois de juillet s'écoulait lentement en région parisienne. Je sortais avec ma mère faire des courses, des promenades. Je respirais l'odeur du bitume chaud, celle des pots d'échappement et j'écoutais le chant des oiseaux perchés dans les arbres le long des boulevards.

J'attendais sans réclamer les friandises auxquelles j'avais parfois droit et d'aller au parc lorsqu'il faisait beau et que les rayons du soleil me réchauffaient de l'intérieur. Tandis qu'elle s'asseyait sur un banc, un livre à la main, moi je jouais dans mon coin, seul sur la balançoire ou bien sur le toboggan. Je m'inventais des histoires, dénichais des bâtons et m'amusais une heure durant sans avoir besoin de quiconque. Je ne cherchais jamais la compagnie des autres enfants. Lorsque le mois d'août arrivait, je trépignais d'impatience. Prendre l'avion, c'était l'aventure, le dépaysement. Cela signifiait partir loin de l'école et je retrouvais le sourire. Mes parents louaient un appartement proche de la mer et les vraies vacances pouvaient commencer. Les miennes n'étaient pourtant pas faites de châteaux de sable sur la plage ni de parties de foot endiablées avec les copains, de toute façon je n'en avais pas. Je voyais ma mère rejoindre ses amies, se reposer et profiter de ce repos bien mérité, moi je partais pieusement avec mon père. Il m'emmenait en pèlerinage aux quatre coins du pays, sur les traces de grands saints, décédés ou non, ou sur les pas de grands rabbins, avec un seul but : celui de se faire bénir, et moi avec. J'ai ainsi reçu la bénédiction de toutes ces grandes figures religieuses et je ne regrette pas d'avoir traversé le pays de part en part, d'avoir longé les anciennes ruelles, témoins d'une époque révolue, au lieu d'aller me baigner dans la fraîcheur de l'océan. Comment aurais-je pu avoir des regrets alors qu'au bout de notre chemin se trouvait la grâce, le Saint Graal, censé déverser sur moi la recette pour obtenir tout ce que je désirais, la réussite, la célébrité… ? Après tout, ne les ai-je pas obtenues toutes les deux ? J'ai brassé des millions, mon nom était connu et il l'est toujours. Malheureusement, ma richesse aura été éphémère et mes erreurs nombreuses. Sur ces chemins faits de pierres et de sable, j'avais souvent chaud, souvent soif et souvent mal aux pieds. Je me surprenais parfois à avoir envie d'une bonne glace, bien installé sur ma serviette de bain, mais je continuais mon périple sans jamais me plaindre. Les taxis, qui s'appelaient des *sherut*, ressemblaient à des mini-vans collectifs que nous devions partager avec des inconnus qui, bien souvent, ne parlaient pas la même langue que nous. J'essayais de deviner les accents, j'imaginais d'où ces gens pouvaient bien venir. Souvent je leur inventais une vie et des richesses, transposant ainsi mes rêves sur ces inconnus que je ne revoyais jamais. Les trajets pouvant durer des heures, cela avait le mérite de m'occuper… Avec le recul, je me dis que toutes ces bénédictions ont peut-être joué un rôle dans l'histoire qui est la mienne. Je pense qu'elles m'ont permis de m'en sortir quand je me suis retrouvé en prison, lorsque j'ai divorcé, lorsque j'ai tout perdu, cela m'a donné la force de croire que je n'étais pas seul pour tout affronter.

Quand je regarde autour de moi ce soir, enfermé entre ces murs, et que la lumière me fuit, je remercie silencieusement mon père pour les périples qui ont été les nôtres durant tous ces mois d'été. Je regarde les fines fissures qui font éclater la peinture blanche de ma geôle et j'essaie de repenser aux zébrures qui marquaient les vieilles maisons d'Israël. Je sens l'odeur poisseuse qui stagne ici, celle de la malbouffe mêlée à la transpiration de mes camarades, celle du cannabis dans les couloirs de la prison, et surtout de la peur qui m'envahit pour cette première nuit entre quatre murs, auprès d'inconnus dont je ne connais pas encore le passif. Alors je repense aux senteurs de la vieille ville, celles de pierres chauffées par le soleil, des épices sur les étals de fortune, des tissus vendus à la sauvette. Autant de menus souvenirs qui me permettent de ne pas m'écrouler et de m'enfuir d'ici, loin de la puanteur, des cris, des coups qui résonnent, des rires qui me font froid dans le dos.

Quand nous revenions dans notre appartement parisien, pour retrouver cette typique odeur de renfermé qui suit les longues absences, mon père restait fidèle à lui-même, le nez plongé dans ses livres, la tête toujours à son travail. Alors j'attendais shabbat, ce moment précieux qu'il passait avec nous. Il s'agit du jour de repos assigné au septième jour de la semaine biblique, le samedi. Il commence dès la tombée de la nuit du vendredi. Ma mère et moi nous activions toute la journée pour préparer un repas digne de ce nom, allions à l'épicerie et revenions les bras chargés de bonne nourriture, du pain, des olives, de la viande ou du poisson, préparions la soupe et allumions les bougies. Lorsque mon père franchissait le seuil de l'appartement, les effluves épicés l'accueillaient et, chaque fois, je guettais son sourire ravi. Je savais que j'aurais son attention pendant toute la soirée. Après la prière sur le vin pour eux, sur le jus de raisin pour moi, il me bénissait. J'avais alors ma kippa bien vissée sur la tête et il posait sa main dessus. Il appuyait fort, j'ignore pourquoi, comme s'il avait peur que je me sauve. Il a toujours gardé ce réflexe ; encore aujourd'hui, il continue d'appuyer fort sur ma tête, pour me retenir. Mais je ne me suis jamais sauvé. Puis nous mangions et il me demandait de raconter mes journées, il me faisait ses recommandations et m'offrait parfois ses compliments. Ma mère l'écoutait parler, je voyais la tendresse qu'elle avait pour lui et m'en trouvais parfois jaloux, mais ça ne durait jamais longtemps, ses grands yeux sombres finissaient toujours par revenir se poser sur moi.

Puisque le samedi est officiellement un jour chômé en Israël, mon père ne travaillait pas. Il ne profitait pas de ce temps libre pour rester avec nous, mais se rendait à la synagogue, alors dirigée par son frère rabbin. Il partait à pied jusqu'à la capitale, mes petites jambes n'auraient pas pu suivre le rythme. Je passais la journée avec ma mère, avec mes tantes et le reste de la famille. Mon père est un homme pratiquant, là où ma mère s'inscrit plutôt dans une lignée traditionaliste. Ils sont âgés aujourd'hui, ils ont déjà leur place réservée au cimetière de Jérusalem – une demande de mon père –, qui sera leur dernière demeure, là où mes ancêtres paternels sont enterrés. Il m'a d'ailleurs confié, un rare jour de tête-à-tête, qu'il désirait avoir cette inscription gravée sur sa tombe : *Shomer Shabbat*, « Gardien du Shabbat ». Dans le judaïsme, il s'agit d'une personne qui a respecté tout au long de sa vie les trente-neuf commandements associés au shabbat.

Et ici, je me demande si les choses ont changé depuis mes premiers passages en prison. Fêterai-je shabbat comme il se doit ? Si je suis sûr d'une chose, c'est que mes prières ne faibliront pas.

À la maison, les choses étaient ainsi et n'ayant aucun point de comparaison étranger à mon cercle familial, c'était une normalité pour moi. Les règles du foyer étaient établies et fermement ancrées dans notre quotidien, je ne pouvais les changer. En attendant de grandir et d'établir les miennes, je devais m'en accommoder. Les souvenirs d'enfance que j'ai de mon père résident surtout dans des odeurs. Je me souviens notamment de son parfum, *Eau Sauvage* de Christian Dior, et de l'odeur de vieux papier sur ses doigts, à force de feuilleter ses anciens ouvrages. Mon oncle rabbin, Simon, a tenu une place très importante dans sa vie et mon père lui était dévoué de bien des façons. Lorsque son frère est décédé, une part de lui s'est éteinte. Il ne riait plus, ce n'était plus du tout le même homme. Il a retrouvé une certaine vitalité à la naissance de mes propres enfants, mais jusqu'à cette période, il a toujours conservé une part sombre, et je ne pouvais rien faire d'autre que de le voir cloîtré dans ses propres ténèbres.

Jusqu'à mes dix ans et par la force des choses, j'ai côtoyé beaucoup plus de femmes que d'hommes, notamment ma mère et mes tantes. Cela s'en est ressenti bien plus tard dans mes relations avec les autres, en particulier avec les femmes. Le contact avec elles était plus simple, passionné, tandis que les hommes ne m'inspiraient que méfiance. Mon père était souvent absent, et certaines figures masculines dans ma famille n'étaient pas de bons exemples. Je me souviens notamment de mon arrière-grand-père maternel. J'avais cinq ans et je passais mon après-midi avec lui. Mes arrière-grands-parents étaient des gens riches mais avares… Ce jour-là, il m'a demandé de récupérer une valise sous son lit car il avait du mal à se baisser. J'ai obéi, me suis trémoussé, ai attrapé la poignée avec ma petite main et l'ai tirée de toutes mes forces. Lorsqu'il l'a ouverte devant moi, il y avait à l'intérieur beaucoup de friandises, des barres de chocolat de marques populaires, du genre que nous n'avions pas les moyens de nous offrir. J'ai gardé le silence, mais j'ai sérieusement louché sur ce qui m'apparaissait comme un véritable trésor. Il a récupéré ce dont il avait besoin, avant de la refermer aussi sec sous mon nez. Sans même me proposer l'une de ces petites douceurs. J'étais encore petit et je m'exprimais peu, donc je me suis tu, gardant pour moi ma colère. Ce n'est qu'à partir du collège que j'ai réellement appris à quoi pourrait me servir de savoir bien m'exprimer, l'éloquence était une porte qui, une fois ouverte, pouvait me procurer de nombreuses facilités. Son épouse, que l'on surnommait Mina, était à sa manière tout aussi amorale. L'année de mes six ans, ma mère les avait un jour invités chez nous, elle était très heureuse de recevoir ses grands-parents, car c'était un événement très rare.

Ce jour-là, comme tous les autres jours, je hurlais pour ne pas retourner à l'école l'après-midi. La quitter me révoltait toujours autant et mes crises étaient de plus en plus fréquentes. Ma mère, dépitée, a sollicité l'aide de Mina. Cette dernière lui a alors répondu :

– D'accord, mais si j'interviens, je te préviens, il ne m'aimera plus.

Ma mère a acquiescé, convaincue qu'en grandissant j'oublierais. Mina est alors entrée dans ma chambre, s'est approchée de moi et a donné un coup de canne très fort sur mon lit. Elle la tenait tel le Bâton de Moïse, celui qui avait permis au Prophète d'ouvrir les flots, de faire tomber la grêle ou encore de changer l'eau du Nil en mer de sang. Le bruit m'a étourdi. Quand j'ai levé les yeux vers elle, ce n'était plus Mina face à moi, encore moins Moïse, c'était une sorcière. Ses yeux verts flamboyaient, reflétant colère et haine. Je suis allé à l'école ce matin-là, mais elle avait été clairvoyante : je ne l'ai jamais plus regardée de la même manière. Sa canne me faisait peur. Mina est devenue dans mon imaginaire une présence sombre et mystique qui m'a toujours effrayé.

Malgré ma peur de l'école, j'étais un bon élève. Pour autant, je ne parlais que lorsque cela me paraissait nécessaire ou lorsque j'en avais envie. J'étais néanmoins capable de poser mille et une questions tant j'étais curieux et avide de comprendre le monde autour de moi. Mon père me disait parfois, en me réprimandant, que je voulais grandir vite et brûler les étapes. J'avais la sensation d'entendre la voix divine, grave et solennelle, et dans ces moments-là, je n'avais qu'une envie, disparaître dans les bras de ma mère. Souvent mes parents s'inquiétaient de me voir si petit et déjà tellement nostalgique d'une vie que je n'avais pas encore vécue. En prison, la nostalgie me serrait le cœur chaque jour. Je repensais à mes actes et je me prenais souvent à rêver de ne les avoir jamais commis. Je cherchais ardemment la rédemption, à faire marche arrière, souvent en vain. Je rêvais de cette liberté si spéciale et si spécifique à l'enfance. Je regrettais la mienne dans ces moments-là, me disant que finalement, ma vie avait été belle. Je songeais à ce quotidien si simple et pourtant si riche, aux histoires que j'écoutais comme *Pierre et le loup* et même Goldorak, l'un de mes héros d'autrefois. Je me revoyais lire les aventures de Tintin ou *Le petit prince*, mon premier roman. À la télévision, à l'aube des années 80, nous ne disposions que de trois chaînes : TF1, Antenne 2 et la toute jeune FR3. Les audiences, avec trois chaînes seulement, étaient phénoménales. Lorsque des grandes stars telles que Claude François faisaient une apparition, c'était vingt millions de postes qui étaient allumés. Vingt millions de postes, mais combien de personnes devant ? Un poste comptait pour une famille, qui elle-même était composée plus ou moins de quatre ou cinq personnes… Il est très difficile aujourd'hui d'imaginer trente ou quarante millions de paires d'yeux devant un écran. Un seul passage télévisé faisait de vous une star, et c'est rapidement devenu l'un de mes plus grands rêves : passer à la télévision, être adulé par tous, être reconnu dans la rue et signer des autographes. Voire, pourquoi pas, faire la une des journaux. J'ignorais que j'y parviendrais, mais sous le joug d'une gloire qui n'en était pas une. Jusqu'à présent, lorsque les journaux titraient sur mon nom, cela ne m'apportait généralement ni gloire ni admiration. Pourtant, le 9 mars 2022, j'ai eu ma petite revanche. Dans sa rubrique culturelle, *Le Figaro* titrait : « Grégory Zaoui, l'arnaqueur à la taxe carbone sous les feux de la rampe ».

Si ma curiosité m'apportait des clés pour m'exprimer, pour penser, elle m'a aussi conduite à quelques bévues durant ma petite enfance.

J'avais l'habitude de laisser traîner mes oreilles partout, de fureter, et un soir de mes cinq ans, j'ai surpris une conversation à propos de la sœur de ma grand-mère. Il était question de son compte en banque, ce qui a immédiatement attiré mon attention, moi qui rêvais tant de gloire. *Huit millions d'anciens francs*, soit environ 1 200 000 € aujourd'hui. Voilà de quoi il retournait. J'étais sous le choc, imaginer autant d'argent me faisait perdre la tête ! Je n'arrivais pas à m'enlever cette image de l'esprit, j'essayais de visualiser quel volume pouvaient représenter 8 millions d'anciens francs, je ne cessais de ruminer l'information. La plus grosse somme que j'avais vue, c'était un billet de 500 francs. Plus tard, lors d'un repas de famille où se trouvait ma grand-tante, alors que je n'arrivais toujours pas à oublier cette information, je me suis exclamé :

– À ce qui paraît, tata, tu as 8 millions sur ton compte !

Ma grand-tante a acquiescé et ma grand-mère… m'a giflé ! C'est la seule fois qu'elle a porté la main sur moi. Le coup a été rapide, vif comme l'éclair, et il me semble encore entendre le bruit de ses doigts s'écrasant sur ma joue. J'étais sonné. Jamais je n'avais imaginé qu'elle puisse un jour poser la main sur moi. Et pire que cela, ce fut le regard peiné et déçu de ma mère. Mon cœur s'est mis à battre follement sous le coup de la surprise et de la tristesse. J'ai appris, ce jour-là, la loi du silence. La décevoir, elle, c'était voir mon monde s'effondrer. Je me suis enfui, honteux. Ma grand-tante et ma grand-mère se sont fâchées la semaine suivante. L'argent m'avait fait tourner la tête pour la première fois. Mais pas qu'à moi. J'ai compris le pouvoir que ces chiffres représentaient et je commençais à percevoir combien les relations entre les gens, même au sein d'une famille soudée, pouvaient changer en fonction du nombre de zéros.

Quand j'ai eu six ans, nous avons déménagé à Pantin et j'ai commencé à beaucoup fréquenter Prosper, mon grand-père maternel, avec qui je m'entendais très bien. Il travaillait à la Maison de la Radio, comme chef éclairagiste. C'était un lieu très populaire pour les artistes. Guy Lux et Christophe Dechavanne y tournaient leurs émissions, je regardais très souvent *Midi Première*, présentée par Danièle Gilbert. Ma mère m'emmenait dormir chez mes grands-parents le mardi soir, j'ai donc passé la majorité de mes mercredis dans les studios de la SFP, Société française de production, pendant environ quatre ou cinq ans, jusqu'aux années 78-79. Mes tantes y travaillaient également, dans l'administration. Ma grand-mère y a aussi travaillé quelque temps, elle s'occupait notamment de donner les clés des loges aux artistes. Parfois, elle raccommodait aussi leurs costumes.

Je l'accompagnais donc sur les plateaux de télévision et j'observais tout ce qu'il s'y passait. J'adorais fréquenter toutes ces stars et rêvais d'être un jour l'une d'elles. Nous nous déhanchions en coulisse sur « Alexandrie Alexandra », la sueur perlait sur nos fronts, j'avais les cheveux en bataille et mon grand-père rigolait, nous étions émus lorsque résonnait la voix de Mike Brant, parfois j'avais les larmes aux yeux, que je tentais vainement de faire disparaître… Nous faisions la ronde lorsque Dalida entonnait son refrain « Laissez-moi danser », j'étais en admiration devant son parcours, elle, la belle Égyptienne venue en France faire carrière. J'admirais leurs costumes faits de paillettes, je les enviais lorsque je voyais graviter autour d'eux les maquilleurs et les coiffeurs.

J'aimais me glisser sur les fauteuils qu'ils occupaient dès lors que j'étais seul, jusqu'à ce qu'un adulte m'aperçoive et me chasse. Je déambulais alors, le sourire aux lèvres, et jouais de mon innocence pour m'approcher des loges des plus grandes vedettes françaises.

Ce qui m'impressionnait, au-delà des stars elles-mêmes, c'était le regard que les gens leur portaient. J'ai connu Coluche, lui ai parlé une fois, je l'ai vu débuter et j'ai compris de quelle manière les gens le regardaient, avec admiration et respect, c'est quelque chose qui m'a profondément marqué.

Comme beaucoup d'autres gamins, je m'endormais avec Casimir, mais pour moi, ce n'était pas une idole, c'était plutôt comme un doudou. Et puis, mes héros ont évolué, Goldorak, San Ku Kaï, Capitaine Flam… Plus tard, ce furent les débuts de l'univers *Star Wars* et je me rêvais cosmonaute, je voulais aller sur la Lune ! J'ai réellement grandi à travers les succès de cette saga, j'ai assisté à la puissance de cet univers, à son expansion. Ces souvenirs m'ont souvent permis, en prison, de remonter le temps, de retrouver l'insouciance de mon enfance, celle qui me manque tant, celle à laquelle je me suis souvent raccroché alors que j'étais derrière les barreaux.

Avec mes parents, j'ai découvert des séries comme *L'homme qui valait trois milliards*, et ce fut une évidence ! Je m'étais fait la réflexion qu'un jour je vaudrais plus que lui, au moins 10 milliards ! Ma grand-tante serait alors bien pauvre en comparaison, avec ses pauvres 8 millions.

Et puis, il y a eu *Colombo*, *Les mystères de l'Ouest*, *Dallas*… C'était des programmes marquants pour un jeune garçon, il était question d'enquêtes, de conquêtes, de réussites et d'intelligence… Un jour, en prison, un camarade de cellule m'a demandé, choqué :

– Mais comment tu peux regarder ça ? Chez moi, c'est ma grand-mère qui regarde ces navets !

Ça m'a fait un effet « coup de vieux », car ce sont de super films et séries ! Je regardais tous ces programmes avec ma mère, qui était beaucoup plus passionnée par la télévision que mon père.

À l'âge de six ans, j'ai même rencontré Casimir, en chair et en costume ! Tous les ans, un goûter de Noël était organisé pour les enfants du personnel. Mon grand-père en faisait partie, mais je n'étais pas son fils, donc je n'étais pas légitime pour participer à ces festivités. Mais une année, il m'a quand même emmené à ce goûter. Ce jour-là, j'ai compris que Casimir n'était pas vraiment Casimir… Ce fut comme un coup de pied aux fesses m'entraînant rapidement hors de l'enfance. Le rêve s'est fendillé jusqu'à s'écrouler. Ma vision de la vie en fut écorchée. Un monsieur très grand est arrivé dans les loges, où je flânais comme à mon habitude. Voilà donc ce qui se cachait dans les coulisses de la vraie vie, la vie des grandes personnes. Cet homme portait sur son dos un gros sac mou et je l'ai vu entrer dans une pièce, avant d'en ressortir en Casimir quelques instants plus tard. J'étais extrêmement déçu, mais à la fois excité d'avoir trouvé la faille du système. Je me suis glissé au milieu des autres enfants, avec la certitude d'être le seul au courant de ce grand secret, une part de moi en était très fière. Dans la grande salle où se trouvaient les invités, une montagne de jouets attendait d'être distribuée. Aucun d'entre eux n'était emballé, tous étaient dans leur boîte d'origine avec seulement le nom de l'enfant collé dessus. Dans cette pile se trouvait un seul cadeau emballé d'un joli papier, qui me faisait de l'œil. Mais moi, après tout, je n'étais pas censé en avoir un. Casimir effectuait sa distribution quand il s'est arrêté sur celui-ci, il l'a attrapé, surpris, et a prononcé mon prénom et mon nom. En me le tendant, il a murmuré à mon oreille :

– Tu es vraiment différent, toi… tu as de la chance, tu es le seul à avoir un paquet-cadeau.

En vérité, mes tantes me l'avaient acheté exprès, afin que je ne sois pas déçu, mais elles ignoraient que les autres cadeaux ne seraient pas emballés. J'ai trouvé ce geste très beau et très touchant. Mon cadeau était une Range-Rover du Paris-Dakar, une très belle petite voiture pour l'époque, c'était le début d'un intérêt particulier, qui ne m'a jamais quitté, pour les voitures, mais surtout celles qui vont vite, très, très vite.

J'essaie encore de capter ces ambiances, alors que la nuit tombe en cellule. Ici, les coulisses sont beaucoup moins amusantes, néanmoins toujours décevantes. Je préférerais revivre cent fois mes désillusions enfantines que réapprendre à vivre entre ces quatre murs. Pas de place pour le fantasque ou les paillettes en prison. J'ai beau l'avoir déjà connue, jamais je ne m'y habituerai. Comment le pourrait-on ? C'est froid, c'est triste, c'est lent… J'entends parfois la fuite discrète des rats au cœur des cloisons, et j'imagine alors combien l'endroit est sale malgré les rénovations. Ça sent la pisse lorsqu'il fait chaud et je rêve de voir venir l'hiver même si je sais qu'alors tout sera encore plus froid, plus humide et plus sombre. Je me dis qu'un être humain ne devrait pas endurer tout ça, il n'y a rien d'humain à vivre comme une bête.

Mon amour de gosse pour les belles voitures m'a fait apprécier la Formule 1, ce qui a valu à mon fils son prénom : Ayrton, comme Ayrton Senna, le célèbre pilote brésilien, qui reste pour moi le plus grand pilote automobile de tous les temps. Au fil des ans, j'ai acquis une collection phénoménale de petites voitures ! Les voitures électriques avaient toute mon attention, je rêvais d'aller un jour sur un vrai circuit, mais à l'époque et vu nos moyens, c'était comme demander à mes parents d'aller sur la Lune ! Une fois, ma mère m'a emmené en haut d'une colline, à Romainville dans le 93, nous nous sommes assis et elle m'a dit de regarder en bas les voitures passer, que c'était un peu comme un circuit. Et je l'ai cru évidemment. Adulte, j'ai eu la chance d'assister à beaucoup de courses, notamment au Grand Prix de Monaco, c'était un vrai rêve de gosse. J'aimais aussi les jeux de société tels que le Monopoly, le Mille Bornes, les échecs et les dames. J'aimais planifier, j'aimais tirer les ficelles, deviner les enjeux et être le plus riche, le grand gagnant, le plus rapide !

Lorsque je suis entré au CM1, j'ai commencé à comprendre l'art oratoire, c'est un âge où l'on devient plus responsable, un peu plus mature, et j'ai commencé à me démarquer par la parole. On me regardait différemment et je parvenais peu à peu à trouver ma place dans l'univers scolaire. Je voulais sur moi ces mêmes regards admiratifs que les gens posaient sur Coluche. Être un mouton dans le troupeau ne me plaisait pas. Le pâturage, très peu pour moi ! Le sport, la musique, côtoyer des artistes, tout cela a forgé tout doucement celui que j'allais être. Voici ce que les professeurs disaient à mon sujet : « élève très intelligent », « très fin d'esprit ». Et pour cause, j'étais le meilleur en calcul mental et le meilleur en expression orale et écrite. J'étais moins bon en grammaire et en orthographe, mais je plafonnais à 17 ou 18 de moyenne dans les autres matières, en histoire-géographie comme en sciences physiques. Mes parents étaient évidemment très fiers de moi et j'ai nourri, dès l'école primaire, de grands rêves ! Ma mère les trouvait parfois démesurés, mais pour un enfant, rien n'est impossible. J'étais déterminé à réussir là où d'autres se contentaient de rêver. C'est ainsi qu'en plus de vouloir être cosmonaute, je me suis rêvé avocat, puis président de la République. Il se trouve que les deux bilans de compétence pour Pôle Emploi réalisés à ma sortie pointeront les mêmes aptitudes, les plus ancrées au fond de moi-même : les métiers artistiques et les métiers du droit. Pour ce qui est de l'artistique, l'avenir nous le dira ! Pour ce qui est du droit, j'ai d'abord songé que c'était compromis… Mais peut-être pas, finalement. Éplucher les lois, côtoyer des avocats et des juges m'a permis de connaître et comprendre ce milieu.

Je voulais exceller. Pas de demi-mesure possible, le tout ou rien, approcher la perfection par tous les moyens, même si on ne l'atteint jamais. Je voulais vivre, réussir, approcher mes rêves à plus de 200 kilomètres à l'heure.

Mes excellents bulletins scolaires ne m'ont pourtant pas permis de me faire plus d'amis. Le fait que mes parents n'avaient pas beaucoup d'argent n'aidait pas toujours. J'étais souvent frustré de voir les belles voitures des parents de mes camarades, moi qui aimais tant ça ! L'enfance nous rend parfois ingrats et, je l'admets, j'avais honte de notre 4L. Nous habitions Pantin et ce n'était pourtant pas un quartier où l'on trouvait des Mercedes, mais les gammes supérieures de chez Renault ou Peugeot me faisaient facilement rêver. À cause de ces petites déceptions, je me suis promis de pouvoir, un jour, m'offrir mieux, plus grand, plus luxueux encore. Je voulais gâter mes proches, mes parents, ma femme un jour et les enfants que j'aurais peut-être, je voulais faire briller les yeux des gens que j'aimais.

Cette amertume à l'école se ressentait dans ma solitude, je n'étais pas invité aux anniversaires des copains et je ne les invitais pas moi-même. J'ai plus de souvenirs de fêtes religieuses que de fêtes d'anniversaire. Je me souviens notamment de Pessah, la Pâque juive, l'année de mes neuf ans. Toute ma famille était présente et j'ai eu la chance de porter un costume en velours bleu marine, avec une chemise blanche et un nœud papillon couvert de strass. Tout comme mon intérêt pour les belles voitures, une fois adulte, je me suis rapidement intéressé aux beaux costumes italiens faits sur-mesure. Ceux que j'admirais sur les grands artistes que j'avais l'habitude de côtoyer dans les studios. Je demeurais malgré tout solitaire et je mangeais peu, le plus beau des costumes ne parvenait toujours pas à faire de moi un enfant heureux. La table débordait de nourriture et moi, je ne mangeais rien, me contentant de me pavaner dans mon beau costume bleu. C'est après cette fête que ma mère a décidé de me faire consulter un spécialiste, le pédiatre Aldo Naouri.

Mon père lui, n'était pas là pour constater mon manque d'appétit croissant. J'ignore si ses absences ont quelque chose à voir avec le noir que je broyais souvent enfant, j'étais mal à l'aise avec moi-même, souvent déprimé. Des repas avec lui, je n'en ai que peu de souvenirs.

Hormis mon manque d'appétit, un autre élément inquiétait ma mère : ma peur panique du noir, qui s'accompagnait généralement de la peur de l'abandon et de la solitude, ma fidèle compagne, qui le restera tout au long de ma vie.

Pour contrer l'obscurité qui menaçait toujours de m'engloutir, il n'y avait hélas pas grand-chose à faire…

J'ai déjà vécu mes pires craintes au fond d'une cellule, me voilà de nouveau à leur faire face… Si encore il n'y avait que le noir pour m'effrayer ! Si l'on ajoute l'enfermement, ce n'est plus une terreur nocturne que je ressens, c'est une véritable descente aux enfers… À l'extérieur, j'ai réussi à m'accommoder de l'obscurité mais pas de la fenêtre de ma chambre fermée la nuit. Même en hiver, j'ai besoin de garder un courant d'air, une échappatoire, d'écouter la vie qui pulse dans la ville à l'extérieur…

Je regarde la mienne aujourd'hui, close, aussi grande qu'une feuille A4, et je sens le serpent de mes angoisses revenir sournoisement se glisser dans les entrelacs de mon esprit perturbé…

L'abandon, je l'ai ressenti ce fameux premier jour d'école, et cette sensation ne m'a jamais quitté. J'avais peur d'être abandonné par mes parents, par ma famille ou par les amis que j'arrivais à me faire, ensuite ce fut par les femmes. Aujourd'hui, je bénis le smartphone qui me permet d'être toujours en contact avec les autres, son utilisation a des inconvénients, certes, mais il me permet de ne plus jamais me sentir seul.

Dans la suite de mon histoire, je vous raconterai combien la solitude m'a toujours accompagné. Je n'ai longtemps eu que mes chiens pour affronter ce mal qui me rongeait, pour m'offrir ce qui me manquait : de l'affection, une présence, leur fidélité.

Pour combler les vides de ma vie, je me reposais sur mes maigres possessions matérielles, sur mon désir de les démultiplier. Petit à petit, avant que je ne fasse mon entrée au collège, mes envies ont commencé à se transformer en obsessions, faisant naître en moi un double démoniaque, que la luxure attirait de façon bien trop prononcée. Cet autre que j'allais devenir est, je crois, apparu lors d'une promenade familiale. Ma grand-tante, celle qui valait 8 millions, m'avait dit une chose assez cruelle. Je venais d'avoir dix ans, nous nous baladions en famille sur les Champs-Élysées et passions devant une vitrine Weston quand je me suis arrêté pour admirer une paire de chaussures, très chère pour nos petits moyens. Je l'ai montrée à ma mère, extasié, et ma tante a pris la parole. Elle m'a dit :

– Tu vois, Grégory, quand tu seras plus grand, c'est dur ce que je vais te dire là… mais tu devras dire à ta femme d'aller faire la pute pour pouvoir t'offrir des chaussures pareilles.

Évidemment, ça m'est resté en travers de la gorge. Moi, je savais que je deviendrais une star, elle, apparemment, l'ignorait.

Pour mes treize ans, grâce à l'argent récolté lors de ma bar-mitsva, j'ai pu m'offrir mes premières Weston. Lorsque j'ai vu ma grand-tante, je me suis fait une joie d'aller à sa rencontre. J'entends encore le bruit de mes semelles sur le parquet et je ressens encore la joie qui montait en moi. Mon moi démoniaque était aux anges et je me sentais comme un volcan, prêt à exploser. Je me suis approché doucement, un sourire malin accroché aux lèvres, j'ai frappé du pied un grand coup pour attirer son attention et celle des autres autour et j'ai annoncé, très calmement, mais d'une voix assurée :

– Tu vois, tata, j'ai mes super Weston, et je n'ai pas attendu que ma femme aille faire la pute pour ça !

Je m'attendais à ce qu'elle s'insurge, voire qu'elle me gifle, mais elle m'a regardé et m'a répondu, avec assurance :

– Tu iras loin dans la vie, Grégory, tu sais ce que tu veux et tu sais te donner les moyens pour l'obtenir.

En effet, une dizaine d'années plus tard, je n'avais pas loin d'une centaine de paires dans mon dressing.

– Extinction des feux ! hurle le maton de sa voix de stentor.

Brusquement, les lumières se coupent. Nous n'avons pas le temps de réfléchir que nous sommes déjà dans le noir, vaguement éclairés par les reflets de la lune que je distingue à peine tant la fenêtre est petite. Je sors mon téléphone après quelques minutes, le temps d'entendre le son de ses bottes s'éloigner. Malgré le réconfort que je trouve dans cet objet pas plus grand que ma main, je sens que ma chute commence. Dans les noirceurs d'une nuit d'hiver que je trouverai toujours sans fin.

2

Va, vis et deviens

Prison de la Santé, 15e jour

Dormir. Attendre. Manger. Sortir. Parloir. Dormir.

Un rythme, toujours le même. Un vide, toujours le même. Heureusement que les trois parloirs par semaine viennent égayer ce morne quotidien.

Les gâteaux apportés par ma mère, les journaux par mon père.

25, le nombre moyen d'insultes dans une journée.

Je suis arrivé depuis quinze jours. Ce premier jour, cette première soirée, nul journal télévisé dans notre chambre, mais les commérages n'ont pas tardé : le soir de mon arrivée, je faisais les gros titres du journal de TF1. Le lendemain, ce qui devait en découler m'est tombé dessus, parfois à mon avantage, souvent à mon détriment. Je suis le riche, celui dont on veut devenir le pote pour profiter de quelques avantages, je suis également l'ennemi, celui que l'on n'hésitera pas vouloir racketter, à l'intérieur comme à la sortie, à travers mes proches, ma famille ou mes amis. Toujours est-il qu'en prison je suis quelqu'un, moi qui aurais tant souhaité me fondre dans les ombres des hauts murs. Pour chasser la peur que m'inspire l'Autre au cœur de cet enfer, je me souviens et j'écris.

1976. J'ai six ans. « Requiem pour un fou », de Johnny Hallyday passe tous les jours à la radio.

Il s'est produit un événement déstabilisant, auquel je ne m'attendais pas. La naissance de mon petit frère. J'ai senti à cette annonce que quelque chose m'échappait. J'allais devoir partager, peut-être même céder le trône de l'enfant-roi que j'étais. Ma mère allait m'abandonner pour s'occuper d'un plus petit, d'un plus faible, d'un inconnu. J'allais devoir partager l'intérêt qu'on me portait au sein de ma famille. Six ans que j'étais fils unique, j'avais noué un lien extrêmement fort avec ma mère et, du côté de mes grands-parents maternels, auprès de mes oncles et tantes, je demeurais toujours l'enfant-roi, le plus âgé, le premier. Bientôt nous serions deux. Évidemment, j'étais heureux, et heureux pour mes parents. C'était une grande nouvelle et un beau cadeau de la vie. Ce qui m'inquiétait aussi, c'était l'écart d'âge. Six ans, ce n'est pas rien, moi qui me sentais déjà très grand. Lui serait un nourrisson, j'avais bien conscience qu'on ne jouerait pas ensemble avant longtemps et, finalement, peut-être jamais. Il aurait six ans quand j'en aurais douze. C'était différent de ce que je pouvais voir dans d'autres fratries. C'était un lien nouveau qu'il faudrait créer, pour lequel je n'avais pas beaucoup d'exemples. À défaut, ce serait à moi de créer mon propre schéma familial. Finalement, sa venue n'a pas changé grand-chose. On appréhende son arrivée, mais quand le bébé arrive, c'est comme s'il avait toujours été là. C'était normal. Et moi, j'ai continué à grandir.

Sept ans. Huit ans. J'écrivais bien, je retenais avec une grande facilité. L'heure est venue des tout premiers travaux d'écriture, des jeux de langue, des rédactions et des exposés. J'ai prouvé la première fois mes talents lors d'une présentation orale devant toute la classe de CM1. J'étais terrifié en me levant de mon siège et pourtant, une fois devant les autres, lorsque les phrases sont sorties une à une, d'abord confuses puis de plus en plus assurées, la classe s'est tue. Tous m'écoutaient attentivement, le regard braqué sur moi. À mesure que je parlais des planètes, des astres et des satellites, je me suis redressé, j'ai parlé fort. Ce jour-là, j'ai eu la meilleure note. Une habitude dans cette discipline qui ne m'a jamais quitté.

L'année de CM2 m'a marqué pour cela. Ma capacité à me faire comprendre, à convaincre, ainsi que ma curiosité pour les nouveaux jeux, les nouveaux projets de classe, ont fait de moi un enfant « avant-gardiste ». Je sentais sur moi un regard un peu spécial et ça me plaisait de développer ma différence. Je me rappelle avoir organisé un concours de beauté dans la classe, spécialement pour les garçons, et un autre spécialement pour les filles. À cette époque, les mannequins connus étaient surtout des femmes ; en 1980, les concours de beauté étaient réservés à la gent féminine. Et puis je l'ai gagné, j'étais content ! Je m'étais découvert des talents d'organisateur. Après ça, j'ai récidivé avec des chasses au trésor, au cœur de la ville de Pantin. Je disséminais des indices, je créais des équipes, et c'était parti ! Elles parcouraient les rues dans l'espoir de trouver mes surprises ! Des bonbons, des jouets, des images, je ne manquais jamais d'imagination !

J'ai développé très tôt cet esprit inventif, que j'ai toujours conservé. J'étais un meneur, un élément fédérateur au sein d'une communauté. C'est un rôle qui me correspondait très bien.

Je souris en écrivant ces lignes car finalement, devenu adulte, j'étais tout aussi doué. Les jeux de piste avec les autorités cette fois-ci, les montages financiers complexes, les failles dans le système de la TVA, je pense les avoir conduits avec brio. J'en paie aujourd'hui les conséquences.

Le flot d'idées s'est un peu tari à mon entrée au collège. Il n'était plus question de chasses au trésor. Nous étions désormais dans la cour des grands, il nous fallait agir comme tels, faire bonne impression. Mes premiers jours en 6e ont été moins éprouvants que mes premiers jours de maternelle. Je n'ai pas pleuré, mais l'angoisse ne m'a jamais vraiment quitté. Celle de la nouveauté, d'une nouvelle séparation d'avec ma mère, et puis celle de grandir. On n'ose pas l'avouer, mais c'est impressionnant de passer au niveau supérieur. On sent un nouveau poids peser sur nos épaules, comme si brusquement l'enfance nous échappait, laissant peu à peu de la place à l'adulte que nous sommes censés devenir.

Plusieurs années de suite, j'ai été élu délégué de classe, premier combat, première victoire, même si ce rôle m'ennuyait parfois. Par exemple, j'avais en horreur la responsabilité des cahiers de présence. Ce que j'aimais, c'était cette relation privilégiée enseignant-élève. Encore une fois, j'aimais avoir cette attention différente sur moi. Être marginal à ma manière et mener les discussions, les débats, apporter des idées neuves.

C'est à cette période que j'ai fait l'une des rencontres qui ont bouleversé ma vie de collégien. Celle d'un professeur de français et histoire-géographie, Monsieur José Ainouz. Il avait une manière d'enseigner qui n'était pas conventionnelle, qui s'éloignait des standards de l'éducation à cette époque. C'est un homme qui avait fait le tour du monde à moto, ça me fascinait. L'idée du voyage provoquait des petites étincelles en moi. Je rêvais d'être comme lui. Selon l'enseignement du moment, il faisait défiler des diapositives de ses propres photos, prises à travers le monde, sur un grand écran. On voyait sa moto, lui en blouson de cuir noir. S'il avait eu un compte Instagram à cette époque, nul doute qu'il aurait eu des milliers et des milliers de followers. Ses images auraient certainement récolté un nombre incalculable de likes ! Sa façon d'être était très novatrice. Peu de personnes partaient faire un tour du monde et encore moins à moto ! Il me faisait parfois penser à Che Guevara, que j'imaginais de la même façon dans ses jeunes années, parcourant l'Amérique latine. Il nous offrait du rêve et a fait naître en moi une envie encore plus forte de réussir. L'envie de pouvoir m'offrir une vie peu conventionnelle, teintée d'or, de paillettes et de voyages. Les cours audiovisuels n'étaient pas la norme, mais apprendre par l'image était quelque chose qui fonctionnait parfaitement sur moi. J'étais très réceptif à cette manière de faire parce qu'elle se distinguait des autres. C'est également grâce à lui que j'ai découvert l'un de mes premiers romans, *Le petit prince* d'Antoine de Saint-Exupéry. En fin d'année, nous avions même monté un spectacle audiovisuel sur cette histoire, qui s'est joué à la salle de spectacle municipale de Pantin, le Ciné 104, avenue Jean-Lolive. J'ai été extrêmement déçu de ne pas avoir le rôle principal. Grâce à ce professeur, nous sommes allés voir le film *E.T. l'extraterrestre*. Ce film a été, comme *Le petit prince*, une révélation pour moi, à bien des égards. La science-fiction développe une ouverture d'esprit à laquelle on est sensible ou non. Toutes ces œuvres ouvraient un champ des possibles dans mon esprit parfois un peu étriqué. Sans le savoir, je cultivais la distinction et j'étais souvent rejeté, parce que timide, parce que jugé prétentieux. Mais à travers ces œuvres, je constatais qu'il était possible de grandir et d'être heureux en dehors du moule établi par la société. Cela m'a confirmé que je voulais être une personne à part entière. On commençait à comprendre combien le monde était vaste, combien nous pouvions réaliser de grandes choses. À la suite de cette projection, nous avions dû faire une rédaction, imaginant une suite au film. J'ai eu une excellente note, la meilleure de la classe, comme tout au long de l'année avec lui. À sa manière, ce professeur a façonné une partie de moi, mon amour pour les voyages, pour les arts, qu'ils soient littéraires ou télévisuels. Grâce à la magie des réseaux sociaux, je l'ai retrouvé sur Instagram. Il n'a pas changé, il enseigne toujours de la même manière et poste sur son compte des photos incroyables.

21h, les lumières s'éteignent. J'allume mon téléphone, bien planqué tout au long de la journée. Comme pour la très grande majorité des détenus, cet objet est devenu à la nuit tombée le prolongement de moi-même, la porte ouverte vers la liberté. Et les photos de Monsieur Ainouz m'aident parfois à tenir le coup, à échapper à ce calvaire.

Il est temps pour moi de délaisser pour quelques heures le fil ténu qui me raccroche à la liberté. Le temps de grappiller quelques heures de sommeil pour apaiser mes yeux fatigués d'observer la vie en nuances de gris qui se joue chaque jour devant moi.

Au collège, d'autres personnes m'ont marqué à leur manière. Je pense notamment à l'un de mes amis, Redouane. En fin d'année, nous avions organisé une petite fête dans la classe, avec Monsieur Ainouz. Tous les titres de l'époque ont été diffusés, « Quand la musique est bonne », de Jean-Jacques Goldman, « Tout pour la musique » de France Gall, mais aussi la BO de *La boum* de Richard Sanderson, qui faisait toujours fureur deux ans après la sortie du film. Et puis Redouane est arrivé, clamant comme un troubadour :

– Bon, vous êtes des gamins, vous ne comprenez rien à la musique, je vais vous faire écouter du vrai son !

Et là, les notes de « Wanna be Startin' somethin » de Michael Jackson, de son album *Thriller*, ont empli la classe. Ça a été un vrai choc pour moi, une rencontre incroyable avec un univers dont j'ignorais tout. Le rythme était magique, bien loin des chansons francophones qu'on avait l'habitude d'écouter. Je découvrais ce chanteur, c'est un souvenir qui me donne toujours autant de frissons aujourd'hui. J'étais très bon danseur à l'époque, je pratiquais un peu la breakdance, le modern jazz, donc j'étais sensible à cette musique, je la trouvais envoûtante, comme si elle était capable d'ordonner à mes jambes de bouger toutes seules. Et encore une fois, c'était original, ça sortait des sentiers battus. Ma période Michael Jackson fut quelque chose de très fort dans ma vie et l'essence même d'un très gros projet bien des années plus tard. L'album *Thriller* a éveillé beaucoup de choses en moi. Ce n'est pas comme un fan qui découvre sa musique après coup, moi j'ai vécu cette folle ascension de l'intérieur en quelque sorte, comme pour *Star Wars*. Ce succès fulgurant m'a immédiatement bluffé. La course à la célébrité me fascinait déjà tout jeune, lorsque j'écoutais la radio et lorsque j'accompagnais mon grand-père dans les studios. J'admirais cette façon dont les célébrités pouvaient ainsi s'inviter dans les ménages, grâce à la technologie. Et puis, j'étais impressionné en constatant combien ces personnalités étaient capables de changer des vies. Je n'en étais pas jaloux, mais admiratif, assurément. C'est la seule star que j'ai suivie dans le monde, dont j'ai rêvé d'imiter le succès. Le souvenir le plus exceptionnel de ma vie reste son concert, en 1988, au Parc des Princes. Deux soirs d'affilée auxquels j'ai assisté le souffle court. Je me souviens des vibrations dans la salle, de la foule en liesse, de cette ferveur autour de cet homme aux multiples talents. Il donnait l'impression que c'était possible d'avoir le monde à ses pieds. Quand vous rêvez de grandeur, c'est un sacré modèle ! Le deuxième soir, à l'issue de ce concert, j'ai appris qu'il logeait à l'hôtel Crillon, place de la Concorde. Cet hôtel était déjà prestigieux à l'époque, avec son hall en marbre de Sienne et en Portor et son bar incrusté de miroirs facettés. Je me rappelle qu'il dormait au deuxième étage, que sa chambre se trouvait juste après l'une des colonnes. Nous étions une quarantaine de fans au pied de l'hôtel, à attendre de le voir alors qu'il essayait certainement de se reposer. À un moment, une Citroën CX marron est arrivée, les vitres ouvertes, déversant à fond ses plus célèbres chansons. Et puis Michael Jackson a ouvert sa porte-fenêtre, nous a salués et s'est mis à danser sur ses propres chansons. C'était un moment magique, hors du temps.

Ici, lorsque les gens hurlent la nuit, ce n'est pas de plaisir. Ils le font par colère, par envie de perturber les autres volontairement, égoïstement, ou bien par peur… L'obscurité dans la prison à fait naître une maladie propre à ce milieu, faite d'angoisse et de désespoir. Bien loin est alors pour moi ce merveilleux moment d'insouciance ou mon idole se trémoussait à son balcon…

La musique avec, à ses sommets, Michael Jackson, est une passion qui ne m'a jamais quitté. Ce chanteur a été l'un des modèles qui ont le plus forgé ma personnalité. Par son excellence, sa combativité, sa créativité. Bien sûr, il y en a eu d'autres, moins célèbres et plus à ma portée. Je pense notamment à l'un de mes meilleurs amis de l'époque, David H.

Il était âgé d'un an de plus que moi. Nous nous étions connus à Pantin, au sein de ma communauté, à la synagogue. Jusqu'à ce qu'il se marie, ce qui est arrivé assez tôt, il fut indéniablement la personne dont je fus le plus proche.

Ce qui est terrible avec les modèles dont vous avez la chance d'être proche, c'est de devoir les perdre à un moment donné. Les chanteurs donnent l'impression de toujours être là, peu importent vos galères et le tournant que prend votre vie, ils ont cette capacité de vous soulager, de vous consoler à leur manière : il suffit de mettre le CD et tout est oublié. Pour mon ami David, les choses ont malheureusement été différentes. Il s'est marié à l'âge de dix-neuf ans et malgré mon bonheur pour lui, j'ai vécu cette étape de sa vie comme une forme violente d'abandon, encore une fois. J'ai ressenti une très grande solitude le jour de ses noces. Après la fête, je me souviens d'avoir pleuré toute la nuit. Comme un enfant. Comme si j'avais perdu pour toujours cette amitié. Évidemment, je savais qu'il serait toujours là, mais d'une manière différente. C'est aussi un moment crucial dans votre vie ou vous sentez que votre moi adulte vous rattrape peu à peu. Je craignais aussi de perdre mon insouciance, de perdre une partie de moi en grandissant. Ce que j'aimais chez lui, et ce pourquoi il a été un modèle pour moi, la raison pour laquelle je l'admirais : son grain de folie. Moi qui étais plutôt cartésien, j'adorais sa folie, son extravagance. Nous étions complémentaires dans beaucoup de domaines, sa folie et ma rationalité étaient toujours sources de longues discussions, de beaucoup de rêves d'avenir. Nous nous projetions toujours dans des ambitions démesurées. Et puis nous avions un point commun : l'automobile. On suivait les courses et on achetait les mêmes chaussures, des Weston évidemment ! C'était également quelqu'un de très pratiquant, qui m'a initié à beaucoup de sujets concernant notre religion. C'était un véritable pilier dans ma vie et un grand soutien à l'école, par sa simple présence.

– Grégory Zaoui. Parloir dans cinq minutes !

La voix du maton résonne et je dois poser stylo et papier. En espérant que ma mère m'apporte de quoi apaiser mon âme.

Par chance, ce fut le cas, en plus du plaisir de voir son magnifique sourire, son sac plastique transparent contenait une petite boîte de la pâtisserie Nani, dont l'intérieur me régalait à coup sûr : des manicotti, gâteaux traditionnels en Tunisie, en forme de rose. Leur saveur au miel, leur texture en bouche, à la fois fondante et croquante, me rappellent toujours qui je suis et d'où je viens. Me rappellent mes treize ans et le buffet-dessert de ma bar-mitsva.

Pour un enfant juif, le jour de vos treize ans marque un tournant dans votre vie. Nous avons célébré ma bar-mitsva, passage à l'âge adulte, et nous avons pour coutume de lire un passage de la *parashat.*

Il s'agit d'un verset de la Torah lu publiquement lors du shabbat, correspondant à notre jour de naissance. Chacune des *parashat* porte un nom, la mienne était *Ki-Tetsé*, généralement lue fin août, début septembre. C'est mon grand-cousin Elie, le fils de mon oncle rabbin Simon, qui m'avait appris à lire la mienne ce jour-là.

25,15 : Des poids exacts et loyaux, des mesures exactes et loyales, doivent seuls être en ta possession, si tu veux avoir une longue existence dans le pays que l'Éternel, ton Dieu, te donne.

25,16 : Car l'Éternel, ton Dieu, a en horreur quiconque agit ainsi, quiconque fait une chose déloyale.

25,17 : Souviens-toi de ce que t'a fait Amalec, lors de votre voyage, au sortir de l'Égypte ;

25,18 : comme il t'a surpris chemin faisant, et s'est jeté sur tous tes traînards par-derrière. Tu étais alors fatigué, à bout de forces, et lui ne craignait pas Dieu.

25,19 : Aussi, lorsque l'Éternel, ton Dieu, t'aura débarrassé de tous tes ennemis d'alentour, dans le pays qu'il te donne en héritage pour le posséder, tu effaceras la mémoire d'Amalec de dessous le ciel : ne l'oublie point.

La cérémonie a eu lieu dans la salle Le Globo, dont mon père était le gérant et où je tenais parfois les vestiaires. Nous avions organisé un excellent petit déjeuner, un jeudi, et j'avais lu ma *parashat* durant la matinée. Je portais un costume gris avec une chemise rose ainsi qu'un nœud papillon bordeaux, j'étais fier comme un roi. La bar-mitsva est une journée qui n'appartient qu'à vous, vous êtes au centre de l'attention, c'est un moment réellement exaltant. Le dimanche soir se tenait la fête, qui clôturait cette journée si unique dans ma vie. Là, j'étais entièrement habillé de blanc, le smoking était écru, la chemise blanche, le nœud papillon en satin blanc également, et j'avais des Bally aux pieds, blanches. Une nuit de musiques orientales s'est ensuivie, menée par un chanteur et musicien qui n'était autre que le père d'Enrico Macias, Sylvain Ghrenassia. Il jouait du violon à merveille, avec sa manière si particulière de le tenir sur ses genoux. C'était l'un de ces moments privilégiés, comme vous en vivez peu dans votre vie. Environ 250 personnes étaient présentes, la plupart m'avaient offert des cadeaux, de l'argent, et puis je me rappelle la pièce montée, un sublime fraisier réalisé par la pâtisserie-traiteur Nani de Belleville.

C'est après cette période que mes troubles scolaires se sont amplifiés en même temps que ma phobie d'aller à l'école. C'était comme si la bar-mitsva, censée me faire devenir un homme, avait été le déclencheur d'un mal-être déjà présent au fond de moi ; je devenais un homme, il était temps de trouver un sens à ma vie. Des préoccupations qu'aucun enfant de treize ans ne devrait avoir. Je vivais à Pantin, je n'étais pas riche, mes rêves de cosmonaute étaient loin. Je me sentais cloué au sol, comme si jamais je ne pourrais devenir celui que je rêvais d'être. Je ne rêvais pas de réussir ma vie, mais de réussir dans la vie. Réussir sa vie n'implique pas forcément d'être riche, mais moi je voulais l'être.

À quatorze ans, j'ai changé d'école. Ma mère m'a inscrit dans une école privée juive à Pavillon-sous-Bois, l'école de l'Alliance. Lorsque je suis arrivé, la directrice a accepté mon inscription mais avec une mise en garde : ne pas fréquenter les éléments perturbateurs. Évidemment, mon ami David en faisait partie. Malgré ses mises en garde, il est resté mon meilleur ami. Il me rappelait le personnage de fiction Fonzie, dans la série américaine *Happy Days*. Sa maturité m'a beaucoup aidé à grandir, à m'épanouir aussi. David avait un parcours de vie difficile, notamment à cause de la perte de sa mère alors qu'il avait dix ans ; par ailleurs, il était le dixième enfant d'une fratrie de onze. Cela l'a fait grandir plus vite que la normale, le rendant très mature malgré ses pitreries. Il fut également l'élément déclencheur de mon amour du business, de la négociation et de l'argent…

3

L'or bleu

Partie 1, les prémices d'une envolée

Prison de la Santé, 41e jour

Déjà plus d'un mois que je suis là et chaque jour est semblable à la veille, chaque semaine aussi morne que celle qui précède et que celle qui suivra. J'imagine dehors la nature préparer l'arrivée du printemps. Nous sommes en mars, je vois par la petite fenêtre que le temps se radoucit. Le ciel bleu se maintient malgré le froid qui persiste.

J'erre entre les murs, le long des couloirs, à l'extérieur... J'essaie d'observer le plus souvent ce ciel, de me concentrer sur un horizon que je ne vois pas, que je ne suis pas près de voir. Heureusement, la cohabitation dans ma cellule se passe sans accroc. Je ne ressens pas encore la fièvre des autres détenus qui ne tarderont pourtant pas à vouloir s'en prendre à moi, je le sens. En attendant que le temps passe, et pour le voir passer un peu plus vite, je me souviens des raisons qui m'ont poussé à me rendre.

Pantin, 1986, j'ai quinze ans.

Je fréquentais la synagogue depuis deux ans déjà lorsque j'ai rencontré Avi, qui deviendrait par la suite mon plus proche ami, ennemi, ami... Probablement la base de mes relations avec les hommes… J'avais quinze ans et déjà je me sentais l'âme d'un commercial grâce à lui. Il avait cette volonté de caractère, peut-être parce qu'il était lui-même fils de commerçants. C'était un garçon jovial, toujours sur le coup, qui avait envie d'argent et de réussite. L'école ne lui parlait pas plus qu'à moi, et comme moi, il rêvait d'autonomie, de passer à la vitesse supérieure. L'argent était pour nous synonyme de liberté. Une notion que pourtant nous ne maîtrisions que peu. Finalement, ce n'est qu'en prison que la liberté prend tout son sens. Nous étions adolescents et convoitions à l'extrême une chose dont pourtant nous ne manquions pas. Nous n'étions pas malheureux ni l'un ni l'autre, au sein de notre famille ou de notre communauté, mais nous voulions faire mieux, plus grand, taper plus fort, nous faire connaître. Avi et moi étions comme des frères, pensions être amis à jamais, envers et contre tout, hélas ce ne fut pas le cas.

Son beau-père et sa mère vivaient également à Pantin, et étaient à la tête de la société BATEC à Montreuil. Ils étaient grossistes pour la marque Levi's France, et sous contrat avec la marque. De cette manière, ils avaient une exclusivité sur la vente de tous les vêtements de second choix. Chaque semaine, des milliers d'articles arrivaient, des jeans, des polos… Tous estampillés de l'inscription *Irregular* sur l'étiquette qui se trouvait à l'intérieur du vêtement. La marque possédait un contrôle qualité extrêmement exigeant, les défauts, même minimes et quasiment indécelables, passaient en second choix et étaient ainsi vendus moins cher. La marchandise était achetée à un prix dérisoire par le grossiste, avant d'être revendue avec un intérêt confortable. D'autres grossistes, internationaux, lui achetaient du stock, notamment au Maghreb. Ces personnes-là revendaient, elles aussi, la marchandise à prix d'or sur des marchés ou dans des boutiques.

Les marges importantes que BATEC retirait de ces transactions permettaient à la famille d'Avi de vivre dans l'aisance. Son beau-père a probablement été l'un de mes premiers modèles, un modèle concret, de la vie de tous les jours. Sa force de caractère, son aisance dans son travail et la facilité avec laquelle il semblait faire de l'argent me fascinaient. Il ne faut pas oublier que nous étions au début des années 80 et que la marque Levi's était la marque n°1. Leurs jeans étaient ceux qu'il fallait avoir. Même à la télévision, dans les publicités, on parlait de la marque comme d'une légende. Et c'en était vraiment une ! Et j'avais la chance, à mon petit niveau, de participer à cette légende, de m'ancrer dans son commerce !

J'avais facilement convaincu David de vendre des jeans avec moi à la sortie de l'école, mais aussi à certains professeurs ! Nous nous approvisionnions surtout en pantalons. L'un d'eux avait ma préférence, un pantalon en toile de bâche appelé STA PREST. C'était un modèle qui possédait le long de la jambe un pli permanent, qui faisait très chic, plus que les jeans normaux. J'avais déjà un faible pour ce qui ressemblait aux costumes. C'était un article très demandé et nous en avons vendu des centaines d'exemplaires. Néanmoins, l'article phare demeurait le fameux 501, que nous avons écoulé à quelques milliers d'exemplaires, et qui se revendait à prix d'or à Montparnasse. BATEC vendait également des références de premier choix, et la demande explosait. David et moi, nous les achetions 100 francs, environ 15 €, pour les revendre à près de 50 €, à raison de dix ou quinze jeans vendus chaque semaine. C'était en moyenne 500 € chaque semaine, soit près de 2000 € en un mois. Pour nos quinze ans, c'était un véritable exploit. Mes parents étaient impressionnés et m'encourageaient à continuer, voyant en moi un excellent commercial, prometteur !

Malgré cet air sûr de moi que je me donnais, malgré mes façons de faire peu conventionnelles et parfois condamnables – ces ventes non déclarées étaient interdites –, le commerce de ces jeans me permettait d'étouffer la souffrance qui me rongeait toujours : celle de ma phobie scolaire. C'est quelque chose qui va bien au-delà de la crise d'adolescence, une véritable maladie contre laquelle il est très difficile de se battre. J'ai toujours été ambivalent, d'un côté ce besoin d'être admiré, peu importaient les moyens mis à ma disposition, et d'un autre côté, cette peur de la société qui mettait le chaos à l'intérieur de moi. La phobie scolaire s'accompagne souvent d'une dépression. Pour ma part, je pleurais énormément, c'est au départ parfois foudroyant. J'étais pris d'un effroi incommensurable, des barrières s'érigeaient en moi et m'emprisonnaient dans un mal-être insupportable. Toutes mes petites combines d'ado bien dans sa peau n'étaient qu'une façade, un masque pour dissimuler ce mal-être. J'étais attiré par la lumière comme un papillon, mais en moi c'était l'obscurité totale. Pendant de longues années, j'ai été renfermé sur moi-même ; dès que je quittais la vie sociale, l'école ou la synagogue, je redevenais très silencieux. Gagner de l'argent, travailler, m'occuper, c'était un vrai soulagement, que mes parents ont rapidement compris quand j'ai grandi. Cela me permettait d'aller mieux, de ne pas penser, de trouver un intérêt à cette vie sociale que je chérissais et haïssais en même temps. Ils m'ont aussi encouragé, ne se sont pas étonnés de me voir gagner de l'argent. Ils savaient ce que je faisais et comment je le faisais. Et j'étais généreux, les sommes que je rapportais nous servaient à tous. J'étais suivi par un pédiatre, Aldo Naouri, qui à un moment donné, n'a plus réussi à me sortir de ce mal qui me rongeait. Il m'a rapidement dirigé vers son neveu, Joseph Naouri, psychiatre, qui a mis de nombreuses années à réparer une multitude de choses dans ma tête. J'ai été son patient pendant très longtemps et je l'appréciais beaucoup, tout comme nos rendez-vous. J'avais l'impression de grandir un peu plus à chaque séance. J'étais plus rassuré, plus apaisé. Nous parlions de tout et de rien, de la famille, de mon éducation, de l'école, de mes ambitions, mes envies. C'était toujours des moments très riches, les seuls durant lesquels j'arrivais à me livrer complètement, à ne plus être dans le paraître mais dans l'être. Je me sentais enfin moi-même. J'existais moins à travers mes idoles, que ce soit les stars que j'adulais ou les copains que j'enviais. Il m'a appris à me satisfaire et à être en paix avec moi-même.

Aujourd'hui encore, je suis rassuré de savoir que même en prison, si j'en ai besoin, je peux demander à rencontrer l'un des psychologues officiant pour l'établissement. Ils seront peut-être les seules personnes dont j'aurai véritablement besoin un de ces jours. Je sens que la fatigue me gagne après un mois et demi seulement et je me demande de quelle façon je vais bien pouvoir survivre aux années qui m'attendent…

Ce psychiatre m'a beaucoup aidé, notamment jusqu'à la puberté, ces années où l'on entre dans la catégorie « jeune adulte », cette période charnière où vous avez l'impression, malgré vos quinze ou seize ans, d'accéder à un nouveau monde inconnu, rempli de responsabilités. Longtemps, il a tenté de me faire abandonner les idées préconçues que j'avais sur l'âge ; pour lui, avoir quinze ans, ce n'était pas devenir adulte, ce n'était pas forcément le bon moment pour penser à des choses qui n'auraient jamais dû me perturber. À quinze ans, on s'amuse, on sort, on tombe amoureux. Moi, je ne vivais que par les petits boulots au noir qui me faisaient m'activer, qui me faisaient oublier l'école et arrêter de penser à ce qui m'attendait le lendemain. J'avais très peur de la médiocrité, d'une vie faite de rien, et je me donnais toujours des objectifs très élevés. Mes parents n'étaient pas malheureux, ils gagnaient leur vie honnêtement et parvenaient à s'en satisfaire. Eux ne comprenaient pas pour quelles raisons j'étais obnubilé par l'argent. Moi – et c'est toujours le cas aujourd'hui –, je voyais ça comme une porte ouverte vers une vie de rêve. J'ai compris avec le temps que là n'était pas l'essentiel, que l'essentiel résidait dans la richesse de notre amour.

De 2000 € par mois, il aura fallu que j'atteigne les 5000, que je considère ça comme du simple argent de poche, que je vise la richesse, la vraie, les millions, les milliards, puis que je perde tout, pour le comprendre.

Mais à quinze ans, alors que ma voix changeait, que mon physique se modifiait, que je grandissais, j'ai su que ce serait des années de ma vie qui m'iraient bien, moi qui désirais tant cette indépendance, qui avais tellement envie d'accomplir de grandes choses : être riche, célèbre, reconnu.

C'est à ce moment-là que j'ai arrêté l'école. Ma phobie scolaire me faisait me replier sur moi-même, ce qui accentuait considérablement mon mal-être. Ma mère m'a inscrit à des cours à distance, l'école étant obligatoire jusqu'à seize ans. Certes, j'étais encore plus seul, mais au moins je n'avais plus à faire semblant. Il me fallait ce temps-là pour me reconstruire, pour mentalement me réparer. En parallèle, voyant que le marché des jeans était florissant, elle avait déclaré une entreprise à son nom au registre du commerce, l'ancêtre de la microentreprise. Nous avons pu, grâce à elle, vendre les articles dans des comités d'entreprise. Pantin étant une petite ville et la synagogue permettant un bouche-à-oreille efficace, je pouvais les vendre au sein de ma communauté, mais aussi élargir mon champ d'action. Mon oncle nous prêtait son camion Toyota et, avec ma mère au volant, nous faisions notre tournée, cela nous permettait d'éviter la vente sur les marchés et à l'extérieur. Les clients payaient directement et les journées se sont rapidement avérées fructueuses.

Le soir, nous montions nos marchandises dans l'appartement pour éviter les vols. Les cartons étaient entreposés dans ma chambre, si bien qu'on pouvait à peine y poser un pied. Par précaution, nous enlevions les étiquettes de la marque ainsi que le nom des fournisseurs. C'est une des règles d'or que l'on vous apprend rapidement lorsque vous débutez dans le commerce. Nous tenions également des registres de ventes manuscrits. L'informatique n'était pas encore développée pour les petites gens comme nous. Aussi, nous ne possédions pas de TPE, nous acceptions seulement les chèques et les espèces.

En parallèle de la vente de vêtements, nous vendions également des montres de la marque Domi Montres, que nous achetions dans le Sentier. Leurs bracelets turquoise faisaient fureur à cette époque. Le soir, je tenais également le vestiaire de la salle des fêtes Le Globo, gérée par mon père, dans laquelle j'avais fêté ma bar-mitsva. Elle se situait au 8, boulevard de Strasbourg, dans le 10e arrondissement. Le vendredi soir, cet endroit était le temple du hip-hop, il accueillait de nombreux rappeurs français comme NTM par exemple, et le dimanche soir, c'était le rendez-vous de la communauté portugaise. Aujourd'hui, on y organise des séminaires, des afterworks, des soirées étudiantes… c'est aussi une discothèque avec une piste de 315 m^2… Il faut dire que la tête de taureau à l'entrée du bâtiment donne le ton ! L'intérieur est incroyable, dans des tons rouge et violet. Le Globo demeure une salle hors du temps, atypique et conviviale. En cela, elle n'a pas changé. Lorsque j'y travaillais, j'arrivais généralement vers 18h et en repartais vers 4h du matin, après le dernier client. Il m'est arrivé de récolter jusqu'à 3000 francs en pièces de 10 ! Quand on pense que le SMIC mensuel avoisinait les 6000 francs... Je me suis d'ailleurs fait arrêter un soir que je rentrais en scooter avec des pochons Weston remplis d'argent. C'est mon père qui a dû venir me chercher au commissariat, afin d'y présenter les documents officiels qui justifiaient que j'avais cette somme sur moi.

Plus le temps passait, plus le commerce devenait simple pour moi. Les personnes plus âgées à la synagogue, avec qui je m'entendais bien, me plaisantaient, me disaient que j'avais un don, un talent inné. Ma communauté à Pantin me faisait confiance, tout le monde savait où j'habitais. Ils me voyaient chaque semaine à la synagogue et constataient mon respect assidu des fêtes religieuses telles que shabbat. À cette période, j'y croisais une magistrate qui, quelques années plus tard, me jugerait et me jetterait en prison, sans aucune pitié... Ainsi on ne pourrait lui faire le reproche de favoriser un Juif.

Jamais je n'aurais osé trahir l'un de mes camarades à la synagogue. Je songeais souvent à la gifle de ma grand-mère et je ne voulais plus ressentir cette honte vis-à-vis des gens qui m'appréciaient. Il m'était d'ailleurs facile de faire crédit car il était de notoriété publique que je n'avais qu'une parole. Mon jeune âge les amusait, j'étais le p'tit gars en scooter, se déplaçant plus vite que son ombre pour livrer à droite et à gauche. Mon scoot et moi ne faisions qu'un, c'était comme un deuxième moteur pour moi, il pouvait m'emmener là où mes jambes ne me portaient pas assez rapidement.

Avec David, nous nous sommes aussi attaqués à plus gros. Suite logique d'un plan mis en place depuis longtemps. Il n'avait jamais été question pour nous de rester en bas de l'échelle. Là, notre objectif, c'était les voitures. Ma toute première vente, je l'ai réalisée quand j'avais quatorze ans, c'était une Renault 14 dorée, que l'on surnommait à l'époque « la poire ». Je l'avais achetée 7000 francs, soit un peu plus de 1000 €, sachant que nous pouvions récolter cette somme en un mois grâce à nos ventes à l'école. Je l'avais ensuite mise en vente à 10 000 francs, environ 1500 €. J'avais ainsi pu gagner l'équivalent de 500 € en moins d'une semaine. Une somme phénoménale pour ma famille et moi. En parallèle des jeans, je vendais aussi des cassettes VHS au sein du collège. Un contact que je ne connaissais pas beaucoup nous fournissait des VHS de films récemment sortis au cinéma. C'était du piratage et complètement illégal, mais l'appât du gain était le plus fort. Alors, avec David, nous branchions nos magnétoscopes et faisions toute la journée des copies des films. On les revendait ensuite 100 francs, 15 €, à l'école. Donc avoir des fonds suffisants pour acheter une petite voiture ne fut pas très compliqué !

L'année de mes quinze ans, grâce à toutes ces affaires fructueuses, fut ponctuée de joies intenses, néanmoins toujours teintées d'un mal-être sournois, mais aussi d'une peine dévastatrice.

J'étais tombé amoureux.

L'amour aujourd'hui me fait toujours frissonner… Je pense aux femmes qui ont partagé ma vie, aux douleurs que certaines m'ont infligées mais aussi à tous ces moments de passion, de joie, à mes enfants… Je pense à Chirelle, pour qui je me suis rendu aux autorités.

Je pressens une soirée plus calme. Nous sommes samedi, le premier samedi du mois. Ce soir, dans ma cellule comme dans les autres, les téléphones seront allumés, les codes de Canal+ partagés. L'érotisme emplira les chambres et les gardiens ne diront rien, probablement occupés eux aussi à la même activité. Les faibles gémissements des hommes et des femmes viendront, pour quelques heures, remplacer les couinements des rats. C'est une échappatoire, un moment de convivialité, de pause, de fraternité parfois. On se soutient lorsqu'il s'agit d'amour et de sexe. Nous serons des centaines d'hommes, l'esprit verrouillé sur une seule et même chose : les femmes de notre vie. Je repense aux miennes, avec nostalgie…

Ma première véritable petite amie s'appelait Shirley. C'était une jolie fille, grande, plus jeune de deux années. Elle se démarquait des autres, avec son côté artiste, original, elle sortait vraiment du lot. Elle était drôle, pétillante, une vraie source de vie. Pour la première fois, avec elle, j'ai eu envie de gâter une femme autre que ma mère. J'adorais lui offrir des cadeaux. Je me souviens de l'avoir embrassée devant la pharmacie, place de la Nation, un vendredi. Ses lèvres étaient douces et mon cœur battait la chamade sous le coup de l'émotion. Déjà je savais que je pourrais soulever des montagnes pour elle. Nous avions l'habitude d'aller au cinéma, de flâner dans Paris, aux Champs-Élysées. Un samedi soir, après une magnifique journée passée en tête à tête, nous nous sommes rendus dans un hôtel proche de la gare du Nord. Ce n'était pas ma première relation sexuelle, mais c'était la première fois que je vivais ce moment avec autant d'amour et de passion. J'avais pris le temps de l'embrasser, d'effleurer la peau de son cou et de ses épaules, de passer ma main dans ses cheveux et le long de son dos nu. Nous nous étions murmuré des mots tendres, des promesses d'amour éternel. Je me souviens de la sensation de ses mains sur ma peau et des miennes sur la sienne. Je l'aimais vraiment. Je serais allé au bout du monde pour elle. Je l'avais d'ailleurs rejointe à Cannes où se trouvait sa sœur qui venait de se fiancer. Premier petit coup de folie qui m'avait permis de vivre de beaux moments estivaux en sa compagnie. Ce sont de beaux souvenirs. Encore empreints de douceur, même quand j'y repense aujourd'hui.

Et puis, sa mère s'est immiscée dans cette relation, jusqu'à lui interdire de me fréquenter. Elle avait probablement peur pour sa fille, de la voir sortir avec un garçon plus vieux et aussi présent dans sa vie. C'était une femme qui déversait un peu sa rancœur sur ses proches. Voir sa fille s'attacher ainsi ne lui a pas plu. Shirley a alors rompu, par la force des choses, me disant qu'elle n'avait pas le choix. C'était la première fois que je pleurais d'amour. Deux raisons m'ont totalement anéanti : la fin de notre histoire, mais aussi ce sentiment d'abandon qui me gifla de plein fouet, car la fin d'une histoire d'amour se termine forcément par une désertion de l'autre. La déchirure fut monstrueuse. La douleur morale me provoquait des vomissements, des palpitations. C'était une sensation qui m'était totalement inconnue, que je vivais pour la première fois. Physiquement aussi j'étais atteint. Je maigrissais, me décomposais chaque jour un peu plus. J'habitais toujours à Pantin, elle à Ormesson-sur-Marne. C'était loin pour moi. Je faisais la route sur mon scooter et lorsque j'arrivais, elle ne m'ouvrait pas la porte. Je lui écrivais des lettres, il n'y avait pas de portable à ce moment-là, alors je laissais des messages sur le téléphone fixe, auxquels personne ne répondait. Je lui envoyais même des télégrammes. La peur d'être délaissé, de la perdre, associée à mes problèmes de confiance en moi, me poussait à l'extrême. Avec les femmes, j'ai toujours eu ce problème, je ne fais jamais dans la demi-mesure, j'y vais à fond, au point d'en devenir obsessionnel. C'est un comportement qui est resté longtemps en moi. Ce n'est qu'adulte que j'ai pu réellement apprendre à gérer ces émotions. Avec le temps, je suis parvenu à guérir d'elle. Nous nous sommes revus quelques années plus tard, j'avais dix-neuf ans. Nous avons essayé de recommencer, mais le lien n'existait plus, l'histoire s'était fanée et nous avons continué chacun de notre côté, sans rancune cette fois.

L'adolescence, malgré quelques moments et histoires incroyables, comme la vente de ma première voiture, mes petits voyages en France, à Cannes par exemple, ou bien les belles chaussures, la bonne nourriture que je pouvais acheter sans même sourciller, a été compliquée. J'ai voulu grandir très vite, trop vite, pour accéder à une vie différente, une vie d'adulte. J'ai eu le permis à seize ans, en conduite accompagnée, et la première entreprise à mon nom à dix-sept ans. Je voulais être grand avant l'âge, être le cosmonaute en partance pour la Lune. Lorsque j'ai enfin été libéré de l'école – dont le supplice était aussi difficile à supporter que la prison –, j'ai persévéré dans mon ascension vers le Graal, je voulais gagner plus d'argent, beaucoup plus. Pas seulement de quoi mener une belle vie, une vie confortable. Mieux que le confort, je voulais ce qui est incroyable, je voulais une vie à la hauteur de mes ambitions, la plus exceptionnelle qui soit.

Un été, j'ai travaillé comme coursier pour une société qui s'appelait Nana Courses. La demande était très forte et il y avait un réel marché à investir. En effet, les fax n'existaient pas encore, sans parler des mails qui étaient encore au stade de l'utopie pour nous. Lorsqu'un pli devait être déposé rapidement, les habitants faisaient appel à des sociétés comme celle-ci. Avec mes cartes routières sous le bras, je partais en scooter déposer des plis dans Paris, nous étions payés en fonction du nombre de courses réalisées et des distances parcourues. Cette expérience m'a appris beaucoup sur la topographie de la capitale, je la connaissais comme ma poche. À la fin de ce travail d'été, j'ai voulu créer ma propre boîte de courses et mon père m'a aidé. C'est lui qui en était le gérant car j'étais mineur. J'avais choisi le nom, « Gory Courses », mon emblème était un gorille sur un scooter. Pour cette tête de singe, je m'étais inspiré de la marque de prêt-à-porter Waikiki, fondée en 1985. Elle était très populaire dans les années 90 auprès des enfants et des adolescents. Les tee-shirts étaient très colorés, mettant en scène un ou trois gorilles dans des situations amusantes. J'étais généralement seul à livrer, ce qui me permettait de gagner plus d'argent, mais lorsque les demandes étaient trop nombreuses, deux amis d'école me donnaient un coup de main et nous nous partagions les sommes récoltées. Mon père s'occupait de la comptabilité. Grâce à ma mère, j'ai pu élargir mon réseau à des cabinets d'avocats ou des agences de voyages. J'avais également lancé une campagne de prospection papier, c'était des milliers de flyers à mettre sous enveloppe, on y passait une grande partie de la journée et de la nuit. Mais ça en valait la peine, j'ai eu la chance d'y gagner de nombreux nouveaux clients. Avec David, mon plus fidèle allié, nous avons appris ce qu'étaient la persévérance et l'honneur : jamais nous n'avons manqué une course, jamais nous n'avons été en retard, nous prenions cette activité très au sérieux, le service client devait être irréprochable malgré la pluie, la neige, le froid ou le verglas. Chaque course était prépayée grâce à un système de carnets de bons. Les conditions de travail étaient parfois dangereuses car il fallait aller vite, donc rouler vite, il fallait rouler peu importait la météo, mais nous n'avions pas d'autre choix que d'assumer si nous voulions de l'argent.

Tout à l'heure, j'ai dépanné un camarade qui n'avait plus de dentifrice. Un truc banal, mais tellement essentiel en prison… Je suis soulagé de constater qu'encore aujourd'hui, l'entraide existe derrière les barreaux. Il y a encore, malgré nos passés, malgré nos peines, nos différences, une forme de soutien entre détenus. Jamais il ne me viendrait à l'idée d'être égoïste ici. En cellule, je partage la nourriture que ma mère me fait parvenir grâce à l'aumônier israélite, et si je peux aider des camarades, c'est toujours avec plaisir. Finalement, ça me rappelle un peu ma vie d'ado à Pantin.

Au sein de la synagogue, j'ai noué de très nombreuses relations. Avec le recul, ça me fait songer au village d'Astérix, toutes ces personnes exerçaient des métiers différents et variés. J'ai compris tout de suite la force du relationnel, du lobby et de la débrouille. L'un était cordonnier et nous allions faire réparer nos Weston à sa boutique, il y avait aussi des spécialistes en bâtiment, grâce auxquels nous pouvions faire nos travaux, et des réparateurs de pneus pour nos voitures… C'est grâce à ce réseau et à David que j'ai pu vendre mes premiers Levi's, mais aussi grâce à Jacky B. qui était fabricant de blousons en cuir que je revendais ensuite à l'école. J'ai trouvé beaucoup de fournisseurs à la synagogue. Je me souviens notamment d'un monsieur, transitaire, qui importait des gadgets depuis Hong Kong et Taïwan. Notamment un petit appareil, appelé le « dealer », qui ressemblait un peu à une calculatrice ; vous composiez un numéro dessus et lorsque vous alliez dans une cabine téléphonique, après avoir inséré votre pièce, il suffisait de le placer au niveau du micro et d'envoyer l'appel. Une fréquence vocale était alors émise et le téléphone dans la cabine composait lui-même le numéro que vous vouliez. Vous pouviez ainsi téléphoner durant des heures sans jamais être facturé. J'ai vendu beaucoup de ces « dealers » et me suis fait ainsi beaucoup d'argent dès le collège. Un peu plus tard, avec David, nous achetions des billets pour Roland Garros, en fonction de notre trésorerie, et revendions durant les matchs des places pour les quarts de finale, les demi-finales ou même la finale. Encore une petite affaire qui nous a permis de faire pas mal d'argent. L'un comme l'autre, nous n'aspirions qu'à ça à l'époque : nous enrichir, toujours être occupés, commercer comme les grands. J'avais à peine dix-sept ans et j'avais déjà 500 000 francs de côté (76 000 €), l'équivalent de la valeur de l'appartement de mes parents.

Très tôt, j'ai gagné une certaine forme d'indépendance grâce à mes petits boulots, grâce à ma liberté en scooter. Cela me permettait de m'accomplir, de devenir celui que je voulais être, bien loin de mes phobies scolaires et de toutes mes autres peurs. Je voulais être bien dans ma peau, être capable d'aider les autres, de les gâter, de leur offrir le meilleur. Je voulais qu'on me reconnaisse comme étant le gars de Pantin qui avait si bien réussi ! Je fonçais tête baissée dans toutes ces petites affaires pour échapper à tout ce qui me rongeait dès que j'avais trop de temps pour y penser : cette impression récurrente d'être nul, même si je pouvais déjà être fier de ce que j'avais accompli, cette impression d'être sans importance, inutile dans la vie des autres, transparent. Mon psychiatre en rigolait, il me disait parfois : « Un jour, tu achèteras la tour Eiffel…»

À la fin de mes seize ans, ma mère a repris un emploi en tant que commerciale dans une entreprise d'informatique et de mobilier de bureau. Je menais ma vie et, avec mon scooter, j'avais l'impression d'avoir le monde à mes pieds. Ma bécane était une Peugeot, elle était toute neuve, payée comptant, c'était un joyau customisé. J'avais de la musique dessus grâce à un autoradio et un ampli, j'avais même rapporté de New York – une expérience dont je parlerai plus tard – une plaque avec des lumières qui s'allumaient et qui entouraient mon nom « Greg ». Dès que mon phare était allumé, mon prénom s'illuminait à travers la plaque… Comme mon premier scooter, celui-ci était un prolongement de moi. Parce qu'une fois sur la selle, j'avais l'impression d'être le plus rapide, d'avoir le monde des affaires au creux de la main.

J'avais toujours de nouvelles idées, j'étais comme un pêcheur avec plusieurs cannes à pêche. J'en mettais plusieurs à l'eau, avec des tas d'hameçons différents, et dès que ça mordait, c'était un nouveau projet dans lequel foncer. Au sein de la communauté, certains me regardaient amusés, d'autres surpris, d'autres admiratifs de me voir ainsi faire du business alors que j'étais encore mineur. Ce n'était rien de méchant, des petites transactions. J'achetais des articles que je revendais, je ne blousais personne. On aurait pu me reprocher de ne pas avoir de vraie entreprise déclarée, mais dans les fameuses années 80, beaucoup s'en passaient, beaucoup travaillaient « au noir ». Si j'avais eu ce matricule de société, peut-être que je n'aurais jamais été hors des règles par la suite. Malgré nos grands airs, nous étions de vrais gosses, toujours fourrés dans un café, boulevard des Capucines, le café Movenpick, à manger une *swiss double chocolate* : une coupe glacée avec plusieurs boules de chocolat, des copeaux de chocolat, de la chantilly, un cornet pâtissier fait maison et du coulis… Entre deux ventes, nous allions avec David voir les derniers films à la mode comme *Retour vers le futur* et les films avec Bruce Lee, Bruce Willis, Stallone… Nous étions à la mode avec nos fringues Levi's, nos jeans Marithé et François Girbaud et nos blousons Spinach… On admirait Cindy Crawford, première icône féminine de notre génération. J'ai même eu une petite amie qui lui ressemblait, un amour de vacances, qui avait le même grain de beauté. Je l'avais rencontrée à Cannes, ça n'avait duré que quelques jours, mais je me souviens encore du parfum exquis qu'elle portait, *Georgio Beverly Hills*. C'était de folles années d'insouciance et de joie, malgré des épisodes plus sombres et solitaires.

La plus grande chose qui m'ait marqué durant mon adolescence, c'est ma découverte des États-Unis en 1988. J'allais avoir dix-sept ans et je partais avec un groupe de Français afin de rencontrer le plus grand rabbin de l'époque qui vivait à New York, le Rabbi Ména'hem Mendel Schneerson, que les Juifs appelaient le Rabbi de Loubavitch. C'est un homme qui a marqué son époque, pour qui les Juifs français nourrissaient une grande admiration. Il n'hésitait pas à chanter le cantique traditionnel *Haadérèt Véhaémouna* sur l'air de *La Marseillaise*. Nous étions en février et cette année-là, à la même période, il venait de perdre sa femme. C'était un événement dans tout le pays car c'était une personnalité importante. De nombreuses chaînes de télévision couvraient les funérailles. J'ai découvert New York dans ces conditions-là, et ce fut un coup de cœur immense. Ce qui m'a plu, en tout premier lieu, au-delà de l'effervescence qui émanait à n'importe quelle heure du jour et de la nuit, ce sont tous les gadgets que nous n'avions pas encore en France, dans les années 90, cette ville avait vingt ans d'avance sur la capitale parisienne. Aujourd'hui, la mondialisation permet une sorte d'harmonisation concernant les produits en vente dans le commerce, du moins dans les pays industrialisés. Moi, ce qui m'intéressait là-bas, c'était tout ce que j'allais pouvoir rapporter chez moi et revendre, et quelle marge je pourrais en tirer.

C'est après ce premier voyage qu'avec David, nous avons commencé à nous intéresser sérieusement à l'import de voitures. Depuis mes quatorze ans, même si le sujet nous passionnait, nous n'avions plus fait ce genre de transaction. J'étais tellement enthousiaste que mes parents m'avaient offert un voyage l'été suivant, pour mon anniversaire des dix-sept ans, avec une colonie de vacances, le CAEJ. Nous étions hébergés chez l'habitant, en Californie. La seule différence entre les autres adolescents et moi, c'est qu'eux étaient issus de la haute bourgeoisie française. Moi, je vivais toujours à Pantin, j'avais beau gagner personnellement plus qu'eux avec mes affaires, leurs parents demeuraient bien plus riches que les miens. J'étais un peu le pauvre du groupe. Néanmoins, je faisais partie de ceux dont l'éducation n'était pas à refaire. Comparé à d'autres, très imbus d'eux-mêmes, j'étais bien élevé, sympathique et généreux. Je logeais avec un autre garçon dans le quartier de Chatsworth, à Los Angeles. La maison semblait tout droit sortie d'un téléfilm : immense, avec une piscine et un terrain de basket. Le père de famille, qui se prénommait Joël, était chef de service en gastro-entérologie et aussi professeur à l'Université de Californie à Los Angeles, appelée UCLA. C'était une personne émérite dans son domaine, quelqu'un de très sollicité. Tout comme le beau-père d'Avi à l'époque, il m'apparaissait comme un modèle à suivre. Il possédait tous les signes extérieurs de richesse, en plus de sa gentillesse et sa générosité. Un homme bien sous tous rapports, tel que je rêvais d'être. Le soir, comme tous les Américains, il était en short dans son jardin à jouer au basket avec nous. Les riches Américains ont ce petit truc que les riches Français n'ont pas, une certaine détente. Une fois, il nous a emmenés à l'UCLA, c'était phénoménal, il était sollicité de partout, avait même un bureau à son nom. Je voyais les lettres vernies sur sa porte et j'imaginais mon nom à la place du sien… Nous savions que c'était quelqu'un d'important, il suffisait de voir combien de fois son biper s'alarmait, la fréquence à laquelle il quittait son domicile la nuit, appelé pour une urgence à l'hôpital. Ce jour-là, nous avons vraiment compris à quel point nous avions de la chance de loger chez lui. Je m'entendais très bien avec eux et j'avais réussi à faire bonne impression dès le départ. En arrivant, je n'avais pas hésité à leur offrir des cadeaux venus de France pour les remercier : de la vaisselle de chez Lancel notamment, qui à l'époque était assez cotée. L'autre garçon était venu les mains vides et s'était senti bien embarrassé. Nous avons fêté mon anniversaire chez eux cette année-là. Le voyage a duré trois semaines, c'était mémorable déjà sur place, mais ça l'est toujours resté depuis. En 2009, j'y suis retourné avec ma deuxième épouse, Chirelle. Nous y avons séjourné un mois et j'ai revu cette maison de mon souvenir. Je me suis rappelé l'adresse. Bien sûr, elle n'était plus aussi impressionnante que l'image que j'en conservais, vingt ans s'étaient écoulés. Quant à Joël, Internet m'avait appris qu'il était décédé à l'âge de 48 ans, bien des années auparavant.

Avec David, de retour en France, nous avions pris l'habitude de nous procurer les journaux américains dans un kiosque place de l'Opéra. La particularité de ce kiosque-là, c'était qu'on pouvait y trouver des journaux du monde entier. Et au cœur des pages que l'on tournait se trouvait l'objet de toutes nos convoitises : les voitures à vendre, dont la plupart se trouvaient en Floride. Nous voyagions jusque là-bas en avion. Sur place, nous louions un hôtel pour trois. Un ami majeur nous accompagnait toujours, surtout pour conduire une fois sur place ! Nous achetions les véhicules et nous les faisions voyager par bateau, pour les revendre en France. On les dédouanait avant de les vendre aux enchères, dans des hangars d'Aubervilliers ou de la Plaine Saint-Denis.

Au réfectoire aujourd'hui, il s'est passé un événement anormalement banal. Un jeune garçon, tout juste majeur semble-t-il, a eu le malheur de trébucher avec son plateau, envoyant son assiette valser sur l'un des molosses qui peuplent notre purgatoire. Le mastodonte n'a pas hésité à le punir de son infortune. Le craquement de sa mâchoire m'a donné envie de rendre tout mon repas. J'ai été incapable d'avaler une seule bouchée ensuite. Évidemment, l'alerte a été donnée, les supporters et les curieux ont été bousculés, écartés. J'ai eu vite fait de m'éloigner tant les coups de matraque pleuvaient sur quiconque se tenait trop près. Je ne sais pas quand nous reverrons ce jeune garçon, qui est sûrement bien amoché. Ses cris d'agonie viendront sans doute bientôt hanter nos nuits, mêlés à ceux des autres malheureux que les angoisses submergent.

Au début des années 90, j'ai dû faire mon service militaire, alors obligatoire. Néanmoins, et je le regrette, j'ai été réformé. Gory Courses était en pleine ascension, je ne pouvais pas me permettre de partir un an, de laisser ma petite entreprise, même si le gérant était mon père, ni les employés qui étaient mes amis. C'était prendre le risque de tout perdre alors que ma majorité approchait et que l'entreprise pourrait être bientôt à mon nom. Pour sauvegarder les emplois de mes copains et mon activité professionnelle, j'ai demandé à être réformé et ma demande a été acceptée. Malgré ma jeunesse et mon manque d'expérience, j'avais déjà cette envie de réussite, ce désir de voir grossir mon business. J'étais prêt à tout pour y parvenir, même à laisser de côté les grandes choses que l'on attendait de moi : servir dans l'armée, ramener les honneurs à ma famille. L'armée, c'était souvent non négociable, ce qui était normal. Moi, je ne trempais pas tellement dans la normalité, et ce depuis quelques années déjà. D'autant que mes parents n'avaient pas besoin que je rapporte de médailles pour être fiers de moi. C'était un pied de nez au destin en quelque sorte. L'un des premiers. Il y en aurait bien d'autres par la suite.

4

L'or bleu

Partie 2, période faste

Prison de la Santé, 50e jour

50 jours. Une éternité. Et pourtant, à peine deux mois. Nous sommes à l'aube du mois d'avril et j'apprécie le printemps qui revient. Dehors, les arbres doivent être en fleurs, habillés d'un vert éclatant. J'entends toujours les cris des enfants, auxquels s'ajoutent ceux des oiseaux. Dans la cour, j'entends le roucoulement des pigeons qui nichent certainement à proximité. La vie est là, dehors, pleine de couleurs et de senteurs. Ici, la chaleur ne fait qu'amplifier les odeurs d'égout et d'urine, mais c'est comme tout, on finit par s'y habituer. Moi, ce que j'aimais, ce qui me manque parfois, c'est l'odeur du tissu neuf. D'autres hument les livres en librairie, moi je ressens chaque fois une bouffée de bien-être lorsque j'enfile une nouvelle veste. L'odeur du cuir, celle des jeans à peine dépliés, sortis tout droit des chaînes de création. Cela me rappelle mes débuts avec Avi. Retour en hiver, en 1991, mais avec le recul, c'était un hiver bien doux en comparaison de celui que je viens de vivre.

1991, j'ai vingt ans. *La totale* de Claude Zidi vient de sortir au cinéma, il est question de trafiquants d'armes et, avec Avi, nous avons adoré !

Son beau-père et sa mère, qui importaient toujours des jeans Levi's, avaient créé une boutique rue Saint-Martin, dans le 3e arrondissement, pour y vendre leurs articles. C'était un très joli local de trois pièces en enfilade, dont le bureau de la direction se trouvait au premier étage et dont ils avaient confié la gérance à leur fils.

J'étais toujours coursier et souvent, l'hiver, lorsque j'avais un peu de temps libre, j'allais le rejoindre pour profiter un moment de la chaleur du magasin et surtout d'un bon café. J'en profitais également pour l'aider. Je ne lui disais pas, mais j'adorais l'odeur du coton du jean américain que j'avais associé à l'odeur de l'argent. Au milieu de tous ces articles, j'éprouvais un véritable soulagement, comme si rien ne pouvait m'arriver. Une sorte de sécurité qui m'apportait du bien-être. L'un de ces jours d'hiver froid et humide, Avi a pris pitié de moi : j'étais gelé et mes vêtements étaient trempés à cause de la pluie qui tombait dru. Il a toujours été une personne très généreuse et attentionnée et ce jour-là, il m'a demandé de le rejoindre, de travailler avec lui. Il en avait déjà discuté avec ses parents et m'a affirmé que mon salaire serait supérieur à celui que je me faisais avec mes livraisons. Il désirait vraiment faire de moi son associé. Ma réponse n'a pas tardé et quelques jours plus tard, j'étais officiellement embauché. Nous nous proclamions cogérants, même si officiellement, la boutique appartenait à sa famille. Je m'occupais notamment des achats, des ventes et des encaissements. C'était une période agréable, Avi était de très bonne compagnie et nous nous entendions très bien, il était jovial et parfois excentrique, quand moi je me tenais sur la réserve. Il n'a jamais hésité à considérer les clients comme ses égaux et j'aimais ça, sa manière d'être disponible pour eux, sans se plier aux caprices des uns ou des autres. Lorsque nos journées se terminaient, nous allions boire un verre aux *Bains Douches*, l'un des clubs les plus branchés à l'époque. Dans les années 90, vous y croisiez Cindy Crawford, Claudia Schiffer, mais aussi Prince, Madonna, George Michael… Nous étions également friands du bar karaoké *New York New York*, rue Halévy. Nous avions un ami, dont le nom d'artiste était David Kinor, qui y chantait de temps en temps, un sacré personnage, un mélange entre Laurent Baffie et Michael Youn, il avait un incroyable culot ! Cela me sortait un peu de ma zone de confort, il me faisait rencontrer d'autres personnages hauts en couleur, ce qui me préparait doucement à ma future rencontre avec Marco Mouly.

La période était faste et nous vendions tellement de jeans que nous avons pu acheter notre première Ferrari rouge 348 TS, dont l'intérieur était en cuir beige. Pour nos vingt ans, c'était une grande réussite, à nos yeux et aux yeux des autres. Cela nous permettait d'asseoir notre autorité dans notre milieu. Nous l'avions achetée auprès de l'un de nos clients, à qui nous vendions nos plus belles chemises en soie importées de Chine. Il était connu dans le milieu des affaires juif parisien. Il nous avait vendu la voiture pour 450 000 francs, près de 70 000 €, et nous l'avions réglée en cinq traites de 7000 €, plus 30 000 € repris en leasing. Avi étant très corpulent, il n'était pas très à l'aise à l'intérieur, le plus souvent, c'était moi qui roulais avec. Mais nous avions un mal fou à honorer nos paiements. Nous nous dégagions de bons salaires, l'affaire tournait très bien, mais avec le prix des assurances, il nous était tout de même difficile d'économiser assez d'argent pour payer nos traites. Je n'étais pas encore assez riche. Malgré ça, jamais je n'ai ressenti autant de plaisir avec une voiture, elle était sublime, et puis c'était la première, nous la gardions au prix d'un effort incommensurable et la payions à la sueur de notre front. Même plus tard, lorsque j'ai pu m'offrir d'autres véhicules de luxe, plus gros, plus chers, aucun ne m'a permis de retrouver cette sensation de bonheur intense au volant. Un jour d'été, un de nos clients est entré dans la boutique après avoir aperçu la Ferrari garée en double file devant la porte. Elle faisait toujours son petit effet et attirait parfois les curieux à l'intérieur du magasin. Nous avons un peu discuté et il m'a dit :

– Tu sais, quand j'ai payé ma première Jaguar, j'avais de quoi m'en payer trois autres en plus, comptant.

C'était un conseil à peine dissimulé, il avait dû sentir, durant notre échange, que financièrement les choses n'étaient pas si roses. C'est un concept que j'ai toujours appliqué ensuite : n'acheter une voiture que si j'avais les moyens de m'en payer trois cash.

Malheureusement, la société a déposé le bilan un an plus tard. Nous avions bénéficié des bienfaits de la nouveauté à nos débuts, mais la concurrence était devenue de plus en plus rude au fil des mois. Quant à moi, j'aspirais à autre chose, je me sentais bloqué, sans aucune perspective pour évoluer et gagner plus. Nous nous sommes séparés de la Ferrari dans la foulée, ce qui ne me déplaisait pas tant que ça. Si j'adorais rouler avec, je ressentais un profond malaise à m'afficher ainsi aux yeux de tous dans mon quartier ; en effet, la majorité de mes amis n'avaient pas mes moyens financiers. Je n'aimais pas donner l'impression de me pavaner. Mes parents m'avaient appris l'humilité et j'avais la sensation de ne pas les rendre fiers en m'exposant si grossièrement. Vivant encore chez eux, je me suis senti soulagé de retrouver mon scooter.

Comme lorsque je le faisais ado, j'ai continué la vente des jeans que j'achetais auprès du beau-père d'Avi. À mon compte, c'était plus facile de brasser du liquide qu'en travaillant pour la boutique. J'avais toujours un très bon réseau et la concurrence des autres magasins me pesait moins, elle était moins directe qu'avec notre boutique parce que la clientèle n'était pas tout à fait la même. J'ai pu reprendre un train de vie confortable et avec Avi nous allions passer nos soirées au *Palace*, à *L'Apocalypse* ou au *Grenelle's*, dans le 15ᵉ arrondissement. J'avais néanmoins à cœur d'avoir une vie saine, je ne fumais pas, ne consommais pas d'alcool, ne prenais aucune drogue, jamais de substances illicites. Je ne jouais pas aux jeux de hasard ni n'allais au casino ou pariais sur les chevaux de course. Je restais au Coca light et je disais souvent pour rire à mes amis qu'en ma compagnie, ils trouveraient leurs vacances bien ennuyeuses ! Je dilapidais mon argent comme je l'ai toujours fait : dans les vêtements, la bonne nourriture et la technologie. J'avais à cœur d'être présentable : chaussures Weston, John Lobb, Berluti, Thierry Mugler et Hermès se côtoyaient dans ma garde-robe, auprès de mes costumes faits sur-mesure chez Cifonelli et de mes jeans Levi's. La maison Cifonelli existe à Paris depuis 1926 et je trouve leur technique et leur précision inégalées, tout comme leur savoir-faire, qui a toujours été salué par les hommes les plus riches et les plus célèbres. Ils étaient un modèle pour moi qui désirais ardemment percer le marché de la grande surface avec mes jeans. En côtoyant ces grandes enseignes, en étant client chez eux, j'ai commencé à voir plus grand et me suis mis en quête de l'intermédiaire qui pourrait me permettre cette avancée commerciale. J'ai fini par trouver ma perle, elle s'appelait Liliane et était grossiste dans le prêt-à-porter sportswear en marques américaines, qu'elle importait des États-Unis et qu'elle revendait exclusivement aux grandes surfaces françaises. Elle m'achetait des quantités considérables de mon stock pour les revendre. De fil en aiguille, elle a également participé à me faire franchir les limites de la légalité. Elle finançait des opérations, qui consistaient à me faire acheter du stock à l'étranger, comme des chemises en soie en Chine, sans s'affranchir des frais de douane et de TVA obligatoires. Puis elle le revendait de son côté et nous empochions ainsi le bénéfice de ces frais de douane et taxes éludés, qui représentaient des sommes importantes. Le commerce s'est rapidement révélé juteux. Constatant la facilité des opérations, la facilité à tricher sans se faire prendre, je me suis dit une chose : que j'étais au moins aussi intelligent qu'elle pour faire cavalier seul. J'ai passé une annonce dans *Le Journal du Textile*, qui était alors la bible des professionnels du prêt-à-porter dans le milieu des grossistes. Je cherchais un commercial spécialisé dans le sportswear, travaillant en grande surface. L'une des candidatures m'a interpellé et ce fut le début d'importantes transactions que j'ai menées sans m'affranchir de ces fameux frais de douane et de taxes, et qui allaient me faire brasser mes premiers millions.

C'est à cette période que j'ai rencontré ma première épouse, Esther. Avi, qui m'avait rejoint dans mon aventure entrepreneuriale, m'a aidé à embaucher une secrétaire. Elle se prénommait Natanya, comme la ville en Israël, et était le sosie de Pamela Anderson. J'ai d'ailleurs eu une aventure avec elle. Elle avait de nombreuses amies qui venaient lui rendre visite, dont Esther. C'est également à cette époque qu'Avi a rencontré son épouse, qui l'est toujours actuellement. Avec Esther, ce fut une relation lente et délicate, elle était gentille, attentionnée, et elle est parvenue, au fil des mois, à combler un manque en moi, le vide qu'avait laissé David lorsqu'il s'était marié. Notre relation a duré deux ans avant que nous nous mariions, en janvier 1996. Ce furent deux années de bonheur tranquille.

Je ne lui parlais pas du détail de mes affaires parce que j'avais peur de l'effrayer, et elle ne me posait jamais de questions. Pour elle, j'étais l'homme stable et prévenant qu'elle recherchait, qui n'hésitait pas à la combler. Nous étions proches, c'était un amour pur, et nos familles s'entendaient bien, j'avais beaucoup d'estime pour ses parents et eux me considéraient comme le gendre idéal.

Malheureusement, quelques jours avant la célébration de notre mariage, un drame s'est produit. Mon petit-cousin, Michaël Zaoui, alors âgé de seize ans, est décédé dans un accident de voiture, le 31 décembre 1995, un peu avant minuit, au péage de Gaillon, sur la route de Deauville. Ils étaient deux dans le véhicule, une Jaguar cabriolet douze cylindres que David, mon meilleur ami, avait prêtée au conducteur qui n'était autre que son beau-frère. Nous avons été prévenus vers 3h du matin, le choc fut terrible pour toute la famille. Lorsque j'ai reposé le combiné, j'osais à peine y croire, sa perte a provoqué en moi un violent séisme. C'était un garçon pour qui j'avais énormément d'affection, que je considérais comme mon petit frère. Nous habitions le même immeuble et il venait très souvent chez nous, passait beaucoup de temps avec mon propre petit frère. Il était fort physiquement, c'était un grand sportif et souvent nous disputions des parties endiablées de tennis de table. Il était également d'une loyauté sans faille, c'était un garçon de confiance, très pieux et très sage pour son jeune âge. Il avait à cœur d'aider les plus démunis et les personnes en difficulté. Il se rendait très souvent à la synagogue de Pantin pour aider bénévolement, faisait le ménage, servait le café lors des cérémonies. Il donnait souvent l'impression d'avoir les mêmes qualités qu'un homme d'âge mûr, comme s'il avait déjà vécu dix vies. C'était incroyable.

Les jours où je sens que je tombe, au plus profond de mon désespoir, c'est cette pensée qui me permet de ne pas franchir le point de non-retour. Oui, je suis entre quatre murs mais je suis bien vivant, lui est entre quatre planches, six pieds sous terre, et jamais plus il ne verra la lumière du jour. Je tâche de prendre exemple sur la grandeur d'âme qui était la sienne, de me raccrocher à son souvenir et à cette pensée terrible que sa vie fut si courte. Seize ans seulement, jamais il n'a pu goûter aux délices qui ont été les miens, jamais il n'a pu voyager, avoir l'amour d'une femme… Dans mon malheur, je me sermonne, si ma condition me désespère, elle ne durera pas l'éternité. Si infimes soient les rayons du soleil qui parviennent jusqu'à ma chambre, j'ai la chance de les voir encore.

Je devais me marier en Israël, à Eilat, au sud du pays, quelques jours après ce drame. Je me demandais sans cesse comment nous allions pouvoir célébrer le bonheur alors que la vie nous jouait un tour aussi terrible… Les huit jours de deuil qui ont suivi, nous les avons passés avec ma famille chez la sienne. Un matin, alors que j'allais chez eux pour boire un thé, sa mère m'a conduit jusqu'à sa chambre pour me montrer le petit coffret dans lequel il avait placé des économies. Elle m'a avoué ce jour-là que c'était la somme destinée à son costume pour mon mariage, il était heureux pour moi, avait hâte de célébrer ce bel événement. Elle a alors beaucoup pleuré, se désolant pour moi, car elle n'avait pas la force de nous accompagner. Elle ne pouvait pas faire la fête quelques jours après la mort de son fils. Je me suis effondré avec elle et j'ai senti en moi une rupture féroce. J'ai pris la décision de ne pas partir. Même si nous n'étions pas en deuil nous-mêmes, encore moins ma jeune fiancée, je ne pouvais pas raisonnablement partir et m'amuser. Nous avons tout annulé et nous nous sommes mariés civilement à la mairie de Pantin, le 25 janvier 1996, puis avons invité nos proches pour un simple repas familial. Ma femme portait une élégante robe blanche, quant à moi, un costume noir Gianfranco Ferré, avec une chemise blanche et une cravate en soie jaune, ainsi que de nouvelles chaussures Weston achetées pour l'occasion.

Le mariage religieux fut organisé à la synagogue située rue Buffault dans le 9e arrondissement, quelques jours plus tard. Malgré la sobriété de cette cérémonie, nous avons été très fiers de la venue du président de la communauté, Monsieur Jules Boukobza, qui prenait le temps de se déplacer pour honorer les nouveaux mariés et fidèles de la communauté. Le repas familial s'est déroulé sans musique, c'était un choix délibéré pour que la famille de mon cousin puisse y assister sans être trop bouleversée. Nous leur devions ce respect en cette période si terrible. Nous n'avions pas le cœur à la fête, son absence pesait encore trop sur nos vies, et c'est le cas encore aujourd'hui. Nous avons passé une belle soirée au *Hammam Café*, rue des Rosiers. Un endroit chaleureux où nous avons ri, parlé, où nous avons réussi à nous amuser d'une autre manière, simplement en savourant le temps passé ensemble, en songeant à nos disparus et en remerciant la vie d'être réunis.

Dans le même temps, nous avons également fait un « mariage oriental », qui consiste en une cérémonie que l'on nomme la cérémonie du henné. Mon ex-épouse étant marocaine, nous avons appliqué cette coutume très répandue chez les Juifs marocains et tunisiens. Nous étions très bien apprêtés, comme un prince et une princesse sortis d'un conte des *Mille et une nuits*. Durant cette cérémonie, les époux s'offrent leur cadeau et les invités en font de même. J'ai offert à ma femme une bague Chanel et elle m'a offert une montre

Vacheron Constantin, une pièce magnifique en or jaune. Et puis la musique orientale s'est élevée et là, nous avons pu danser, faire ce qui se rapprochait le plus d'une fête, avec la pose du henné sur les mains et les avant-bras.

Quand j'y repense, je suis encore navré aujourd'hui d'avoir imposé ça à Esther. Je lui avais promis qu'elle aurait la fête qu'elle méritait le moment venu, une fête digne d'elle, afin qu'elle puisse vivre ce jour comme elle l'avait toujours rêvé. Mais mon chagrin était trop grand. Peut-être aurions-nous dû prendre cela comme un signe du destin, hélas, notre union ne commençait pas sous de bons auspices. Je me suis toujours dit que si j'avais une machine à remonter le temps, je sauverais mon cousin de cette tragédie. Je me suis aussi dit que si j'avais eu une femme qui comprenait ce qu'était le monde des affaires, notre mariage aurait été différent. Évidemment, je ne nourris aucune rancune envers elle, je ne peux en vouloir qu'à moi-même du tournant qu'a pris ma vie les années qui ont suivi… D'autant que la vie n'avait pas fini de jouer des tours. Quelques jours après notre mariage, une autre tragédie s'abattait sur nous.

Depuis quelque temps, une pensée ne cesse de tourner en boucle dans mon esprit : je veux être seul dans ma cellule. Je suis prêt psychologiquement à assumer cette solitude. Pour ça, j'ai appris que je devais travailler dans les ateliers. Il y a deux semaines, je me suis inscrit sur une liste d'attente et enfin, j'ai eu une bonne nouvelle. J'ai reçu un bleu de travail et on m'a dit d'être prêt le lendemain à 7h30. Je travaillerai jusqu'à 13h30, avec une pause de 10 minutes. Éplucher de l'ail, enlever les prix et refaire les emballages de cartes de Noël, je ne sais pas encore si ces tâches sont si ingrates que ça, je verrai le moment venu. 4 € de l'heure environ, de quoi cantiner. En attendant, je suis heureux d'être enfin seul, au quartier QH5, 3ᵉ étage Sud, cellule n°3.

5

L'or bleu

Partie 3, fin de l'aventure

Prison de la Santé, 100e jour

« Ce qui compte, ce n'est pas la force des coups que tu donnes, c'est le nombre de coups que tu encaisses tout en continuant d'avancer. Ce que t'arrives à endurer tout en marchant la tête haute », dit Rocky Balboa. Depuis de nombreuses semaines, je suis seul dans ma cellule. Je n'ai pas eu à me battre avec quiconque pour choisir le programme TV de cette fin d'après-midi. Quoi de mieux que Rocky pour faire face à l'enfermement en prison ? Ça m'a fait du bien, le genre de film qui me redonne la combativité dont j'ai besoin dans mes jours de détresse. J'ai entendu les gardiens en parler, je suis certain que demain, lors de la promenade, les autres vont se ruer sur les bancs pour s'entraîner, feront des combats de boxe ou bien des pompes. Je devrais peut-être y songer, mais je me sens trop fatigué… Nous sommes début septembre 2019. Depuis le mois de février, il s'en est passé des choses, surtout dehors. J'ai entendu aux infos que Richard Ferrand allait être mis en examen pour « prise illégale d'intérêts » dans l'affaire des Mutuelles de Bretagne… Pour un président de l'Assemblée nationale, c'est assez inédit, quoique pas tellement surprenant… J'aimerais bien le rencontrer…

Allongé sur ma couchette, je profite d'un instant de répit avant l'extinction des lumières. Mai est là et par ma petite fenêtre n'entre que de l'air chaud. Je sais que je devrais profiter de cette période parce que la chaleur caniculaire ne tardera pas…

Février 1996. « Gangsta's Paradise » résonne sur les postes de radio. Je n'imagine pas une seule seconde que cette chanson collera si bien à mon actualité prochaine.

Avec Avi, nous avions décidé de retenter l'aventure de la vente en boutique. Avec notre clientèle actuelle, il n'apparaissait pas trop risqué de revendre nos Levi's à un seul endroit. Nous avions nos locaux au 40, rue du Château-d'Eau. J'ignorais que cette nouvelle aventure allait me faire vivre ma première perquisition et ma première détention provisoire.

Depuis plusieurs mois, je m'enfonçais progressivement dans l'illégalité avec la TVA que je ne payais pas sur l'importation de mes articles. Avec mon ancienne partenaire, Liliane, avant que je décide me débrouiller seul, nous y étions déjà jusqu'au cou. Nous n'avions plus aucun scrupule à le faire et, pire, cela en devenait normal. Nous ne nous posions même plus la question : « Est-ce que c'est bien ? » Notre morale avait déjà foutu le camp, tant que les bénéfices augmentaient.

Quelques semaines avant cette perquisition, un rabatteur est venu me voir en me demandant si cela m'intéressait de payer moins cher mes taxes d'importation. Il connaissait un douanier haut placé aux Douanes de Paris, rue Yves-Toudic dans le 10ᵉ arrondissement, qui nous permettrait de contourner la loi. Il prenait 5 francs par pantalon. Avec mon associé, nous avons cédé à l'appel de la sirène, l'appât du gain, et quel gain, 30% de chiffre d'affaires supplémentaires sur chaque vente de jean ! Comme disait Oscar Wilde : « Le meilleur moyen de résister à la tentation, c'est d'y céder. » Encore une fois, je n'ai pas trop réfléchi, seul importait l'argent qui tombait directement dans mes poches sans que je me fatigue !

Par ailleurs, la période était assez propice, Chirac ayant été réélu depuis un an, il avait comme projet d'augmenter la TVA de deux points, une mesure phare de son mandat électoral visant à faire gagner à l'État français 50 milliards de francs. Pour une fois que la politique pouvait servir mes affaires !

Notre marchandise provenait de Los Angeles – grâce à un travail de prospection opéré aux États-Unis par mes soins –, et l'atterrissage de la marchandise devait s'opérer en Belgique, à Anvers.

À la frontière franco-belge dans le Nord de la France, dans une ville qui s'appelle Avènes-sur-Helpe, notre camion s'est fait contrôler. Les douaniers nous soupçonnaient de participer au commerce de jeans contrefaits, ce qui a d'ailleurs fait la une du journal local le lendemain. Il a fallu attendre la visite d'un expert de chez Levi's pouvant authentifier la marchandise. Étant le gérant de l'entreprise, j'ai également été appelé sur les lieux. Nous avons pu repartir, mais leurs soupçons n'ont pas faibli et, à notre départ, les douaniers ont décidé de prendre notre camion en filature. Ils se sont rapidement aperçus qu'au lieu d'aller faire enlever les scellés en plomb du camion à la douane et y payer droits et taxes, j'allais jusqu'à mes locaux parisiens, faisant sauter moi-même plomb, droits et taxes. Je suis ensuite retourné voir le douanier complice pour lui donner les documents qui devaient attester que j'étais bien passé par lui alors que ce n'était pas le cas. Malheureusement, le douanier qui me filait a été témoin du non-dédouanement de la marchandise. Mais il fallait que celle-ci pénètre à l'intérieur du magasin pour que nous soyons pris en flagrant délit.

Il a alors attendu le déchargement, et que les jeans soient dans nos locaux, pour intervenir. Je me souviens de lui, c'était un homme assez âgé, aux cheveux blancs et aux yeux bleus perçants. Il est entré en premier, brandissant sa carte de douane rehaussée d'un petit médaillon en argent, et s'est exclamé : « Douane française, vous êtes en état de perquisition ! » À ce moment-là, j'ai eu du mal à réaliser ce qui m'arrivait, pourtant, j'aurais dû m'y préparer. Depuis mes quinze ans, j'avais mes petites combines pour gagner plus, mais jamais je n'aurais pensé être pris la main dans le sac ! Comme j'étais naïf… Je me croyais le roi du monde parce que je fraudais sans jamais me faire prendre, je croyais tellement être au-dessus des lois… Voilà que j'étais trahi par ma propre vanité ! J'avais vingt-cinq ans mais, dans ma tête, j'étais encore cet ado conscient de sa bêtise, qui croit bêtement qu'un sermon suffira à tout oublier. Quand j'ai compris que les choses iraient plus loin que ça, mes jambes se sont mises à trembler, un long frisson m'a parcouru l'échine, j'avais soudain très froid. Durant la perquisition, ils ont trouvé des bordereaux de douane correspondant à d'anciennes importations qui, elles non plus, n'avaient jamais été dédouanées. Ils ont d'ailleurs pu remonter la filière jusqu'à notre complice au sein des douanes. En effet, sur chaque tampon de douane se trouve un chiffre correspondant à un service de douane nationale. J'ai essayé de me justifier, mais j'avais la voix hachée, je transpirais et cela se voyait que je mentais. Je n'étais qu'un maillon de tout ce réseau de fraude qui a pu, en partie, être démantelé. Avi n'a pas été inquiété ce jour-là, heureusement. J'étais le gérant, c'était à moi qu'incombait l'entière responsabilité de mon erreur. Je l'ai assumée, et j'ai remboursé la marchandise saisie de mon ami Hassan, un Américain d'origine palestinienne à qui je rendais visite à chacun de mes voyages à Los Angeles.

J'ai été condamné à deux ans de prison, dont un an ferme, ainsi qu'à 200 000 € d'amende, pour corruption active d'un dépositaire de l'autorité publique.

Comme moi, ma femme était toute jeune. Nous venions tout juste d'apprendre qu'elle portait notre premier enfant, une petite fille. Malgré la déception qu'elle ressentait à mon égard, alors que nous avions fêté la belle nouvelle quelques jours auparavant, elle m'a aidé, elle est venue me voir au parloir. La vue de son ventre plat que je rêvais de voir s'arrondir me remontait le moral quand je sombrais. C'était la première fois que j'affrontais une décision de justice et j'avais peur de ne pas avoir les épaules assez solides pour supporter le jugement, l'enfermement et la honte que je pourrais inspirer à mes proches. Mes parents étaient dévastés. Ils avaient du mal à comprendre ce qui avait pu m'amener à tout ça. Jamais ils n'avaient soupçonné que je puisse gagner mon argent autrement qu'en toute honnêteté. Ils m'avaient toujours vu, depuis mes quatorze ans, faire des affaires, mais jamais je n'avais escroqué personne. Pour eux, j'étais le fils aîné dont ils étaient fiers, qui prospérait d'une façon admirable. Les avocats les terrifiaient, c'était vraiment un monde qui leur était inconnu.

Quand j'y repense, les conditions de détention à la prison de la Santé en 1996 n'avaient rien à voir avec celles d'aujourd'hui, en ce 25 septembre 2019. J'ai la chance d'avoir un frigo dans ma cellule, d'avoir une douche. C'est un confort tout relatif, mais que je ne peux ignorer quand je me rappelle mes anciens séjours. On peut même utiliser des machines à laver au besoin. En 96, c'était loin d'être le cas ! C'était sombre et assez sale, si bien que je songeais parfois au film La ligne verte, *bien qu'heureusement je n'aie pas été inculpé pour les mêmes faits. Nous y vivions au quotidien comme des animaux, nous arrivions là avec le sentiment d'être dépossédés de toute humanité. Lors de mes précédentes incarcérations, je me disais parfois que j'aimerais bien faire copain-copain avec une petite souris, pourquoi pas ? Plutôt que de me confronter à moi-même entre ces quatre murs gris et humides. Avec pour compagnons de tous les jours des rats et des punaises de lit. Avec les autres détenus, nous avions beau sortir au soleil, parqués comme des bêtes, faire un peu de musculation ou des abdos pour nous vider la tête, même si nous ressortions plus bronzés ou plus musclés, nous étions inévitablement brisés.*

En 1996, je ne suis pas resté enfermé assez longtemps pour ressortir complètement anéanti, mais plus tard, j'ai pu m'en rendre compte : les dommages collatéraux – qui incluent la douleur provoquée à votre famille ou vos proches – qu'entraîne un séjour en prison, sont immenses. Je ne voyais plus grandir mes enfants, ne voyais plus ma femme, je n'étais pas là pour la rassurer, mes parents souffraient et je réalisais que mon égoïsme affectait aussi la collectivité dans son ensemble. L'enfermement peut aussi faire naître des troubles qui deviennent irréversibles, que même le temps ne parvient pas à guérir. Ces douleurs-là ne se voient pas toujours lorsque vous sortez de prison, elles sont pourtant bien présentes en vous. J'ai constaté, en analysant mes propres séjours en prison, que plus je restais enfermé, plus j'avais des difficultés à m'en remettre une fois dehors. Certains ne se relèvent même jamais.

J'ai peur ce soir en écrivant ces lignes, parce que je me demande, avec le nombre d'années qu'il me reste à faire, si je vais pouvoir m'en remettre un jour. Cette peine sera la plus longue, et ça ne fait que quatre mois à peine. Comment vais-je réussir à tenir encore des années ? Même si j'arrive à sortir plus tôt, comment supporter encore un an, deux, voire cinq ou six enfermé ? Je vois parfois mes enfants, souvent ma mère, jamais mon frère… et je me demande quelle sera ma vie après cette épreuve, quelles relations je vais pouvoir tisser à nouveau, sur les bases d'une affaire médiatique honteuse pour eux, dévastatrice pour moi et tous ceux qui m'entourent.

J'essaie de ne pas en vouloir à la justice, si je suis allé en prison pour la première fois de ma vie, c'est parce que j'ai fraudé avec le système de TVA mis en place. Je devais assumer les conséquences de mes actes, assumer avoir gagné de l'argent illégalement avec mes jeans et payer pour ça. Mais j'aurais aimé être plus fort, avoir ce mental d'acier dont je donnais parfaitement l'illusion.

Dans mon malheur, j'ai eu la chance de me retrouver en cellule avec deux hommes incroyables, deux Juifs tunisiens, dont je n'oublierai jamais la gentillesse. L'un s'appelait Albert, soixante ans, l'autre Armand, cinquante-deux ans ; tous deux sont aujourd'hui décédés. À cette époque-là, la moyenne d'âge de la population carcérale était plus élevée. De nos jours, la tendance est inversée.

Beaucoup aujourd'hui m'appellent « l'ancien »... c'est dire comme la société a évolué !

Quand je suis arrivé, j'ai rencontré le chef de bâtiment qui devait m'attribuer ma cellule. Naïvement, parce que j'étais apeuré, je lui ai demandé si je pouvais être enfermé avec des personnes de confession juive, comme moi. J'ignorais sur le moment s'il allait se moquer de moi ou s'il aurait pitié. Il m'a seulement répondu : « Je vais vous mettre dans la meilleure cellule de tout le bloc. » Encore une fois, j'étais terrorisé, m'attendant au pire. Finalement, ce gardien avait certainement eu pitié de moi.

Jamais je n'oublierai l'accueil de ces deux hommes ni le geste qu'ils ont eu envers moi ce premier soir de détention dans le bloc A, dit le bloc des Européens, « les Blancs ». La prison de la Santé était découpée en quartiers ethniques. Le bloc B pour les « Noirs », le C pour les Maghrébins, « les Arabes ». Les blocs étaient pour les cellules de trois et les divisions étaient des cellules individuelles. Dans nos cellules, il n'y avait aucun confort et, n'ayant pas mangé depuis 48 heures, j'étais mort de faim. Par chance, mes camarades avaient un petit réchaud, qu'ils avaient bricolé eux-mêmes, sur lequel ils m'ont fait cuire une entrecôte, des merguez et des pâtes à la sauce tomate. Jamais une entrecôte ne m'a paru aussi bonne que ce jour-là, meilleure encore que le meilleur des bœufs de Kobé que l'on trouve au restaurant *Cut* de Wolfgang Puck, à Beverly Hills. Véritable caviar de la viande, vous n'en trouverez pas à moins de 500 € le kilo selon les morceaux. Durant cette première soirée, j'ai beaucoup pensé à la chanson de Georges Brassens, « Chanson pour l'Auvergnat », que mes grands-parents écoutaient souvent et dont les paroles résonnaient encore en moi, souvenir d'une belle époque :

Elle est à toi, cette chanson,
Toi, l'Auvergnat qui, sans façon,
M'as donné quatre bouts de bois
Quand, dans ma vie, il faisait froid…

Ces deux hommes m'ont pris sous leur aile, m'ont rassuré. Je ne voyais pas le temps passer, ils étaient vraiment agréables, attentionnés. Tous les jours à 17h, nous prenions notre « apéritif » : de la bière sans alcool avec des cacahuètes. Ces instants-là ont une saveur très particulière quand tout vous est interdit. Ce sont des moments qui vous sauvent d'une certaine façon, qui vous font vous sentir encore vivant, humain et pas comme une bête en cage. Tous les petits extras que nous mangions étaient cantinés. Lorsque vous êtes en prison, vous disposez d'une liste d'objets essentiels et d'aliments que vous pouvez acheter à la cantine de la prison. Pour cela, vous avez un compte qui doit être approvisionné, généralement par mandat.

À l'heure où je vous écris, la prison s'est modernisée, tout est géré par informatique et les virements bancaires ont remplacé depuis longtemps les mandats.

Cela permet d'acheter des produits de première nécessité comme le dentifrice, le savon, les cotons-tiges, mais vous avez aussi accès à de la bière sans alcool, à du chocolat… ou de la viande cacher, pour peu que la prison dispose d'un aumônier israélite qui se charge de l'acheminer. C'est la raison pour laquelle les gardiens fermaient les yeux sur notre petit réchaud artisanal, sinon à quoi cela aurait-il servi de nous proposer des pâtes ou des merguez ?

Durant ces jours passés enfermé, ce qui me permettait de supporter cette épreuve, c'était la pensée de mon épouse portant la vie. Malgré quelques bons moments de partage, la prison n'est pas une mince affaire, il y a des codes, des règles implicites à respecter si vous ne voulez pas vous attirer de problèmes. Certains crimes sont difficilement acceptables par les autres détenus.

Je me souviens qu'à cette époque-là, lorsque vous arriviez en cellule, vous aviez avec vous vos documents de mise en examen où était indiqué le délit ou le crime dont vous étiez coupable. Si ce dernier était lié de près ou de loin à des enfants ou à des violences sexuelles, vous pouviez être certain de vous faire passer à tabac. Aujourd'hui, le motif de votre incarcération n'est plus indiqué sur vos documents pour éviter la mise en danger des prisonniers et les incidents au cœur de la prison. Vous rentrez les mains vides, avec votre seul paquetage de nécessaire de (sur)vie : deux couvertures, deux draps, une bassine, un rouleau de papier toilette, un petit savon de Marseille, une brosse à dents, un dentifrice, un bol, une assiette, une fourchette en aluminium, une cuillère à soupe et une cuillère à café, ainsi qu'un petit couteau pliant qui ne coupe pas et une mousse à raser en tube avec des rasoirs jetables.

Lorsque les détenus coupables de crimes infâmes arrivaient – c'est d'ailleurs toujours le cas –, on leur soufflait l'idée d'avouer qu'ils étaient là pour escroquerie. Pour ma part, j'ai toujours eu tendance à démêler le vrai du faux. Il m'a toujours été facile de cuisiner les uns et les autres pour savoir s'ils disaient vrai. Après tout, l'escroquerie était quelque chose que je connaissais bien.

Il y a aussi une certaine forme de soutien en prison. Lorsque quelqu'un manque d'argent pour se fournir sur la fameuse liste des articles disponibles, les autres peuvent l'aider en commandant pour lui.

Il m'est arrivé une fois, en 2010, lors de mon premier séjour à la Santé, d'aider l'un de mes camarades de cellule. C'était un homme très pauvre, dont la femme était malade et qui avait six enfants. Sa caution était alors de 15 000 € et j'ai demandé à ma compagne d'effectuer ce virement pour qu'il puisse sortir et s'occuper de sa famille. Je me disais que Dieu, m'ayant ignoré dernièrement, me viendrait peut-être en aide. Qu'il récompenserait mes actes de générosité. J'avais encore oublié que l'amour et la sagesse ne s'achètent pas, encore moins auprès de Lui.

Étant seul dorénavant en cellule, j'ai moins d'interactions avec les autres codétenus, je suis moins au courant des ragots qui circulent ici. C'est une bonne chose parfois, je n'ai plus la sensation d'avoir l'esprit pollué par les problèmes des autres, j'ai déjà du mal à supporter les miens... Mais la solidarité vient souvent à me manquer, elle est une belle preuve d'humanité. Si je me sens plus vivant aujourd'hui qu'en 1996 ou qu'en 2010, je ne me sens pas moins seul. Si seul...

J'ai pu sortir de prison au bout d'un mois, à la seule condition de quitter Paris. Avec ma femme enceinte, nous sommes donc partis à Trouville, où mes grands-parents possédaient un studio de 25 m², c'était petit pour nous deux et le chien que nous venions d'acheter. J'avais beaucoup d'économies, en liquidité principalement, ce qui nous permettait de vivre confortablement. J'avais également de l'argent placé, des sommes investies qui me rapportaient chaque mois des revenus. Nous avions un quotidien toutefois modeste, soucieux de ne pas attirer l'attention sur nous. Nous nous satisfaisions de nos trois chaînes de télévision dont seules deux fonctionnaient, en noir et blanc, de téléphones portables qui, la plupart du temps, ne captaient pas... Nous y avons séjourné environ deux mois, puis nous avons eu l'autorisation de louer un appartement dans le Sud de la France, à Cannes, où nous sommes restés deux mois également. J'étais heureux. La vie s'éclairait et le quotidien devenait plus doux. Pendant le Festival de Cannes, sur la Croisette, j'ai même eu le privilège de rencontrer brièvement Michael Schumacher, l'une de mes idoles, alors que je promenais mon chien.

Ma fille, Pamela Victoria, est née le 30 septembre 1996. J'étais le plus heureux des hommes, tant personnellement que professionnellement. J'avais envie d'une vie plus calme, de profiter de ma famille, de mon bébé et de mon épouse. Une nouvelle idée a alors germé dans mon esprit : j'allais créer un restaurant cacher ! Mes parents possédaient déjà le leur, notamment grâce à l'expérience de mon père comme boucher puis comme traiteur. Ce projet était pour moi l'occasion de me ranger, de rester loin des cascades financières auxquelles j'étais accoutumé. J'avais beaucoup de mal à résister à l'appel de l'argent facile, ce projet avait au moins le mérite de m'occuper largement l'esprit. Ainsi je ne songerais pas aux autres façons, illégales et rapides, d'amasser de l'argent. Mais surtout, c'était une manière de créer une vraie relation avec mon père, que je n'avais jamais eue jusqu'à présent.

Ce que je ne savais pas, c'est que l'échec de mon entreprise signerait ma rencontre et les prémices de mes aventures avec Marco Mouly.

6

À table !

Prison de la Santé, 170e jour

Le mois d'août est arrivé. Exit les transats au bord de la piscine un cocktail à la main, exit les soirées entre amis sous le ciel étoilé… Bonjour les insolations tant la chaleur est étouffante, la prolifération des rats que les températures ne semblent pas incommoder, les moustiques venant pondre dans la moindre source d'eau stagnante. J'essaie de ne pas faire grand cas de tous ces problèmes, même si j'ai le temps d'y penser. Après tout, les maladies en prison sont légion, la dépression, les crises d'angoisse… Mais également les carences alimentaires provoquant le déchaussement des dents ou des problèmes dermatologiques. S'ajoutent à cela le diabète, l'anorexie, parfois même la boulimie. C'est le quotidien. J'imagine mal comment les choses pourraient être pires. La seule chose sur laquelle j'arrive à me concentrer, malgré moi, c'est le froid intérieur qui m'envahit. La faute à la fatigue, à la faiblesse physique certainement. Cela fait presque six mois que je suis enfermé, que je mange mal et que je perds du poids avant d'en reprendre et d'avoir mal au dos parce que je ne bouge pas. J'essaie aussi vaillamment que possible de tenir bon, mais mon corps me lâche, refuse de se battre. Je rêve d'un bon repas, de chaleur, de rires autour d'une table. Cette nostalgie me rappelle le restaurant que j'ai fondé à l'aube des années

2000. Une folle expérience, comme elles l'ont toujours été, que je ne regrette pas malgré ce qui a suivi…

1997. Le père de Spirou et de Gaston Lagaffe, André Fanquin, nous a quittés.

L'actualité culturelle ne me concerne pas encore ; moi, ce dont je rêve, c'est de créer un restaurant. Une idée un peu folle, une façon de prouver à mes parents que je pouvais rentrer dans le droit chemin et, comme eux, gagner ma vie honnêtement. Mon envie était également inspirée par les établissements que je fréquentais et dont j'admirais la réussite : *L'As du Fallafel* à Paris, les restaurants des hôtels *Costes*, *Cut* à Beverly Hills, dans l'hôtel *Beverly Wilshire* où s'effectua le tournage de *Pretty Woman*.

Ce projet était aussi né de mon amitié avec Avi.

L'établissement, de 200-250 couverts, se trouvait aux Buttes-Chaumont. J'avais alors environ vingt-six ans et plusieurs centaines de milliers d'euros de côté, qui provenaient de mes investissements et de tout ce que j'avais amassé avec le commerce des jeans.

Pour faire de ce lieu un rendez-vous immanquable, il avait fallu huit mois de travaux. Le local était brut de béton et nous avions dû engager un architecte pour modéliser le projet de notre rêve, à Avi et moi. Il avait également fallu contracter un prêt à la banque d'environ 500 000 €.

La cuisine a toujours fait partie de ma vie, que ce soit avant la naissance de ce restaurant ou bien après, les bonnes pâtisseries et le travail des grands chefs et des grands pâtissiers m'ont toujours fasciné. Je vouais une admiration sans bornes à plusieurs d'entre eux, notamment à Pierre Hermé, grand chef pâtissier-chocolatier, et à Christophe Felder, pâtissier-chocolatier mais aussi glacier et confiseur.

Je me rappelle qu'un soir, en septembre 2009, j'ai eu l'occasion fabuleuse de dîner avec eux, dans des circonstances inédites. J'étais en effet bon client de la boutique Hermès à Paris, qui avait l'habitude de convier ses meilleurs clients à des dîners privés au sein même de la boutique.

Un jour, ils ont décidé de m'inviter. Lors de ce coup de fil inattendu, ils m'ont demandé de leur donner les noms de quatre personnes que je souhaitais convier à ma table. Sans hésiter, j'ai répondu Pierre Hermé et son épouse, que je ne connaissais absolument pas, et Christophe Felder et son épouse qui, eux, étaient déjà des amis.

Cette soirée fut mémorable, j'ai pu leur poser tout un tas de questions sur la pâtisserie, sur leur carrière respective, sur les valeurs qu'ils défendaient, je me sentais comme un enfant avec des papillons dans le ventre. Lorsque nous nous sommes salués pour la première fois, Pierre Hermé a évidemment été surpris, mais j'ai tout simplement été honnête, lui avouant le respect que je portais à son travail. En effet, lorsqu'il s'était associé au projet de restaurant de Jean-Luc Delarue, *Le Korova*, rue Marbeuf, j'avais été l'un de ses premiers clients. J'étais fan de cet homme comme un fan peut l'être d'un groupe de rock. Beaucoup d'anecdotes ont été racontées ce soir-là, auxquelles je participais peu ; en revanche, j'ai pris grand plaisir à les écouter échanger tout au long de la soirée.

Il est des rencontres qui vous donnent l'impression de toucher les étoiles, ce fut mon cas ce soir-là. Je n'avais pas conscience que ce n'était pas le ciel étoilé au-dessus de ma tête, plutôt la guillotine. Trois mois plus tard, le 8 décembre 2009, je serais incarcéré à la Santé. Toujours est-il que j'ai savouré ma chance durant ce dîner et qu'aujourd'hui, même si je n'ai plus rien, je suis riche de tous ces souvenirs…

Lorsqu'enfin nous avons pu ouvrir les portes de notre restaurant au premier trimestre 1997, il fonctionnait très bien. Nous nous étions inspirés d'une chaîne de restaurants qui s'appelait « Apropo » et qui marchait fort bien à l'époque en Israël, où l'on servait des plats élaborés et éclectiques. Notre établissement portait le même nom. Nous servions des plats thaïlandais, italiens, français, chinois… Principalement non carnés, à base de poissons, de pâtes ou de laitage, car la cuisine cacher ne permet pas de mélanger le lait et la viande. Avant-gardistes dans tous les domaines qui pouvaient rapporter de l'argent, nous étions parmi les premiers à proposer du poisson cru, c'était bien avant l'engouement pour les sushis. Nous travaillions avec des produits de qualité. Hélas, peu à peu, l'attrait de la nouveauté s'est dissipé et la modernité du restaurant a fini par signer sa perte. Au fil des mois, la fréquentation a drastiquement baissé, les clients retournaient à leurs habitudes plus traditionnelles. Ce qui fonctionnait très bien à l'étranger ne prenait pas en France. Notre menu avant-gardiste ne faisait malheureusement pas l'unanimité. Nous avons vu notre chiffre d'affaires péricliter lentement sans que rien n'y fasse. Ni l'ajout de plats plus conventionnels ni nos campagnes de communication. J'avais une petite fille que je voyais à peine, et Esther était enceinte de notre deuxième enfant. Heureusement, elle ne travaillait pas et pouvait prendre soin d'elle et s'occuper de Pamela Victoria. Être restaurateur est un métier très dur, pour lequel je n'étais de toute évidence pas fait. Je travaillais 50 heures par semaine pour un salaire globalement ridicule. J'étais habitué à brasser de grosses sommes d'argent, cela me rendait fou de devoir quémander quelques piécettes de pourboire à mes clients. Quant à la clientèle, elle ne me ménageait pas. Elle était en grande partie composée de mes voisins de Pantin qui fréquentaient ma synagogue, c'était finalement un restaurant très communautaire. Quand les clients me reconnaissaient, qu'ils comprenaient que nous étions issus du même quartier eux et moi, certains se montraient parfois exigeants, voire désagréables. J'ai pu ressentir de la jalousie et, parce qu'ils me connaissaient, ils se permettaient d'être familiers avec moi, essayaient d'être prioritaires sur d'autres clients. C'était très perturbant et je me sentais souvent mal à l'aise vis-à-vis de ma clientèle.

Une autre grosse charge pesait sur mes épaules parce que des personnes comptaient sur moi, avaient investi dans mon affaire : ma mère en était la gérante, mes parents étaient caution solidaire avec leur propre restaurant et mon oncle paternel Marcel avait également mis son appartement en caution pour pouvoir m'aider. J'étais terrorisé à l'idée de voir le restaurant couler tant j'avais peur d'embarquer ma famille proche dans mon malheur. J'ai alors commencé à chercher un travail complémentaire, auquel je me dédierais la journée, avant de retourner le soir travailler au restaurant. J'avais rencontré un homme, Georges I., qui gérait une société informatique dans le 15e arrondissement, Dédicace Informatique. Elle n'existe plus aujourd'hui, l'homme ayant fait le choix de devenir le gourou d'une secte en Israël... Je lui ai proposé de m'occuper de la partie téléphones portables, GSM comme on disait à ce moment-là, un marché qui commençait à se développer en France. À force de recherche et de discussions avec d'autres personnes travaillant dans ce domaine, j'avais trouvé des fournisseurs en Grande-Bretagne ainsi qu'en France, et j'avais des clients en Scandinavie. Georges n'avait plus qu'à financer les opérations d'achat, de fournisseurs et de ventes. Malgré les milliers d'euros que la téléphonie me rapportait, malgré mon investissement, je n'ai pas réussi à maintenir mon restaurant à flot. J'ai dû me résoudre à en parler à l'un de mes oncles, qui travaillait pour un monsieur très gentil qui se prénommait Éric. C'était un client régulier du restaurant et, de fil en aiguille, nous sommes devenus amis. Un jour, il m'a dit que son cousin, qui travaillait dans les affaires, pourrait être intéressé par la reprise de mon établissement. Moi, je n'y voyais qu'une échappatoire financière, ma seule priorité était de mettre ma famille à l'abri, de libérer mes parents, Avi et mon oncle, de leurs engagements.

Un soir d'hiver, Éric est venu au restaurant accompagné de son cousin, que j'ai trouvé très original, vêtu d'un jean, de santiags en cuir de reptile et d'un blouson en daim. Élégant et surprenant, il me donnait l'impression de sortir d'un western. Pour moi qui étais en costume trois-pièces classique, il était totalement aux antipodes de ce que j'imaginais. Il portait des lunettes de soleil alors que la nuit était tombée et fumait un gros cigare. Mon ami s'est approché et m'a dit :

– Grégory ! Je te présente Johnny Mouly, mon fameux cousin !

Je suis resté un peu ahuri, posant la première question qui m'était venue à l'esprit.

– Vous vous appelez réellement Johnny ?

L'air agacé, il a retiré ses lunettes et m'a sorti sa pièce d'identité, il s'appelait bien Johnny Meyer Mouly. J'ai appris plus tard que sa mère était fan de Johnny Hallyday, tout comme la mienne avait été fan de Gregory Peck…

La soirée s'est très bien déroulée, ils ont beaucoup consommé et m'ont laissé un pourboire généreux. Je ne connaissais pas encore Marco, mais quand je l'ai rencontré plus tard, leur ressemblance m'a frappé : un garçon d'une grande générosité, avec un grand cœur et du savoir-vivre, un véritable seigneur comme il n'en existe plus. Johnny m'a demandé dans la soirée ce que je faisais dans la vie, en dehors du restaurant, et je lui ai expliqué où je travaillais dans le 15e, sans m'étendre sur les détails. Je lui ai fait visiter le restaurant, les cuisines, l'arrière-cour, il semblait intéressé. Avant de partir, il a promis de revenir me voir, cette fois-ci avec son frère, pour discuter des choses sérieuses.

7

Rencontre avec le phénomène Mouly

Prison de la Santé, 200e jour

Septembre est là et apporte avec lui des souffles de vent bienvenus. L'air est plus frais et me revigore toujours. J'ai appris il y a peu qu'entre les murs de notre geôle se trouvait une star. Un chanteur, MHD, dont j'ai pu entendre la chanson « Laissez-les Kouma *», en duo avec Zaho. Il a dû appliquer les conseils de la chanson et laisser les gens parler sur lui, il demeure très discret ici. Pour preuve, je ne savais même pas qu'il se trouvait là ni qui il était. D'après les rumeurs et ce que j'ai pu chiner sur le Net, il serait soupçonné d'être impliqué dans la mort d'un jeune de vingt-trois ans, sauvagement roué de coups lors d'une rixe à Paris en juillet 2018. Triste affaire, mais tellement commune ici… Toujours est-il que je découvre sa musique et qu'un peu de nouveauté me sort de ma léthargie. Ma mère est venue me voir aujourd'hui, m'apportant ses paroles de réconfort, ainsi qu'une lettre de mon père. Je le vois peu au parloir, il n'arrive pas à venir jusque-là et je ne lui en veux pas. Ma mère porte sa douleur jusqu'à moi et j'aime lire ses courriers, toujours teintés d'espoir. Souvent ma mère m'affirme qu'il prie à la synagogue pour moi, qu'il lit des psaumes pour mon salut. Savoir qu'il pense à moi suffit à me rendre heureux. J'aurai probablement la visite de mes enfants bientôt, cela m'aide à tenir le coup, encore un peu.*

Quelques jours après ma première rencontre avec Johnny Mouly, j'ai eu le plaisir de le voir arriver à l'improviste dans mon bureau, dans le 15e. Au moment où il est entré, j'étais en pleine négociation avec un fournisseur. En le voyant du coin de l'œil, toujours fantasque avec une veste à franges et ses lunettes de soleil, adossé à la porte, j'ai un peu haussé la voix pour qu'il m'entende :

– Oui, je vous confirme que votre virement de 3 millions a bien été effectué.

Johnny m'a soudain observé avec un peu plus d'attention, baissant ses lunettes sur son nez, avant de me demander si je parlais d'anciens francs ou de nouveaux francs. Je brassais l'équivalent de 400 000 € au téléphone sans sourciller. Je lui ai affirmé que je parlais bien de 3 millions de nouveaux francs, 300 barres dans le langage de Johnny. Il m'a regardé et m'a dit :

– Je ne comprends pas ce que tu fais, je ne sais pas ce que tu fais, mais avec mon frère Marco on va s'associer avec toi. On va te racheter ton restau, retirer les cautions, et tous les problèmes qui t'empêchent de dormir disparaîtront.

Je pensais vraiment qu'il plaisantait. Jusqu'à ce qu'il appelle son frère et que ce dernier débarque. C'est alors que j'ai rencontré l'élégant Marco Mouly pour la première fois. Je me souviens de son manteau au col en fourrure de vison, il était la caricature d'un acteur de cinéma.

Ils ont tenu parole, dix jours plus tard l'affaire était rachetée, mes crédits à la banque levés, les cautionnaires libérés. Mon soulagement fut évidemment immense. Les nœuds dans mes épaules avaient disparu. Mes parents étaient à l'abri, mon oncle aussi et Avi était libéré de ses engagements. La vie pouvait reprendre son cours.

Marco a vu bien avant moi mon propre potentiel. Il n'a pas hésité à me proposer une association sur un nouveau projet. Ce furent les débuts de Vendôme Trading, une société au capital de 300 000 €. J'étais le président-directeur général de la SA et Marco le directeur général. Nous faisions de l'achat en gros de téléphones de marques Nokia, Motorola, Ericsson… que l'on se procurait en Angleterre sans TVA et que l'on revendait au Danemark, là où la TVA était plafonnée à 25%, la plus élevée d'Europe à cette époque… Nos bureaux étaient au 10, place Vendôme, en face du palais de justice. Nous étions au deuxième étage d'un bâtiment très chic, avec de belles moulures intérieures, dont le décor évoquait la chapelle Sixtine à Rome.

J'ai compris que Marco était ainsi, il voulait le meilleur pour lui-même et ses partenaires, leur offrir une qualité de vie et de travail incomparable. Tout ce que vous désiriez, il vous l'offrait sur un plateau d'argent. Il y avait évidemment un revers à la médaille. Vous pouviez facilement être manipulé, pour peu que vous soyez crédule, ce qui était mon cas. Si Marco avait besoin de vous, il arrivait à vous trouver. Il a toujours été fin psychologue, intelligent et… manipulateur. Des traits de caractère qu'il dissimulait parfaitement sous son attitude extravagante et extravertie. Je me suis toujours dit que s'il avait eu une éducation différente, s'il avait fait des études, il aurait pu occuper un poste à haute responsabilité. Il aurait pu être président de la République, et être heureux sans devoir tremper dans l'illégalité. Le fait est que lorsqu'il trouvait votre point faible – ce qui fut mon cas à cette époque car même si j'étais riche, je ne l'étais pas encore assez –, il faisait tout pour combler vos manques, pour faire de vous une pâte à modeler prête à l'emploi. Il m'emmenait déjeuner aux endroits que je préférais, me faisait rencontrer des personnalités haut placées parce qu'il savait que je voulais enrichir mon carnet d'adresses... Les meubles de mon bureau étaient de la meilleure facture et mon équipement informatique de la meilleure qualité. Il m'achetait et j'étais heureux, car j'avais l'environnement et le quotidien dont je rêvais.

J'avais néanmoins de l'affection pour lui, et du respect. Je l'ai souvent entendu crier, je l'ai souvent trouvé trop exubérant, moi qui à côté étais très solitaire et discret. Pour autant, je lui trouvais un grand cœur et je le trouvais attachant.

Au fond de ma cellule aujourd'hui, j'espère que nos épreuves l'ont façonné de manière à le rendre différent. Je pense sincèrement qu'il mérite une belle vie et que ses fans méritent un exemple. Je vois les réactions et les commentaires dès que les journaux parlent de nous. C'est un élément fédérateur dans la société et les gens l'aiment, aiment rire de lui, avec lui... Il est doté d'une grande force de caractère et je ne doute pas que ceux qui l'admirent voient en lui un modèle, c'est un homme qui ne renonce jamais à ses idéaux. Il me l'a prouvé et je sais qu'il nous le prouvera à tous très prochainement. Lorsque nous aurons payé notre dette, je sais que les gens l'attendront, lui plus que moi. Je suis beaucoup plus réservé, moins extravagant. J'aime me fondre dans les ombres, une qualité qui me sert en ce moment même, alors que dans les cellules voisines, mes camarades s'énervent. Je les entends crier à travers les cloisons fines ; l'un, complètement défoncé et l'autre à bout de nerfs. Comme je les comprends. Malgré le bruit, je n'arrête pas. L'écriture est tout ce qui me reste, ma drogue au même titre que la cocaïne pour les autres. Alors je continue à m'évader à travers les lignes que je pose parfois, à la lumière de mon téléphone, sur mon carnet.

Pour vendre nos téléphones tranquillement, l'un de ses associés avait créé une entreprise à Padborg, au Danemark, à la frontière germano-danoise. C'est à lui que nous revendions notre marchandise. Par opération, nous empochions 70 000 € chacun. Quasiment tous les jours ouvrables. Nous brassions près de 100 000 € par jour. Parfois, nous prenions nous-mêmes les camions pour nous déplacer, il m'est arrivé de traverser toute l'Allemagne comme ça, jusqu'à Padborg.

Le Danemark n'avait pas été un choix fait à la légère, malgré la TVA bien plus élevée qu'en France, 25% contre 19,6%. Lorsque je travaillais dans le 15e, un fournisseur nous achetait des centaines de milliers de téléphones pour les revendre là-bas. Quand j'ai réalisé que c'était un marché que nous pouvions prendre, j'ai filé ce fournisseur jusqu'au Luxembourg, lieu où il devait retrouver son client danois. Je l'ai suivi en taxi, car ce jour-là il y avait une grève des transports ferroviaires et aériens. Heureusement, mon oncle Joseph a pu me conduire. Pour la vanne, nous l'appelions Joe le Taxi. La course m'avait tout de même coûté 1700 €. Il m'a conduit jusqu'au point de rendez-vous et je les ai espionnés. Je me suis caché dans une poubelle tout au long de leur entretien. Quand mon fournisseur est parti, je suis allé à la rencontre de son client danois et j'ai fait affaire avec lui. Il a ensuite été démarché par notre allié sur place et ce client est rentré dans notre boucle.

La vie était belle encore une fois. Nous gagnions entre 150 000 € et 250 000 € chacun par semaine… Mon grand-père Prosper m'a dit un jour qu'un métier ne s'apprend pas, qu'il se vole… Et puis, nous nous entendions bien avec Marco, même si nous n'avions pas le même mode de vie. Lui fréquentait les cabarets orientaux, les parties de cartes ; moi, je n'avais pas du tout les mêmes centres d'intérêt, j'aimais flâner et dépenser mon argent chez Hermès, m'asseoir aux plus belles tables pour déguster leur meilleure viande. Par contre, nous nous retrouvions au hammam, c'est grâce à lui que je me suis découvert cette passion, que je me suis fait construire le mien dans mon appartement boulevard Voltaire, richement décoré de la plus belle faïence tunisienne. Marco me reliait à mes origines maternelles tunisiennes, notamment par le biais de la nourriture. Nous avions tout de même des points communs, en dehors de l'amour de l'argent : nous placions le bonheur de nos proches au premier plan et savions nous montrer généreux avec ceux qui étaient dans le besoin. Nous avions conscience d'être dans l'illégalité, aussi nous efforcions-nous de toujours mélanger l'illégalité à la légalité, afin d'avoir un statut social mais aussi de ne pas risquer une trop lourde peine de prison au cas où nous serions pris. On constatait aussi que toutes ces lois étaient très floues pour beaucoup de monde. On avait l'impression que les autorités elles-mêmes n'y comprenaient rien.

À cette époque, je ne pensais pas que tout cela puisse me retomber dessus de façon si violente, je me suis montré très immature, j'aurais dû anticiper les risques. Mais Marco m'assurait toujours que tout irait bien, que je pouvais lui faire confiance. J'étais sa marionnette, et il tirait très bien les ficelles de notre aventure. Moi, j'étais le cerveau, mais lui était aux commandes. Il disait, je faisais.

Le train de vie que nous menions avec Marco n'a hélas pas duré très longtemps. Fini les brunchs qui s'attardaient tout l'après-midi, fini les concerts, les virées en cabriolet dans Paris pour aller acheter du pain ! Fini les feux d'artifice privés, les grands défilés, les avant-premières de chaque spectacle, les voyages aux quatre coins du monde payés par l'entreprise. En 2004, les événements se sont gâtés : les autorités danoises ont soupçonné notre fraude à la TVA et nous avons eu beaucoup de difficultés à sortir l'argent du pays. Il avait sa propre monnaie, la couronne danoise, et appliquait un contrôle d'échange sur toutes les sommes entrantes et surtout sortantes. Nous avons fini par céder l'entreprise à un homme d'affaires que connaissait Marco, mais il n'aura pas réussi à la faire vivre longtemps. Aussi, nos chemins ont fini par se séparer.

Avant de prendre la décision de ne plus être associés, nous avons eu l'idée de monter une pâtisserie cacher à New York avec le beau-frère de Marco, Yves dit Yvo, qui n'était autre que le mari de Corinne, sa sœur aînée.

Je visais toujours l'excellence. Avec nos femmes et nos enfants, nous nous sommes rendus sur place pour évaluer le marché. Là-bas, nous avons rencontré un homme très riche, l'oncle de Max Azria, le célèbre P.-D.G. de prêt-à-porter de la marque BCBG, qui nous avait fait promettre de venir lui rendre visite si nous venions à New York. Il était fabricant de chaussures haut de gamme et chaussait même la reine d'Angleterre ! Dans son livre d'or, on retrouvait également Jackie Kennedy...

Notre projet de pâtisserie n'aura finalement pas vu le jour, car courant 1999 et jusqu'en 2004, nos ennuis avec le Danemark n'ont fait que s'amplifier. Les autorités danoises n'ont pas cessé de faire remonter aux autorités judiciaires françaises compétentes les délits de fraude fiscale commis sur leur territoire. Les tragiques attentats du 11-Septembre 2001 impactaient indirectement notre ancien business. Avant cette date fatidique, il y avait beaucoup plus de libertés quant aux transferts d'argent. Les banques qui autrefois participaient elle-même au blanchiment, en autorisant des découverts sous condition de récupérer l'argent en liquide – technique légale et largement appliquée dans le Sentier –, sont progressivement devenues plus méfiantes. Les mouvements financiers étaient contrôlés à la loupe.

Pour ce qui nous concerne, nous avons été rattrapés par le fisc.

En juillet 2004, cette affaire a été jugée au TGI de Paris. Je risquais trois ans de prison ferme et un mandat d'arrêt. Le délibéré n'étant survenu qu'en octobre, j'ai passé l'été à me demander si oui ou non j'allais me retrouver en prison. Octobre est arrivé, je me suis rendu à mon audience de délibération et la sentence est tombée : j'ai été jugé coupable et condamné à une peine de trois ans ferme avec mandat d'arrêt à la barre, puis transféré à la maison d'arrêt de Fleury-Mérogis. J'avais alors trois enfants en bas âge : Pamela Victoria, 8 ans, Ayrton, 5 ans, et Benjamin, 3 ans, qui avait vu le jour le 22 juin 2001.

Plus d'une fois je me suis excusé. Souvent en leur offrant des cadeaux, en les emmenant au zoo, manger une glace, en leur faisant prendre l'avion pour leur montrer comme le monde pouvait être beau et combien il était vaste… pour celui qui a de l'argent. Rarement je leur ai dit seulement je t'aime, les trois mots les plus symboliques, les plus simples… Ils étaient si petits… J'aurais dû me rendre compte du mal que je leur faisais. J'aurais dû leur montrer combien moi-même je souffrais d'être séparé d'eux. Ils ont toujours été ma force, la constante de ma vie. Je pouvais endurer les heures de travail, les déconvenues… parce que je savais qu'ils étaient là, à mon retour à la maison. J'ai toujours été anéanti d'être séparé d'eux. Ils sont plus grands à présent, ils deviennent des adultes, et je suis fier de leur parcours. C'est eux qui me donnaient la force autrefois, que me la donnent aujourd'hui encore.

J'ai immédiatement fait appel de cette décision. En faisant appel, je redevenais prévenu, donc présumé innocent, cela me donnait la possibilité de faire une demande de mise en liberté en attendant mon procès en appel. Je déposai en même temps une demande de mise en liberté. Le délai légal pour l'examen de cette demande de mise en liberté par la cour d'assises est de deux mois. Elle me fut accordée en décembre 2004 avec un cautionnement de 75 000 €. J'ai dû être jugé et condamné, un an après, à trente mois de prison ferme sans mandat d'arrêt à l'audience.

Après un mois et demi enfermé, coup de théâtre ! Je pouvais bénéficier d'un aménagement de peine, en conditionnelle parentale. En effet, lorsque vous exercez l'autorité parentale sur vos enfants, qu'il vous reste une peine inférieure ou égale à quatre ans, et que ceux-ci ont moins de dix ans, vous pouvez bénéficier de cette conditionnelle. Je remplissais tous les critères et je pouvais prouver que j'avais un travail, même si ce dernier n'était que fictif… Une mascarade qui me permettait de retrouver ma liberté.

Mon aventure avec Marco, ainsi que mes déboires judiciaires, avaient malheureusement éloigné de la plupart de mes amis et la solitude m'a rattrapé. David était parti habiter en Israël à la suite de l'accident mortel de son beau-frère. Avi et moi n'étions plus très proches depuis la faillite du restaurant. Son épouse ne m'appréciait pas et, par la suite, elle a été un frein à notre amitié qui n'a malheureusement pas tenu dans la durée après son propre mariage.

Jamais je n'ai retrouvé cette force d'amitié là, cette complicité. Nous étions capables, lui et moi, de communiquer normalement en présence d'autres personnes, tout en employant un langage qui nous était propre, que nous seuls comprenions. Nous avions les mêmes passions, pour Michael Jackson, pour les voitures, les Weston, les costumes… Nous aimions les collections Prada et Lacoste. Physiquement, nous étions très différents. J'étais très menu, assez gringalet, lui était plus corpulent. On nous surnommait parfois Laurel et Hardy, célèbre duo comique, et nous nous amusions de la référence. À notre manière, nous formions un tandem. Il était tout le temps jovial, toujours très drôle et sympathique avec tout le monde. C'est une amitié qui m'a toujours manqué. Avant nos mariages respectifs, il dormait très souvent chez moi, sur le canapé. Un soir, ma mère, en nous voyant ainsi très complices, nous a dit :

– La seule chose qui pourra vous séparer, c'est une femme.

C'est comme si elle avait énoncé une prophétie. Chez nous, on dit souvent qu'il faut faire attention à ce que l'on dit, car la parole peut être créatrice ; ça a été le cas, Avi n'a pas su faire la part des choses entre sa femme et notre amitié.

Sans eux, mes repères avaient changé. David m'avait abandonné une première fois en se mariant, puis une seconde fois en partant ; Avi m'avait également tourné le dos, m'abandonnant à son tour. J'étais devenu une proie facile et les vautours n'ont pas manqué de se rapprocher de moi. Marco est devenu rapidement un pilier dans mon paysage, un « ami » auquel me raccrocher. Les relations amicales que j'ai pu tisser ensuite se sont aussi créées sur la base de mon savoir-faire pour fabriquer de l'argent, sur ma facilité à monter des sociétés prospères et sur mon sens du business… Mais j'en avais conscience. J'avais un train de vie assez soutenu et j'ai toujours donné autant que je recevais. J'invitais mes amis dans les plus beaux restaurants, je ne lésinais jamais pour les anniversaires, offrant des Rolex aux hommes, des sacs à main Chanel aux femmes, je gâtais ma famille avec des voyages et des voitures dernier cri. Sans ça, je doute que ces « amis » le soient restés très longtemps. Parmi eux, il y avait notamment les maris des copines d'Esther. Pour eux, j'étais un extraterrestre, je n'avais pas encore trente ans et j'avais déjà trois Ferrari, quatre Mercedes et une Lamborghini dans mon garage en plein Paris. Eux roulaient pour la plupart en Clio. Jamais ils ne m'ont demandé ouvertement de l'argent, mais ils tentaient de m'appâter avec d'autres stratagèmes. Ces gens-là savaient comment m'amadouer. J'étais jeune, naïf et très imbu de moi-même. Je baissais facilement ma garde à condition d'être convaincu par les gains que je pouvais tirer d'une affaire, et qu'on sache me flatter, or certains le faisaient à merveille. Je me suis retrouvé à investir dans l'informatique, à acheter des lots d'ordinateurs dont je n'ai finalement jamais vu les bénéfices. J'ai investi dans le secteur du tabac également, et puis dans des téléphones mobiles qui ne m'ont jamais été livrés… Ces mauvais investissements m'ont fait perdre des centaines de milliers d'euros et, chaque fois, je m'en prenais à ma femme. La pauvre n'y était pour rien, mais je l'accusais de ne pas me mettre en garde. J'avais envie qu'elle me préserve de ces opportunistes, oubliant que j'en étais un moi-même, ce à quoi elle répondait, à raison : « Je ne t'ai pas demandé de faire affaire avec eux. »

Ma propre faiblesse et son manque d'intérêt pour mes affaires étaient tristes pour elle, pour moi, pour notre couple. Esther me fuyait, rejoignait ses amies dès qu'elle le pouvait. Je l'accusais de vivre dans un monde virtuel, comme dans sa série préférée *Friends*. J'avais oublié qu'elle était jeune, qu'elle était mère et qu'elle aussi avait besoin de souffler. Je n'acceptais pas son besoin de vouloir exister en dehors de moi. Nous avons été rattrapés par l'argent, par ce train de vie qu'elle ne désirait pas. Elle se fichait de vivre dans le luxe, elle voulait seulement vivre entourée de ses proches et être aimée par son mari et ses enfants. À l'époque, je ne l'avais pas compris et le fossé a fini par se creuser entre nous.

Toutes ces expériences malheureuses, celles qui m'ont conduit à faire confiance aux mauvaises personnes m'ont apporté une certitude : je déteste la malhonnêteté. Ironique quand on sait de quoi je suis coupable. Il est vrai que j'ai fraudé l'État, mais jamais une personne physique ou morale de mon entourage. Je ne me suis jamais voilé la face non plus, j'ai toujours agi tout en ayant en tête tous les tenants et les aboutissants de mes fraudes. Malheureusement, j'ai toujours été trop sûr de moi pour seulement imaginer que je pourrais être pris. Mes certitudes sont bien loin désormais, elles ont été piétinées, ravagées par mes condamnations successives. Que me reste-t-il aujourd'hui ? Quelles convictions demeurent encore en moi ? Il en est une, je n'ai pas à réfléchir trop longtemps… J'aime mes enfants. L'amour que j'avais à donner, je le leur donnais à eux.

J'ai toujours été un papa aimant et j'avais toujours à cœur de les protéger. Souvent je regrette que l'argent se soit immiscé entre eux et moi. Je les voyais peu tant je travaillais, et je compensais mes absences en leur offrant l'impossible. Mon fils, Ayrton, a eu sa première moto à essence Yamaha à l'âge de quatre ans, ses premières Weston à huit ans, sa première Rolex à dix ans, Benjamin un R2D2 projecteur de films qui se contrôlait avec une télécommande Faucon Millenium. Pamela possédait la collection entière des produits dérivés Hello Kitty dont un téléphone à l'âge de six ans. Chacun de mes enfants possédait la dernière console à la mode dans sa chambre, une télévision dernier cri dont l'écran était plus grand qu'eux, une garde-robe à faire pâlir les plus jeunes stars. J'organisais des anniversaires somptueux, faisant venir les intervenants les plus côtés du moment pour les divertir, sans compter les restaurants et les hôtels dont ils profitaient à chacun de nos voyages. Ils disposaient également d'un chauffeur privé, Esther n'ayant pas le permis de conduire. Pour Hanouka, j'achetais 24 cadeaux, afin que chacun d'entre eux en ait un par jour jusqu'aux festivités. Je compensais ce que je n'avais pas eu en leur offrant une enfance de rêve. J'ai compris trop tard que les biens matériels ne comblaient pas le manque affectif. Par ailleurs, la rancœur que j'avais à l'égard de mon mariage me donnait parfois envie de rencontrer une nouvelle femme, avec qui partager une relation passionnée et passionnelle. Mais j'aimais toujours Esther, je ne voulais pas baisser si facilement les bras et j'ai décidé de lutter pour sauver ce qui restait de notre famille. Pour elle, pour nos enfants, pour notre stabilité.

8

« Happy Birthday Madam President »

Prison de la Santé, 230ᵉ jour

Octobre 2019. On m'a demandé aujourd'hui quand était mon anniversaire. C'était en août, et mes camarades avaient l'air surpris que je ne l'aie pas célébré. Une fête... cela me semble tellement incongru ici. Hier, nous avons subi une coupure d'eau. Une bouteille d'eau par jour, voilà ce qu'on nous donne pour boire et nous laver. Heureusement que je cantine l'essentiel et que j'ai plusieurs bouteilles ici, mais les autres ? Pas de chasse d'eau, pas de douche... Tout ça dans 9 m^2. Personne n'est capable de nous dire quand cela va se rétablir. J'ai appelé mon fils Ayrton tout à l'heure, pour qu'il prévienne un journaliste du Parisien *dont j'ai le numéro dans mon répertoire. J'ai hâte de voir comment les choses vont évoluer ! Faute d'avoir fêté le mien, je repense à la plus grande fête qu'il m'ait été donné d'organiser. C'était pour Esther, en 2004.*

Les festivités de la nouvelle année chez les chrétiens étaient terminées. Le 9 janvier serait l'anniversaire de ma femme Esther qui fêtait ses trente-trois ans, et il me fallait une idée de cadeau qui soit percutante, un souvenir qui resterait gravé à jamais dans nos mémoires.

J'ai alors eu une idée incroyable : lui offrir la soirée surprise dont elle se souviendrait toute sa vie, un concert privé. J'ai choisi l'une des meilleures artistes de l'époque.

Par chance, je connaissais son producteur qui a accepté un règlement en espèces : 80 000 €, payés d'avance, en billets de 20 € et par blocs de 10 000 €. Je me procurais ces énormes sommes via un réseau qui transitait notamment par la Chine. On me fournissait un numéro de compte qui se trouvait quelque part en Chine, je m'occupais de faire le virement, ils prenaient environ 4% de commission et on me remettait la somme en liquide 24 à 48 heures après, dans une mallette, grâce à un intermédiaire.

Mon interlocuteur a compté la totalité, billet par billet, pendant un très long moment. Il n'avait pas l'habitude d'être payé ainsi, mais tant que l'argent finissait dans ses poches, je pense qu'il n'était pas très regardant. Rassembler autant d'espèces était moins compliqué qu'aujourd'hui. Sous le mandat Sarkozy, nous ne pouvions pas dépenser plus de 3000 € en espèces dans une boutique, ramenés à 1000 € sous le mandat de Hollande.

Une question m'est venue ce jour-là : avait-il un contact pour faire venir Michael Jackson en concert privé ?

Il n'a pas semblé surpris. Pour une personne capable de dépenser autant en liquide, j'imagine qu'il me croyait en mesure de débourser bien plus pour Michael Jackson. Il m'a alors donné le contact de la productrice qui l'avait déjà fait venir à plusieurs reprises en France.

Samedi soir, nous étions le 10 janvier et le grand moment était arrivé.

J'étais avec mon épouse dans notre appartement, shabbat était terminé, lorsque j'ai prétexté que nous étions attendus pour aller boire un verre pour fêter son anniversaire. En effet, nous avions fêté l'événement avec nos enfants la veille, mais je l'avais prévenue que nous le fêterions également avec des amis et sa famille. Elle était contente, ne se doutant pas une minute de ce qui l'attendait. Elle était bien habillée mais n'avait pas anticipé la surprise, donc demeurait chic et simple : un pantalon noir assorti d'un pull blanc en soie avec de jolis escarpins. J'ai appelé un taxi, le temps était frais et humide et à notre arrivée, nous nous sommes engouffrés dans l'hôtel George V. Je l'ai conduite vers les salons qui se trouvent en sous-sol et elle a aperçu une petite pancarte qui disait « Anniversaire d'Esther ». Je pense qu'elle a commencé à se douter que la petite soirée entre amis n'était que la façade de quelque chose de plus important. Elle était vraiment très heureuse lorsqu'elle a découvert la présence de nos enfants, de tous ses amis, de sa famille, nous étions près d'une centaine de personnes. J'avais prévu un buffet dînatoire, pour que tout le monde puisse se lever, discuter et profiter de la soirée. C'était convivial et intime grâce à la présence d'un pianiste. Le repas s'est déroulé dans la joie et la bonne humeur. Et puis à 22h, la lumière s'est tamisée, le pianiste a cessé de jouer. La porte du fond s'est ouverte sur la chanteuse, sobre dans ses vêtements blanc et noir également, mais tellement rayonnante lorsqu'elle a fendu la foule que nous formions. Hormis les murmures, pas un bruit ne vint gêner cette entrée incroyable. Esther s'est figée. Elle a eu beaucoup de mal à réaliser ce qui était en train de se passer. La surprise lui a fait un choc, qui n'a fait que la bouleverser davantage lorsque le concert a commencé. Je voyais les larmes couler le long de ses joues, les légers trémolos dans sa voix lorsqu'elle m'a murmuré que j'étais fou.

J'avais au préalable transmis le répertoire des chansons au producteur, principalement des titres de son dernier album. Cette artiste était une étoile brillante dans le paysage musical, ses titres se vendaient à des millions d'exemplaires. C'était tout bonnement inimaginable de la voir ainsi, de la faire venir pour un concert privé. Esther était abasourdie, elle l'a été durant tout le concert, qui a duré un peu plus d'une heure, la durée moyenne des concerts privés. Lorsqu'a retenti sa chanson fétiche, elle l'a un peu adaptée pour nous, et s'est permis un petit aparté, disant :

– Je n'ai jamais vu un homme aussi amoureux de sa femme, capable de faire une chose pareille.

Sa voix résonnant dans les salons est l'un de mes plus beaux souvenirs. Je lui ai demandé de chanter de nouveau la chanson à la fin de sa prestation, mais cette fois-ci sans aucun micro. J'avais déjà vu cette pratique à la télévision, en version a cappella. Et avec ou sans musique, avec ou sans micro, sa voix portait jusqu'à l'autre bout de la salle, nous en tremblions tous tant c'était beau. Esther ne cessait de pleurer, d'agripper mon bras. Elle n'avait d'yeux que pour la vedette, ne faisait pas attention à tous les regards qu'elle attirait. Beaucoup me dévisageaient aussi.

Lorsque le concert a touché à sa fin, un serveur est venu avec deux plateaux, chacun surmonté d'un gâteau – il se trouve que cette chanteuse et mon épouse sont nées le même jour, à un an d'intervalle. Elles les ont découpés ensemble, puis elle s'en est allée, sortant de la salle comme elle était entrée, avec une grâce infinie.

Malgré la beauté du moment, j'ai vu de nombreux regards jaloux. Les hommes craignaient probablement de passer pour des minables auprès de leur femme. L'un d'eux me l'a dit ouvertement :

– Écoute, Greg, avec ce que tu as fait là, tu nous as tous mis dans la merde. Qu'est-ce qu'on va offrir à nos femmes maintenant ?

Si j'avais eu à revivre cet instant, j'aurais blacklisté ces amis qui n'étaient pas les miens. Néanmoins, lorsque le pianiste a repris ses morceaux, l'atmosphère était chargée d'émotion, tout le monde en avait pris plein les yeux et plein le cœur.

De cette soirée mémorable ne reste qu'un DVD au fond d'un carton, dans le grenier de mes parents…

Ce qu'il ne faut pas oublier, c'est qu'à cette époque, les réseaux sociaux n'existaient pas. Pour voir une star, il fallait se rendre à ses concerts ou bien acheter ses DVD. Le concert privé avait un impact tellement plus fort ! En 2004, vous ne pouviez pas avoir accès à autant d'images d'archives, vous ne pouviez pas vous procurer des vidéos si facilement. Cette nuit est probablement restée un sacré souvenir dans la tête de tous ceux qui étaient présents ce soir-là. Il y a même eu des personnes de l'extérieur, des clients de l'hôtel, attirés par la musique, qui nous ont rejoints. Nous les avons laissés faire, ils étaient discrets, présentaient bien et n'étaient en aucun cas agressifs.

Ce que je me reproche concernant cette soirée, c'est d'avoir offert la possibilité à Esther de se rapprocher encore plus de ses amis. Ce qui fut l'une des raisons de notre divorce. Durant la soirée, ils voulaient tous être autour de leur reine, comme des abeilles venant lui rendre grâce. Elle devenait soudain encore plus importante à leurs yeux qu'elle ne l'était déjà, et ça la confortait dans ce que je lui reprochais.

J'avais été heureux d'en avoir mis plein la vue à mon épouse, même si quelques jours plus tard débutait ma relation avec une célèbre artiste. C'était une façon pour moi de réparer ce qui s'étiolait, se fanait. Malheureusement, cela n'a pas suffi à sauver notre couple. J'avais espéré qu'en lui offrant enfin cette fête, qu'elle méritait depuis notre mariage, cela aurait changé quelque chose entre nous, mais je me fourvoyais. J'aspirais à autre chose et je sais qu'au fond d'elle, cette vie-là n'était pas celle dont elle rêvait.

9

Nom de code « Ofer »

Prison de la Santé, 231e jour

Miracle, l'eau est revenue !

Je suis abasourdi… Ayrton m'a confié que le journaliste du Parisien *avait tout de suite appelé la Santé pour avoir confirmation de nos conditions de vie merdiques… La plus belle maison d'arrêt de France pas capable de fournir de l'eau à ses détenus, une grande farce ! J'imagine la tête du directeur de la prison, j'aurais adoré le voir se décomposer… Comme quoi, leur mettre le nez dans leur merde fait des miracles, l'eau est revenue ! Il aura fallu attendre 48 heures et supporter ces odeurs de merde à vomir dans les couloirs… Je ne suis même pas sorti pour la promenade tant j'avais des crampes d'estomac à cause des effluves nauséabonds. Je ne vais pas me gêner pour en parler aux autres détenus ; si nous pouvons avoir un moyen de pression pour vivre un peu mieux, autant en profiter ! Pour ma part, je me sens un peu plus joyeux ; pour revivre ce que je m'apprête à écrire, c'est préférable…*

Mon couple battait franchement de l'aile. Esther et moi ne partagions plus rien, elle ne s'intéressait pas à moi ni à mon travail. Elle partait voir ses copines, se confiait à ses copines, vivait pour ses copines. Moi, j'étais un élément du décor, celui qui rapportait l'argent. Je travaillais beaucoup, la voyais peu et je ne partageais pas autant de temps que je le voulais avec elle et mes enfants. Mes affaires en tant que grossiste dans le secteur de la téléphonie mobile à travers l'Europe marchaient bien, mais ma vie familiale s'obscurcissait dangereusement.

Au moment où je me sentais sombrer dans une espèce de lenteur, dans un train de vie qui n'avait plus rien d'extraordinaire, un nouveau projet est venu égayer mon quotidien.

L'un de mes amis, Yohan Perez, travaillait à la télévision. Il représentait pour moi l'excellence de la création, jamais je n'avais vu un homme ayant autant d'idées aussi rapidement. Il était avant-gardiste, toujours sur le coup, constatant les évolutions des programmes à la télévision et flairant de façon juste les nouvelles opportunités à saisir. Je me souviens notamment du programme court, probablement l'un des mieux vendus dans le monde, *Objectif Terre*, avec Yann Arthus Bertrand. 130 épisodes d'une minute trente chacun, reprenant les photographies du célèbre écologiste. Cette émission aura valu à Yann Arthus Bertrand tous les succès qui en ont découlé, tous les longs métrages que l'on connaît. Yohan était, et est toujours, un précurseur. Il a fait appel à moi, connaissant mon goût prononcé pour les métiers liés à la lumière. Des chaînes s'ouvraient sur le câble et il a vu là l'occasion de nous immiscer dans le paysage audiovisuel. C'était une véritable ruée vers l'or, car toutes ces chaînes naissantes avaient besoin de concepts novateurs pour étoffer leurs programmes. Son objectif était de créer des pilotes et des émissions, puis de les revendre. Une personnalité incontournable incarnait, à l'époque, parfaitement l'image que nous voulions donner à ces programmes.

Nous avons lancé notre affaire, avec une productrice phare, l'un des meilleurs directeurs financiers de Paris et un avocat. Nous misions sur l'effet volume pour nous enrichir rapidement, en nous positionnant chacun à hauteur de 20% des recettes. Mes relations avec les femmes, jusqu'à ce jour-là, avaient toujours été strictement professionnelles. J'étais marié et fidèle à mon épouse, bien que la vie maritale et conjugale s'avérât presque inexistante. À plusieurs reprises j'ai rencontré cette personnalité, connue de tous, aux détours de réunions. Nous parlions travail, n'empiétions jamais sur le terrain privé de la vie de l'autre. C'était une très belle femme, souriante, chaleureuse. Elle était maman, également, d'une petite fille de sept ans. Quant à moi, j'avais perdu la flamme et j'avais l'impression de ne plus cerner les femmes. Certes, je lisais parfois des magazines tels que *Vogue*, *Harper's Bazaar*, *Elle*… les ancêtres d'Instagram. J'avais envie de les comprendre et, parfois, je m'inspirais de ce que je voyais pour combler celles qui gravitaient autour de moi, dans mon cercle familial. J'aimais bien savoir quels étaient les derniers vêtements à la mode, quels sacs faisaient fureur, quels parfums s'arrachaient… Aujourd'hui, nous avons les réseaux sociaux, mais dans les années 2000, beaucoup de femmes commandaient ces articles sur catalogue. Malheureusement, au sein de mon couple, ces petites choses perdaient peu à peu de leur saveur.

La première semaine de janvier 2004, ma femme est partie une semaine à New York avec des amies. L'un de mes amis m'a téléphoné dans la foulée, c'était un parieur invétéré, grand amateur de courses. Le dimanche se tenait le Prix d'Amérique Legend Race à l'hippodrome de Vincennes, qui deviendrait plus tard le Grand Prix d'Amérique. Il s'agissait d'une course hippique au trot attelé. C'est également l'une des trois plus grandes épreuves internationales avec les Hambletonian aux États-Unis et l'Elitloppet en Suède. Les chevaux, ce n'était pas du tout un domaine qui me passionnait, d'autant que les jeux de hasard et les paris n'étaient pas non plus des divertissements que j'affectionnais. Mais je n'avais rien de plus intéressant à faire, et mon ami était particulièrement insistant. J'acceptai donc sa demande.

Lorsque nous avons gagné la fosse, au milieu de centaines de personnes hurlant leurs encouragements à leur cheval fétiche, elle m'a aperçu de loin. Malgré mon manque d'intérêt pour ce type de sport, j'appréciais ce dimanche-là de me vider la tête, de sortir et voir du monde, d'assister à quelque chose qui me sortait de mon quotidien et de ma zone de confort en même temps. Elle s'est approchée et m'a demandé de la rejoindre dans sa loge VIP, mon ami était évidemment le bienvenu aussi. Elle était d'une rare douceur, aux antipodes de la professionnelle que j'avais connue jusque-là. Elle s'est montrée aimable, avenante et soucieuse de mon bien-être. Comme si elle sentait qu'une chose m'échappait dans ma propre existence. Elle semblait d'ailleurs surprise de ne pas avoir plus de mes nouvelles, que je ne l'appelle jamais. Mais pour quelle raison l'aurais-je fait ? Nous étions à peine des collègues, loin d'être des amis proches, et j'étais marié. Je ne me suis pas posé plus de questions durant cet après-midi-là, j'ai savouré l'instant sans réfléchir. C'était une femme de la télévision, une femme curieuse et pleine de vie. Elle savait y faire avec le public, pour le conquérir, donc moi, je me suis simplement dit que j'étais l'un de ses spectateurs, rien de plus. Je mentirais si je disais que j'étais insensible à son charme. J'aimais son rire, sa conversation, la façon qu'elle avait de me mettre à l'aise.

Mon ami, qui avait assisté à nos échanges durant la journée, m'a dit un peu plus tard qu'il fallait être aveugle pour ne pas se rendre compte des étincelles qui pétillaient entre nous. Il m'a assuré qu'elle était intéressée par moi, que cela se voyait comme le nez au milieu de la figure. Je demeurais dubitatif, elle avait quarante ans, moi trente-trois, c'était une femme dans la fleur de l'âge, terriblement jolie et intelligente.

Ces réflexions m'ont torturé quelques jours avant que j'ose la rappeler. Ce que j'ai fait finalement assez rapidement. Pour en avoir le cœur net, pour ne pas laisser passer une occasion d'être heureux. Au téléphone, je l'ai invitée à dîner, j'ai profité de l'absence de ma femme, et nous sommes sortis au restaurant *L'Esplanade* à Paris, dès le lendemain. La soirée a été délicieuse, nous avons commandé du champagne, avons bavardé, rigolé… Grâce au regard qu'elle posait sur moi, je me sentais désiré, cela faisait longtemps que je n'avais pas ressenti le poids de ce désir chez une femme. Elle réveillait en moi des choses que je pensais alors éteintes. Je n'ai jamais cru aux amitiés homme/femme, à partir du moment où les points communs sont trop évidents, lorsque l'attirance physique peut seulement être envisagée et qu'un jeu de séduction pourrait être susceptible d'éclore. À la fin de cette soirée, lorsque nous avons quitté le restaurant et que nous nous dirigions vers ma Porsche 996 Turbo S, je l'ai attirée dans mes bras, j'ai plongé mon regard dans le sien et j'ai compris que c'est ce qu'elle voulait aussi, alors je l'ai embrassée. J'ai réservé une suite dans l'hôtel Bristol et nous y avons passé une partie de la nuit.

De cette soirée ont découlé quatre années d'idylle. Je la voyais chez elle ou à l'extérieur. Je réprouve ma conduite envers mon épouse à cette période de ma vie. Pour autant, je ne regrette pas cette aventure, c'était une bulle hors du temps qui me faisait du bien, qui me faisait me sentir homme et qui me redonnait confiance en moi.

Malheureusement, ces années-là ont été ponctuées d'épisodes orageux entre elle et moi. C'était une idylle passionnée, un amour destructeur et une double vie épuisante. Elle était d'une jalousie maladive, se montrait possessive dans les sens les plus extrêmes du mot. Souvent elle me disait : « Tu me trompes avec ta bonne femme. » Et c'est ce qu'elle cherchait à créer, quitte à faire l'amour cinq à six fois par jour. « Je te prends tout ton sperme, comme ça, tu ne pourras plus baiser ta femme. » Une phrase qui résumait notre relation certains jours. J'avais beaucoup de mal à travailler tant j'étais vidé, à tous points de vue. Même si j'adorais le sexe avec elle, j'avais aussi la sensation qu'elle me prenait toute mon énergie.

Lorsque ma femme l'a découvert, c'était à cause d'une négligence de ma part. J'étais sous la douche, et mon téléphone portable était resté dans mon bureau. Je lui avais donné comme nom de code « Ofer », pour le cas où mon épouse découvrirait l'émetteur des appels ou des messages. Lorsque le texto est arrivé ce jour-là, ma femme l'a lu. Elle est venue me voir, pour me dire qu'Ofer m'envoyait des messages d'amour. Elle a rapidement compris de qui il s'agissait, elle l'a appelée et la dispute entre elles a été terrible. J'ai quitté la maison pour m'aérer le cerveau, je me suis rendu à la pâtisserie Dalloyau pour acheter des gâteaux. J'avais besoin de sucre, probablement pour contrecarrer l'hypoglycémie qui me menaçait à cause de l'état de choc dans lequel j'étais. Ce jour-là, ma femme est tombée des nues. Pourtant, notre relation battait de l'aile depuis longtemps, le sexe n'existait plus entre nous depuis des années. Ma femme était moins mon épouse qu'une mère. À plusieurs reprises, j'avais été franc, je lui avais dit que ce genre de chose pourrait arriver, mais elle n'y avait jamais vraiment cru. Elle était anéantie et notre couple, déjà fêlé, s'est fracturé définitivement. Nos enfants étaient jeunes, Pamela avait sept ans, Ayrton cinq et Benjamin deux ans. Nous ne nous sommes pas séparés, mais j'étais égoïste, je voulais tout garder. Ma femme et ma maîtresse. Mon épouse a fait des efforts considérables pour tenter de recréer une relation de couple et j'étais heureux de cela. Mais mes pensées virevoltaient trop souvent vers mon amante, qui, très fière, ne me répondait plus. J'ai fini par renouer avec elle après moult envois de bouquets de roses, de chaussures et cadeaux en tout genre. Et je me suis retrouvé à mentir aux deux. À Ofer je disais que j'allais quitter ma femme, à ma femme que je ne voyais plus Ofer... Cette période de ma vie a finalement été pourrie de bout en bout. Malgré les efforts de ma femme, nous n'étions plus du tout sur le même chemin de vie. Elle menait une jolie vie avec moi pourtant, je lui avais offert un 4x4 BMW X5 flambant neuf alors qu'elle n'avait pas le permis et un chauffeur les conduisait, elle et les enfants, partout où ils voulaient. Mais jamais elle ne se montrait attentionnée envers moi et j'en ai beaucoup souffert. Ofer était tout l'inverse. Mais au fur et à mesure, sa jalousie a vraiment posé un très gros problème. C'est une femme qui s'imagine en permanence être trompée. Par exemple, lorsque nous allions au restaurant, je devais toujours être dos à la salle, face au mur, et si c'était une serveuse qui s'occupait de nous, déjà la soirée s'annonçait mal. Si en plus la serveuse était jolie, c'était foutu. Comme dans les films, elle tirait violemment la nappe, m'invectivant, et faisant tout valser sur le sol avant de partir la tête haute. À de nombreuses occasions elle a abîmé ma voiture, donnant un coup de talon dedans, de colère. Ou bien des coups de pied dans la moto, qui la faisait s'écraser sur le bitume.

Lorsqu'elle passait sa main dans son cou, c'était le signal que tout allait foutre le camp. En deux secondes, c'était terminé. Avec le temps, j'ai appris à sélectionner les restaurants où il n'y avait que des serveurs, ce qui limitait la casse. Il est arrivé, alors que je dormais chez elle, boulevard Victor Hugo, qu'elle me réveille en pleine nuit pour me soutenir que je la trompais. J'avais à peine le temps de me réveiller que toutes mes affaires étaient déjà passées par la fenêtre, caleçon compris, et je me retrouvais nu comme un ver à devoir aller les chercher.

J'essaie de prendre du recul en écrivant ces lignes qui ne sont pas évidentes. Si sur le coup j'étais traumatisé par ce genre de comportement, j'en souris aujourd'hui parce que la situation était tout de même cocasse, surtout pour nos voisins. N'en reste pas moins que j'en souffre toujours. Mon mariage avec Esther aurait pu être une belle aventure. Quand j'y repense, j'en ai un goût un peu amer, et la sensation d'un grand gâchis finalement. Ofer m'a fait découvrir des choses que je ne regrette pas, l'amour explosif, les montagnes russes… Mais c'était voué à l'échec et, malheureusement, je ne m'en suis pas aperçu rapidement.

Elle ne fumait pas, ne se droguait pas, n'abusait pas de l'alcool, mais elle souffrait d'une jalousie maladive. Il m'est arrivé une fois de porter plainte contre elle. Parce qu'il arrivait qu'elle soit violente physiquement. Jamais je n'aurais levé la main sur elle, mais elle, l'a fait. Malheureusement, les rares fois où j'ai pu en discuter avec des personnes qui la connaissaient, elles m'ont toutes soutenu que Ofer n'était pas le genre de femme que je décrivais. Personne ne m'a jamais cru. J'avais l'impression d'être Louis de Funès dans *Fantômas contre Scotland Yard*, il a beau soutenir encore et encore qu'il y a un pendu dans sa chambre, personne ne le prend au sérieux.

Alors qu'il a raison, mais tout le monde le considère comme un mythomane. Donc j'avais le droit à : « Si elle t'a fait ça, c'est parce que tu l'as poussée à bout, je la connais, elle ne ferait pas de mal à une mouche. » Pourtant, elle n'a pas hésité à m'insulter en me traitant de « sale Juif » à plusieurs reprises, ou bien à me lancer des « oui, mais chez vous ». Mais ça veut dire quoi, *chez nous* ?

Les crises ont été de plus en plus fortes, de plus en plus fréquentes. Mais j'étais amoureux, vraiment amoureux, et addict au sexe avec elle. Nous avons passé plusieurs week-ends ensemble, et j'étais comme ensorcelé. Je fuyais dès qu'elle avait ce genre de comportement, mais au bout de deux ou trois jours, quelque chose à l'intérieur me brûlait, c'était presque chimique. Je ne pouvais pas me passer d'elle. Si notre relation n'avait pas été si toxique, je pense que j'aurais quitté ma femme, que nous aurions tenté d'avoir un enfant ensemble, mais elle était incontrôlable. Chaque matin, lorsque je priais, je demandais à Dieu de me donner la force de la quitter. Chirelle, un ancien amour de vacances, fréquentait comme elle le cours de danse Albert. C'était une fille que je connaissais depuis mes quinze ans, mais je ne la fréquentais pas, nous ne nous adressions jamais la parole. Pourtant, Ofer était folle lorsqu'elle la voyait, elle me répétait sans cesse : « C'est ton style de femme, elle est brune, les yeux verts, juive comme toi, vous finirez ensemble, je le sens ! » Si la parole est « source de création », peut-être était-elle douée de clairvoyance !

Et puis un ultime esclandre a mis fin à notre histoire.

J'avais des soucis avec le fisc, concernant la vente de mes jeans et de mes téléphones portables. À cette période, Jean-François Copé était ministre délégué au Budget et Ofer était très amie avec sa sœur, Isabelle Copé, qui était avocate. Un soir, leur père, médecin proctologue et comédien à ses heures, jouait une pièce à laquelle Ofer et moi avions été invités. J'ai demandé à Ofer si, par l'intermédiaire d'Isabelle, il serait possible de négocier mon dossier avec son frère. Nous sommes donc allés au théâtre puis au restaurant. Nous avons été présentés et avons convenu d'un rendez-vous à son cabinet. J'ai dû emporter tous les éléments dont je disposais rue de l'Université et nous avons tout épluché. Elle m'a demandé une note de synthèse et m'a assuré qu'elle allait pouvoir présenter mon dossier à son frère dans le but d'une transaction définitive. J'étais vraiment heureux. Dans ma tête, c'était presque ma vie que je jouais à ce rendez-vous. Et puis en sortant de là, Ofer m'a violemment attrapé l'épaule et a déclaré, de façon haineuse :

– Tu crois que je n'ai pas vu ton petit manège ? Espèce d'enculé !

J'étais sonné, abasourdi. Elle a continué, malgré mes tentatives pour me justifier :

– T'as pas arrêté de la draguer ! Espèce d'ordure ! Je vais lui dire que t'es un mec marié, que tu trompes ta femme avec moi, tu te fous de ma gueule, sois certain que tu ne la reverras jamais, ni elle ni son frère ! C'est terminé !

J'en étais estomaqué. Cette avocate pouvait m'aider, pouvait négocier avec le ministre délégué, en direct ! Et elle, elle me faisait une crise de jalousie, envoyant tout capoter au passage. Elle touchait à ce qui m'était le plus cher : la liberté, m'empêchait de me remettre en selle dans le monde des affaires. Elle sabotait une opportunité qui ne se représenterait plus, celle de pouvoir m'en sortir. J'étais dégoûté et, du jour au lendemain, je ne l'ai plus appelée. J'ai enfin compris que je ne pourrais jamais rien construire avec elle. C'en était terminé et, dans la foulée, j'ai également divorcé.

À ce moment-là, je me suis demandé jusqu'où tout cela allait aller.

Ofer m'avait permis d'élargir mon réseau professionnel et, grâce à cela, je m'enrichissais davantage parce que j'étais connu au-delà de mon cercle assez restreint, j'avais les paillettes en plus des euros.

Ne me manquait que l'amour, le véritable amour…

10

L'amour avec un grand C

Prison de la Santé, 265e jour

Novembre arrive... je n'aime pas cette période de l'année, c'est gris, triste, froid...

Je reviens de la « balade », qui en hiver est loin d'être un moment de plaisir. 2 heures 30 dans un froid sec et mordant, c'est une souffrance sans nom. Ce qui me soulage, ce sont mes petites victoires du quotidien. Mes exploits concernant le journaliste et notre coupure d'eau n'ont pas mis longtemps à se faire connaître. Beaucoup de détenus m'accordent des clins d'œil et parfois le plaisir d'une conversation. Je ressens une forme de soutien. Depuis plusieurs mois déjà, les plus coriaces semblent avoir oublié leurs projets de racket, je crois qu'ils ont vu en moi le type banal que je suis réellement. Certains se demandent même si tout ça n'est pas une erreur, apparemment, je n'ai pas la tête du type qui a brassé des milliards. Ça me fait sourire intérieurement. S'ils savaient ce que j'ai possédé, les personnes que j'ai fréquentées, des top models, des chanteurs... En rentrant dans ma cellule, transi de froid, je me suis accordé une douche, pour me réchauffer. J'ai également mis un peu de parfum, pour m'enlever des narines l'odeur entêtante de la prison. Déclaration *de Cartier, celui que Chirelle adorait, celui qu'elle sentait toujours dans mon cou avant de partir...*

Je souffre à me la remémorer, elle, la femme que je pensais être la partenaire d'une vie… Mais elle fait partie de mon histoire.

Lorsque j'ai rompu avec Ofer au printemps 2007, Chirelle est entrée à nouveau dans ma vie. Je ne la côtoyais pas, nous n'avions que très peu échangé depuis nos quinze ans. Elle était mariée et vivait à Paris. Je n'entendais parler d'elle qu'à travers Ofer, lorsqu'elles se voyaient à la salle de sport. Entre Chirelle et moi, il n'y avait rien, elle avait été un amour de vacances et, depuis, nos rapports étaient proches du néant. Je l'avais croisée place d'Iéna avant ma rupture, j'étais sur mon scooter, elle à bord de sa voiture. Elle avait abaissé sa vitre lorsque je m'étais porté à sa hauteur pour la saluer, elle m'avait seulement répondu d'un ton ironique :

– Je ne sais pas si je dois te dire bonjour, parce que j'ai peur de Ofer !

Et elle était repartie. J'en étais resté médusé, pensant : « Elle est complètement tarée cette meuf… »

J'étais sortie avec elle pour la première fois en août 1986, j'avais quinze ans. J'étais en vacances à Cannes, elle vivait à Amiens. Je la trouvais vraiment très jolie, elle avait la peau bronzée, de grands yeux verts, elle ressemblait beaucoup à Sophie Marceau. Nous avions eu une courte aventure, de quelques jours seulement. Je me rappelle son maillot de bain une pièce, vert d'eau pailleté, la glace que nous avions mangée à Juan-les-Pins. Puis j'étais reparti à Paris. Je pensais alors qu'il ne s'agissait que d'une histoire sans suite… Bien des années plus tard, je l'ai revue à plusieurs reprises. La première fois, c'était au Bal de la Rose, créé par la princesse Grace de Monaco en 1954. Il se tient chaque année dans la magnifique Salle des

Étoiles au Sporting Monte-Carlo. Elle était alors accompagnée de son mari, moi de Ofer. La seconde fois, c'était en 2004, à la sortie du Casino de Palm Beach, à Cannes. J'ai appris plus tard qu'elle avait divorcé, elle se trouvait là avec son nouveau compagnon. Moi, j'étais avec Esther. Nous n'avons pas discuté ce jour-là, la rencontre a été très brève, eux attendaient leur taxi, moi j'attendais que le voiturier m'amène ma voiture, une Lamborghini Murciélago bleu nuit métallisée, intérieur crème, avec des pots d'échappement en inox qui faisaient un boucan incroyable. Lorsque les portes en ciseaux, qu'on appelait aussi « portes en élytre », se sont ouvertes, je n'ai pas pu m'empêcher de leur lancer un regard un peu hautain. Je voulais leur en mettre plein la vue. La troisième fois, c'était en Israël, à Eilat. Nous n'avions pas sympathisé non plus, mais je la trouvais triste et j'avais remarqué qu'elle avait beaucoup maigri.

Et puis, un soir de juin 2007, alors que je rentrais chez moi, je longeais la rue Clément Marot, j'ai aperçu une silhouette, une femme avec un jean noir, un chemisier blanc et des escarpins, très jolie. Je l'ai dépassée et l'ai reconnue, c'était Chirelle. J'ai tourné à l'angle de l'avenue Montaigne et j'ai continué pour prendre la rue Jean-Goujon, au bout à gauche. L'espace d'un instant, je me suis demandé : « Qu'est-ce je fais ? », avec ce sentiment d'urgence mais bien enfoui, me disant qu'il s'agissait peut-être du genre de moment décisif dans une vie, même si nous ne nous parlions plus. J'ai décidé de faire demi-tour. J'ai remonté la rue du Boccador, j'ai tourné à droite, rue Chambiges, et je l'ai revue, elle se dirigeait avenue Montaigne. Je me suis garé, j'ai enlevé mon casque et je me suis lancé :

– Ça va Chirelle ?

– Bien, et toi ? a-t-elle dit après quelques secondes de silence.

– Super ! Alors qu'est-ce que tu deviens ?

– Oh, j'ai le showroom de ma marque Les perles de Noa derrière, rue de la Trémoille.

– Je peux marcher un peu avec toi ? Tu rentres chez toi ?

Elle a hoché la tête, j'ai garé le scooter, puis nous avons continué la route à pied. Nous avons discuté de tout et de rien, très naturellement, comme si notre adolescence se trouvait juste derrière nous.

Ce soir-là, nous nous sommes amusés à nous souvenir de ces années passées sans se parler, mais jamais très loin l'un de l'autre. Lorsque nous sommes arrivés devant le restaurant *Spoon* d'Alain Ducasse, je lui ai demandé si elle avait faim et je lui ai proposé d'aller manger. Elle a accepté, et nous avons continué à bavarder longtemps, rattrapant le passé, comme deux vieux amis. C'était à la fois très étrange mais franchement normal. À cette époque, je préparais déjà le carbone, alors à la question : « Que fais-tu dans la vie ? », j'ai seulement répondu que je travaillais dans la protection de l'environnement… C'était une belle soirée, une bouffée d'air frais après le tumulte de ma relation avec Ofer, tandis que mon mariage avec Esther continuait à décliner. Je l'ai raccompagnée jusque chez elle à pied. Lorsque je suis rentré chez moi, après avoir récupéré mon scooter avenue Montaigne, je lui ai écrit un texto qui disait seulement : « Troublé ». Auquel elle a répondu : « Idem ». J'avais des papillons dans le ventre. Nous nous sommes revus plusieurs fois, souvent le matin, au *Starbucks*, rue de Berri, qui se trouvait à côté de chez elle. Elle a été mon déclic, je savais qu'avec elle je serais bien, ce n'était pas du tout comme avec Ofer, c'était beaucoup plus serein. Mon divorce a été prononcé peu de temps après les débuts timides de notre histoire. J'ai donné le guet à Esther – acte de divorce dans la loi juive, qui permet aux personnes de confession juive de divorcer religieusement –, et Chirelle a obtenu le sien. J'avais mon appartement et elle le sien, elle vivait avec ses trois enfants. Je gagnais énormément d'argent et l'ai extrêmement gâtée : Rolex, sacs et vêtements Hermès, bottes en croco, voitures – Mini Clubman full options Cooper S (qui valait entre 50 000 et 60 000 €), ensuite un 4x4 : un BMW X5 M huit cylindres et 555 chevaux à 140 000 €, puis une Brookland, une Ferrari, une Porsche Panamera… Dans ma Rolls Phantom, j'avais fait graver CG sur les appuie-tête, pour Chirelle et Grégory. Lorsque je me suis fait arrêter en 2009, ma première pensée a d'ailleurs été pour eux, je me suis fait la réflexion : « Si on trouve la voiture avec ces initiales, c'est sûr, on va me la saisir. » Je voulais à tout prix les sauver. J'avais même commandé une Bugatti Veyron, vert métallisé, la couleur de ses yeux, intérieur caramel, la couleur de sa peau. Pour elle, j'étais prêt à tout, rien n'était trop beau ni assez cher.

Au mois de juillet 2007, nous nous fréquentions, mais elle était toujours mariée, aussi nous mettions les barrières nécessaires entre nous. Un jour, elle m'a envoyé un message : « Je passe le week-end chez Claude Makélélé, à Sainte-Maxime, il a laissé sa maison à Noémie [Lenoir], pourquoi tu ne viendrais pas me rejoindre ? » Elle était partie un jour ou deux avant moi et, le vendredi, je prenais l'avion pour la rejoindre, elle est venue me chercher à l'aéroport. La maison était sublime, située au bord de la mer, avec piscine et tout le confort possible et imaginable. J'étais le seul homme de la villa, auprès de Chirelle, du top model Noémie Lenoir, de la rappeuse Diam's ainsi que d'une de leurs amies. Lorsque je suis arrivé, elles bronzaient toutes en string près de la piscine. Nous avons passé tout le week-end ensemble, c'était d'excellents moments. La nuit, je partageais une chambre avec Chirelle, mais si nous dormions ensemble, nous n'avons pas eu de rapports intimes. Je peux faire les plus grosses escroqueries du monde, mais faire l'amour à une femme qui est mariée et qui n'a pas obtenu son divorce religieux, ça, je ne peux pas.

La journée, nous nous rendions au *Club 55*, à Saint-Tropez, et le soir, nous allions au *VIP Room*, la discothèque de Jean Roch. L'ambiance était très conviviale et je me rappelle avoir trouvé Diam's extrêmement sympathique, très naturelle. Elle était à cette période à la recherche de son « mec mortel », c'était une fille super. Qui n'a jamais hésité à m'écrire des petits encouragements lorsque j'ai été arrêté deux ans plus tard.

Chirelle a toujours été la reine des surprises.

Alors que l'hiver s'était installé, après cette fameuse « string party », un deuxième événement de taille m'attendait. Nous étions en novembre 2007, j'étais divorcé et nous étions véritablement en couple, elle et moi. Sans me dire de quoi il s'agissait, elle m'a donné rendez-vous, me disant de me rendre à une adresse précise, rue Clément-Marot, dans le 8e arrondissement. Elle m'a donné le code d'accès de l'immeuble, je suis entré et j'ai sonné à la porte dont elle m'avait indiqué le numéro. Et là, ce fut un choc de tomber nez à nez avec Jean Todt, directeur et administrateur de Ferrari depuis 2004, ancien copilote de Guy Fréquelin avec qui il est devenu vice-champion de monde des pilotes de rallye, n°1 de la course des 24 Heures du Mans en 1992… Mentor de poulains tels que Michael Schumacher, qui remporta cinq titres mondiaux consécutifs en 2000, 2001, 2002, 2003 et 2004, une première dans l'histoire de la Formule 1.

Chirelle le connaissait parce qu'elle fréquentait sa compagne, Michelle Yeoh, une célèbre actrice malaisienne, qui a notamment joué dans le volet de James Bond, *Demain ne meurt jamais*. Voyant ma surprise, il m'a tout de suite mis à l'aise, m'a tutoyé et m'a invité à entrer. C'était un très grand appartement haussmannien, où il employait un majordome. Sur le mur, près de la porte d'entrée, se trouvaient trois casques de Formule 1, ceux de Michael Schumacher, Ayrton Senna et Alain Prost. Chirelle et Michelle étaient installées dans le salon où je les ai rejointes. Il m'a servi un apéritif et je me suis retrouvé comme un enfant intimidé. C'était tellement improbable pour moi... Il m'a ensuite conduit jusqu'au couloir qui desservait les chambres, tous les cinquante centimètres environ se trouvait un casque avec une étiquette où était indiquée la date de la course. J'étais très impressionné. Je n'ai pas eu l'occasion de faire une photo, mais à cette époque, dégainer son portable pour un selfie n'était pas encore à la mode. Le soir, Chirelle avait réservé une table au restaurant *L'Atelier de Joël Robuchon*, rue Montalembert, dans le 7e arrondissement. J'étais venu avec ma BMW, un coupé série 1, moteur 1 35, 6 cylindres, 306 chevaux. C'était une bombe cette voiture, et j'ai eu le grand privilège de nous conduire tous jusqu'au restaurant.

J'étais encore très gêné lorsque nous sommes sortis de sa demeure.

– Monsieur Todt, voulez-vous conduire ?

– Non ! Bien sûr que non ! Votre BMW est sublime, faisons-la rouler !

– Je n'ai pas l'habitude de conduire des pilotes de rallye ! n'ai-je pu m'empêcher de plaisanter.

J'essayais de détendre l'atmosphère parce que l'expérience m'angoissait beaucoup. Jean Todt était assis à l'avant avec moi et je ne cessais de me dire : « Ce n'est pas possible, moi Grégory Zaoui, le gosse de Pantin, je suis en train de conduire l'un des plus grands pilotes de tous les temps, le patron le plus titré de la Formule 1, le mentor de Schumacher ! » Lorsque nous sommes arrivés et que le voiturier a pris ma voiture, nous avons été conduits à nos places. Exceptionnellement, j'ai bu un seul verre de vin, qui m'a suffisamment fait tourner la tête pour que je me désinhibe et amuse la galerie toute la soirée. Je lui ai posé l'une des questions qui me taraudaient : avait-il bien connu Ayrton Senna ? Il m'a avoué avoir passé tout un après-midi avec lui dans sa chambre d'hôtel, au bord du lac de Côme, à tenter de le convaincre par tous les moyens de ne pas rejoindre Ferrari pour la saison 1994. Les discussions ont été houleuses entre eux, et malheureusement, Senna est décédé le 1er mai 1994. Todt le voulait pour la saison de 95, chose qui ne s'est jamais produite. J'aurais aimé lui demander qui, de Senna ou de Schumacher, était le plus rapide, mais je n'ai pas osé. À la fin de notre dîner, je me suis éclipsé pour aller aux toilettes, et j'ai voulu régler l'addition en même temps, mais Todt fut plus rapide que moi ce jour-là ! Le 23 octobre 2009, il était nommé président de la FIA, la Fédération internationale de l'automobile. À cette occasion, nous avons été conviés à sa soirée au *Bristol*, avec Chirelle. J'avais également eu le plaisir d'avoir la présence de son fils Nicolas à ma fête d'anniversaire à Saint-Tropez, en août 2009. Ce dernier était l'agent de certains pilotes, tels que Rubens Barrichello, le coéquipier de Michael Schumacher, et je souhaitais être sponsor de la course, avec mon entreprise COER2. Mais avoir son logo sur un tel événement était extrêmement cher : 1,5 million d'euros pour un petit logo. J'ai finalement renoncé. Cela ne m'aurait rien rapporté, étant donné que je ne représentais pas une marque vendant des objets. C'était un caprice de ma part, même quand on est multimillionnaire, on se rappelle d'où l'on vient et l'on connaît la valeur de l'argent. J'ai rapidement compris que ce caprice-là était bien trop excessif, sachant que je n'en tirerais rien hormis une petite satisfaction personnelle.

Todt a été élevé au rang de grand-croix de la Légion d'honneur le 14 juillet 2011. L'année où je sortis de prison. Mon avocat, Francis Szpiner, à cette période, était d'ailleurs un peu jaloux, lui qui n'était « que » chevalier. Pour ma part, j'avoue que j'aimerais bien un jour recevoir ce genre de distinction… Pour quels faits je l'ignore, mais la reconnaissance demeure ce que j'aime et ce qui me fait me tenir droit, même dans les pires moments. Je l'éprouve ici au quotidien, dès que l'occasion se présente, j'aide les autres, je me montre solidaire et aussi généreux que je le peux, en espérant toujours que Dieu veille sur moi et me le rende un jour.

Nous avons vécu avec Chirelle deux années de folie et de bonheur. J'avais la stabilité que je cherchais, je me sentais épanoui et heureux auprès d'une femme qui s'intéressait à moi, qui avait envie d'être avec moi. Hélas, mes ennuis allaient nous faucher de plein fouet.

Nous étions le 5 décembre 2009. Ce soir-là, je dînais au restaurant avec Chirelle. Nous avions d'abord tenté notre chance dans le 17e, chez Guy Savoy. Je portais un blouson en cuir Hermès, une pièce magnifique valant pas loin de 15 000 €. Nous étions arrivés en taxi et l'accès au restaurant nous a été refusé. En effet, je ne portais pas de costume. Le maître d'hôtel m'a proposé de me prêter une veste, ce que j'ai refusé. J'étais très en colère. Voulant me venger, nous avons tourné les talons avec Chirelle. Nous sommes allés au parking Foch chercher ma Rolls-Royce coupé Phantom. Je suis retourné au restaurant et lorsque le voiturier m'a reconnu, sa mine s'est décomposée. Il est allé chercher le maître d'hôtel qui, bafouillant, voulait se racheter. Il bégayait : « Attendez ! Attendez ! » quand nous sommes repartis vers le véhicule. Je me suis retourné pour lui demander :

– Attendre quoi ? Maintenant que je suis en Rolls, vous allez me trouver plus sympathique ?

Je me sentais grisé ! Nous avons tout de même passé une belle soirée. Nous revenions tout juste de Los Angeles où nous avions passé un mois. Nous préparions déjà nos prochaines vacances, hésitions entre l'île Maurice et Saint-Barthélemy. C'était la belle vie. Une vie de privilégié, j'en ai conscience. Je me souviens de l'avoir embrassée, de l'avoir vue tourner les talons pour rentrer chez elle, rue La Boétie. Quant à moi, je vivais au 74, avenue d'Iéna, dans le 16e arrondissement. Nous étions fous amoureux l'un de l'autre, mais n'avions pas encore franchi le cap de l'appartement commun. J'avais mes enfants une semaine sur deux, j'étais divorcé. Cette semaine-là, mes enfants étaient heureusement chez leur maman.

Je me rappelle m'être assis dans mon fauteuil, devant ma télévision. Je savourais ma vie, je revivais ma soirée avec Chirelle en boucle dans ma tête, un sourire béat sur les lèvres. Je me rappelle avoir observé mon appartement – un logement sublime de 250 m² avec un jardin privatif et une petite dépendance – et de m'être dit à quel point j'étais chanceux. Aux antipodes de mon actuel 9 m² rudimentaire. Je possédais toute la technologie dernier cri, là où aujourd'hui je n'ai qu'une toute petite télévision qui capte à peine les six chaînes, et un téléphone que je suis obligé de planquer. Je m'étais fait la réflexion que là, j'avais probablement atteint l'idéal que je cherchais depuis si longtemps. Ce n'était pas le cas, évidemment. Les pages à venir vous le prouveront.

J'étais sur un petit nuage et je vivais cette aventure main dans la main avec la femme que j'aimais. J'ignorais que cette soirée de félicité serait la dernière avant un long, très long moment.

11

Arthur *vs* Grégory

Prison de la Santé, 310e jour

Décembre... Le 22, nous fêterons Hanouka, l'équivalent de Noël chez les chrétiens, qui durera jusqu'au lundi 30 décembre. Je suis mortifié à l'idée de passer cette fête tout seul ici, de ne pas être chez moi, à gâter mes enfants... La « fête des lumières »... Je ne pourrai même pas allumer mes bougies, qui pourraient égayer mes jours sombres. J'essaie de ne pas trop y penser encore, j'ai l'espoir que notre aumônier pourra organiser quelque chose, un petit événement qui viendrait nous rasséréner, surtout en cette période de l'année. La lumière décline si vite que la fin d'après-midi est synonyme de début de soirée. Difficile de garder le moral dans ces conditions. Heureusement que j'ai mon téléphone... Je me suis récemment abonné au magazine économique en ligne Challenges. *Une façon pour moi de conserver ce qu'il reste du businessman que j'étais avant d'atterrir ici. J'ai souri en parcourant la liste des 500 plus grosses fortunes françaises. Je connais l'une d'elles, la première dans le secteur de l'audiovisuel, avec une fortune estimée à 420 millions d'euros...*

– Grégory, m'interpelle un jour mon avocat aux États-Unis, Gérard Soussan.

– Oui ?

– J'ai pensé à toi et à tes affaires... Je pense avoir quelqu'un à te présenter.

– Ah oui ? Qui ça ?

– Jacques Essebag... Arthur.

– LE Arthur ? Celui qu'on voit partout à la télé ?

– Lui-même. Je suis son avocat d'affaires, et vous avez pas mal de choses en commun. Je travaille pour lui depuis un long moment déjà... Ça t'intéresserait ?

– Oui ! Vu son carnet d'adresses, ses capitaux et les miens... on pourrait peut-être monter une affaire aux États-Unis... N'hésite pas à revenir vers moi, donne-lui mes coordonnées.

– Ce sera fait, ne t'inquiète pas pour ça.

Été 2009, j'étais devenu un investisseur incontournable et cela commençait à se savoir. Avec les relations que j'avais nouées et mon réseau, j'ai pu faire la rencontre d'Arthur.

J'avais déjà comme projet de créer une bourse carbone, à l'image de BlueNext, une bourse de l'environnement créée en 2007 dont les enjeux étaient le climat et la financiarisation des marchés du carbone. Je me disais qu'il serait intéressant de reprendre leur schéma et de l'adapter au marché américain. Mais pour réaliser ce projet, il me fallait un associé digne de confiance, ayant un réseau élargi.

J'en ai parlé à Gérard Soussan, qui en a lui-même parlé à Arthur. Ce dernier a semblé très intéressé. À cette époque, on entendait beaucoup parler du carbone, mais peu de personnes comprenaient exactement comment ce marché fonctionnait. On savait néanmoins que ça rapportait de l'argent. Avant de rencontrer Arthur, j'ai essayé d'en apprendre plus sur lui, notamment à travers les médias. Je voulais connaître ses centres d'intérêt et peut-être nous trouver des points communs, afin de faciliter nos premiers échanges. Pour moi, qui étais réservé et timide, rencontrer une célébrité telle qu'Arthur me semblait aussi improbable que ma rencontre avec Jean Todt. Je l'avais déjà croisé à plusieurs reprises lorsque je rendais visite à Nikos sur le plateau de *Star Academy*, mais jamais nous n'avions échangé lui et moi. Je me suis donc aperçu qu'en effet, nous avions quelques points communs : il était fan de Michael Jackson et jouait beaucoup au tennis de table, cela en faisait déjà deux.

Notre première rencontre s'est déroulée à l'hôtel *Bristol*, à deux pas de l'Élysée. Lorsque je suis arrivé au *Bristol*, je me suis dirigé directement sur la droite, là où se trouve le salon de thé. C'est une pièce très intime, aux canapés et à la tapisserie rose saumon. J'avais avec moi mon ordinateur portable, et j'ai pu lui montrer une partie de mon travail, notamment le fonctionnement du carbone dans le projet que j'avais en tête, le marché que je visais et par quels biais je voulais m'y implanter. Le premier contact s'est très bien passé. Il était décontracté et intéressé, m'a tout de suite mis à l'aise. Nous ne nous sommes pas tutoyés, et je lui ai demandé si je devais l'appeler Jacques ou Arthur. Finalement, cela aura été Arthur.

– En toute honnêteté, Arthur, je n'ai pas besoin de vos capitaux, mes affaires marchent très bien. La raison pour laquelle j'aimerais faire affaire avec vous, c'est surtout pour avoir accès à votre carnet d'adresses.

En effet, il était à ce moment-là très proche de Nicolas Sarkozy, alors président de la République. Je sais que, de son côté, il a fait des recherches également, par le biais de Pierre Charon, un homme politique français membre des Républicains, qui siégeait au Conseil de Paris. C'était un homme de conseil dont il était proche et par qui il a été mis au courant de mes ennuis judiciaires passés et de mes condamnations pour fraude fiscale.

Pour notre second rendez-vous, quelques jours plus tard, il souhaitait que je me rende dans ses bureaux, rue La Boétie, afin que je rencontre son staff. Il m'a présenté ce jour-là comme le « précurseur du carbone ». La majorité des personnes se doutaient qu'il s'agissait d'un marché d'avenir, qu'il y avait quelque chose à tenter. Si vous maîtrisiez ce marché, vous passiez pour un homme d'affaires aguerri et, souvent, on m'admirait pour ça. J'étais un avant-gardiste, un visionnaire, et son équipe m'a beaucoup apprécié. Lui aussi commençait à vraiment y croire. Le troisième rendez-vous a eu lieu dans mes bureaux à quelques pas de là, rue du Faubourg Saint-Honoré, pour que je lui présente à mon tour mon équipe. C'était une belle équipe : deux traders du desk carbone et de la Caisse des dépôts et consignations, un trader spécialiste du marché gaz et pétrole du desk de Gazelis, un autre que j'avais débauché en Hollande, mon assistante et moi-même.

Arthur voulait comprendre où il allait mettre les pieds, « mettre ses billes », comme on disait.

Lorsque j'ai briefé mon équipe dont chaque membre était le meilleur de son domaine, et leur ai annoncé sa venue, ils sont tous restés scotchés, extrêmement surpris. Ils n'arrivaient pas à imaginer le célèbre Arthur – « Arthur de la télé ? » – dans nos locaux et certains m'ont même demandé s'il s'agissait d'une blague. Arthur était l'animateur phare de TF1, leur numéro 1, animateur préféré des Français et producteur d'émissions à succès telles que *Loft Story* ou *Star Academy*. C'était de notoriété publique qu'il était un fin investisseur lui aussi. J'avais récemment lu un article du *Monde*, daté du 10 mai 2007, qui disait qu'il avait vendu ses parts à la société de production Endemol pour près de 300 millions d'euros.

Pour l'impressionner et peut-être parvenir à renforcer nos liens, j'avais commandé une table de ping-pong faite sur-mesure auprès du fabricant français Toulet, pour près de 18 000 €. J'espérais qu'une partie avec lui pourrait nous détendre et nous permettre de nouer un début d'amitié. J'imaginais déjà les soirées que nous pourrions passer ensemble, voire les week-ends et les voyages.

Le rendez-vous était fixé en matinée, à 11h30, et ce jour-là, toute mon équipe s'était mise sur son trente-et-un : costard-cravate, chaussures cirées… Ça m'a beaucoup amusé. Je les ai donc présentés un à un, décrivant la spécialité de chacun. Je les ai laissés expliquer comment fonctionnait le marché du carbone, et Arthur a été séduit et rassuré.

Lorsqu'il est rentré dans mon bureau, j'ai ressenti une certaine fierté. Tout mon équipement était haut de gamme, du fauteuil aux appareils électroniques. Nous avions en commun le goût des belles choses et j'ai vu à son regard qu'il était impressionné.

À ce moment-là, nous avons commencé à nous tutoyer. Il a refusé en souriant de faire une partie de ping-pong et, assis face à face à mon grand bureau, je lui ai expliqué mon projet dans les détails, lui expliquant à nouveau que son argent n'était pas ce qui m'intéressait. Moi, ce qui m'intéressait, c'était une entrée dans un réseau plus large, plus haut placé que le mien. Je lui ai fait une proposition : lui vendre des parts de ma société pour qu'après nous puissions développer cette fameuse bourse carbone.

Avant de prendre une décision, il m'a mis en relation avec son chargé d'affaires, Monsieur Maïdanats.

– Tu l'appelles de ma part, m'a-t-il dit. Il va te demander différents documents, tu les lui fourniras.

– Très bien, aucun problème.

Trois jours plus tard, j'ai rencontré cet homme qui m'a effectivement demandé tous les éléments comptables de mon entreprise, COER2. Ma boîte était très saine, je n'avais aucune dette, nous brassions un chiffre d'affaires journalier oscillant entre 80 000 et 100 000 € en bénéfice net. Mes employés, qui avaient le statut de cadre, gagnaient entre 30 000 € et 40 000 € par mois. J'ai mis cet homme en relation avec le commissaire aux comptes chargé de mes affaires, parce que j'avais une Société Anonyme (SA). Arthur était convaincu, tous ses interlocuteurs lui assuraient que c'était une bonne affaire. Mon enthousiasme est retombé aussi rapidement qu'il était arrivé, à cause d'un SMS reçu à 8h du matin. C'était un message d'Arthur :

« Grégory, on va être obligés de tout arrêter. J'ai eu accès à certaines informations te concernant, je connais ton histoire et ton passé. On va tout arrêter là. »

J'ai tenté de me justifier, il était hors de question pour moi de voir ce partenariat tomber à l'eau :

« S'il te plaît, je te demande juste de m'écouter et de me laisser une chance. C'est mon passé, oui, j'ai eu des soucis, mais j'ai tout réglé, j'ai payé ma dette à la société. Je veux repartir de zéro, ne me jette pas la pierre. Si tu veux, si cela peut te rassurer, je peux te présenter un des plus hauts fonctionnaires de police, qui est sous-directeur à la section économique et financière de Paris. Il connaît mon histoire par cœur, il pourra t'expliquer beaucoup de choses. »

Par chance, Arthur a accepté de le rencontrer. Il lui a assuré que COER2 était clean, qu'il n'y avait aucun problème. Arthur a consenti à revenir vers moi et d'ouvrir à nouveau la négociation : je lui vendais 30% de ma société pour 4 millions d'euros. Ma boîte était toute jeune, elle n'avait même pas un an, j'étais vraiment très content.

Et puis, tout s'est écroulé. La semaine de décembre 2009 où nous devions tout signer, je me suis fait arrêter et j'ai passé 48 heures en garde à vue. J'ai été mis en examen pour escroquerie en bande organisée à cause du CO_2, association de malfaiteurs et blanchiment de fraude fiscale. Je risquais dix ans de prison.

Évidemment, suite aux perquisitions, à ma mise en examen et à ma détention provisoire, les deux premières personnes à avoir été interrogées furent Ofer et Arthur. La police aurait aimé pointer du doigt ces deux stars de la télévision, l'affaire aurait fait un scandale. Mais l'un comme l'autre n'avaient jamais rien commis de répréhensible, aucun des deux n'a heureusement été inquiété. Arthur a expliqué qu'en effet nous étions en discussion et, par chance, COER2 était une entreprise propre légalement.

En détention, je lui ai écrit une lettre pour m'excuser et lui expliquer les raisons pour lesquelles on me rattrapait aujourd'hui : la création de Vendôme Trading avec Marco en 2004 et notre fraude à la TVA sur la vente de nos téléphones portables. Il ne m'a jamais répondu. À ma sortie de prison, en août 2011, nous nous sommes recroisés à plusieurs reprises, notamment lors de soirées de gala, lors d'avant-premières de spectacles, dans les soirées mondaines… Jamais il ne m'a adressé le moindre regard, ça m'a fait beaucoup de mal car, en l'espace de deux ou trois mois, un lien s'était créé, nous nous entendions vraiment bien. Il m'avait confié avoir acheté une Mercedes hybride classe S pour participer à sa manière à la protection de la planète, nous avions chacun nos petits enjeux écologiques. Nous avions même comme projet de fusionner nos deux bureaux dans un immeuble de la rue La Boétie. Chirelle était vraiment fière de moi, de voir quel entourage j'étais capable de me constituer, elle en parlait tout le temps à ses amis… Je me suis senti humilié parce que je ne l'avais pas volé, je n'avais aucune intention de l'escroquer. Mais je comprends qu'il n'ait pas souhaité voir son image ternie à cause de moi. Lorsque j'ai été incarcéré pour le carbone, j'ai aussi perdu la confiance de ce sous-directeur de police que j'affectionnais particulièrement. J'ai appris en 2013 qu'il s'était suicidé, je n'ai jamais su pourquoi… J'espère ne pas avoir une part de responsabilité dans cet acte terrible.

Ma débâcle à moi s'est poursuivie, entraînant dans ma chute ma propre famille.

J'ai attrapé mon stylo et mon carnet alors que le jour déclinait déjà, vers 18h. Il est à présent 2h du matin, mais je sens qu'il est temps de revenir sur l'un des épisodes les plus traumatiques que j'ai vécus et j'en ai le ventre noué. Je ne sais pas si je serai capable de coucher les mots sur le papier, de revivre ça ce soir. Pourtant il le faut ; malgré la fatigue, les images affluent dans mon esprit. Je me le dois à moi-même, comme une façon d'exorciser ma souffrance, et à ceux qui me liront peut-être un jour.

12

Retour à la case prison

Prison de la Santé, 322e jour

Nous sommes le 23 décembre 2019. Ça y est, les festivités de fêtes de fin d'année ont commencé. Hier, tous les responsables de l'administration pénitentiaire sont venus, accompagnés du grand rabbin de France, Haïm Korchia, du grand rabbin de Paris ainsi que des responsables du Consistoire, pour nous organiser un goûter et pour allumer la première bougie de Hanouka, l'équivalent de Noël pour les Juifs.

Ce dernier avait été préparé par un traiteur, il y avait également un DJ, et tous les détenus juifs se sont mis à danser, c'était très étrange comme situation. À la fin du goûter, les responsables de l'administration ainsi que les détenus ont souhaité faire une photo. J'ai refusé d'y apparaître. Je leur ai demandé s'ils se croyaient en vacances, genre Club Med Agadir 2019. J'étais persuadé que cette photo resterait dans les archives, il était hors de question pour moi d'y figurer, je n'étais pas en vacances, j'effectuais une peine de prison pour payer ma dette à la société !

Alors que, dehors, je vois clignoter par la lucarne les lumières colorées de Noël, je m'apprête à coucher sur le papier le début de ma descente en enfer… Heureusement que l'ambiance est festive par ailleurs, je me demande comment j'aurais la force d'y repenser sinon…

Ma bulle a éclaté à 6h du matin, le 8 décembre 2009. J'étais seul dans mon appartement, 74, avenue d'Iéna, avec mes deux chiens, Anakin et Bugatti. J'ai compris en un quart de seconde qu'on ne frappait pas ainsi chez moi pour m'apporter des croissants sur un plateau d'argent. Que ce temps-là était temporairement révolu. Mes deux chiens, sentant mon stress grandir, étaient très nerveux aussi. Ils s'agitaient, grognaient et aboyaient au rythme des coups qui s'abattaient avec force contre ma porte. Il s'est passé peut-être deux minutes avant que j'ouvre la porte. Deux minutes, c'est à la fois très court et très long. Une éternité quand vous savez que vous allez être cueilli. Mon esprit tournait à plein régime. Ma première pensée a été pour Chirelle, que j'ai prévenue grâce à mon BlackBerry. À cette époque, la fonction Messenger avait pour avantage de ne pas être traçable. Je lui ai écrit : « Six heures du matin, descente de flics ». Je savais qu'elle comprendrait, qu'elle pourrait peut-être mettre des choses à l'abri, des informations autant que du matériel. Je l'ai envoyé et aussitôt supprimé, après m'être assuré qu'elle l'avait bien lu. Je savais que jamais ce message-là ne serait tracé. J'ai ensuite récupéré les cartes SIM de mes différents téléphones portables, au nombre de quatre. L'objectif ? Les détruire en les jetant dans les toilettes et en tirant la chasse d'eau. Toutes ont disparu, sauf une, tombée par terre dans ma panique, sans que je la voie. Je ne le savais pas encore, mais c'est une négligence qui allait me coûter cher, très cher. En effet, rien de compromettant n'apparaissait sur les autres cartes, seulement sur celle qui m'avait échappé et serait ensuite retrouvée. La seule qui contenait des informations cruciales. Et puis j'ai attrapé certains papiers sur mon bureau, je les ai déchirés en petits morceaux et les ai jetés dans les toilettes également. Tout ça dans la panique, les entrailles nouées par le stress et l'angoisse de l'avenir qui se trouvait sur le seuil de ma porte. J'étais encore en caleçon quand j'ai ouvert. Huit hommes se tenaient face à moi. L'un d'eux m'a interpellé :

– Il est 6h du matin, vous êtes à partir de maintenant en garde à vue, nous faisons partie du Service des douanes judiciaires.

C'était les aigrefins de la police financière française… Je leur ai demandé ce qu'on me reprochait.

– Vous êtes mis en garde à vue pour escroquerie en bande organisée sur la TVA, sur les quotas de gaz à effet de serre et pour association de malfaiteurs. Vous avez détourné plus de 156 millions d'euros de TVA sur des comptes se trouvant notamment en Chine, au Monténégro, à Chypre, en Turquie, à Dubaï.

En réalité, la liste de mes méfaits était bien plus longue que ça, et le montant tellement plus important !

Ils sont entrés dans l'appartement afin de le perquisitionner. Ils ont tout noté, chaque meuble, chaque objet électronique, chaque appareil électroménager, relevant les numéros de série dans le but de remonter les achats. Par chance, tout ce que j'avais là était légal, mes montres ne provenaient pas de je ne sais quel recel. Ils ont récupéré la fameuse carte SIM. Ne dit-on pas que le diable se cache dans les détails ? Cet objet, aussi petit soit-il, allait provoquer ma perte. Elle abritait la trace de tous mes coups de fil à l'étranger, avec le Luxembourg et Genève principalement. Ils pouvaient ainsi remonter la trace de bon nombre d'échanges susceptibles de m'incriminer. Ils ont également mis la main sur un certain nombre de documents… Heureusement, ils n'ont jamais reconstitué le puzzle que je m'étais efforcé, en quelques minutes, de déconstruire. La moitié des morceaux était déjà dans les toilettes, l'autre moitié était déchiquetée. Ils ont conservé les quelques montres trouvées : une Patek Philippe d'une valeur de 80 000 €, une Breitling de 15 000 €, un téléphone Vertu de 20 000 € et un stylo Dupont valant près de 600 €… Ils ont également récupéré dans ma table de chevet 20 000 $ et 20 000 € en fines coupures. De l'argent de poche comparé aux sommes astronomiques que nous brassions chaque jour. Tout s'est passé très vite. Le jardin aussi a été passé au crible, quant à moi je me suis habillé à la hâte, un jogging et un pull. Des tenues dont il me faudrait par la suite m'accommoder, car en prison, le fournisseur officiel n'est autre que Décathlon. Ce qui est assez ironique sachant que les détenus font partie des personnes ayant le moins de temps disponible pour faire du sport en extérieur. J'ai essayé de les amadouer pour ne pas avoir les menottes, j'avais honte de traverser l'immeuble comme ça, en plein cœur du 16e arrondissement, d'affronter le regard des voisins, acteurs de cinéma, chanteurs… J'ai eu beau les assurer que je ne fuirais pas, que j'assumerais l'entière responsabilité de ce moment, ils n'ont pas dérogé à la loi et m'ont passé les menottes. J'ai essayé d'en savoir plus, de comprendre pour quelles raisons exactement ils étaient là. J'étais alors à la tête d'une entreprise, COER2, mais ils ne venaient pas pour cette raison. Ils m'ont énuméré des noms de société et je suis tombé des nues. Bien sûr, j'en connaissais certaincs, mais il y en avait aussi beaucoup dont je ne connaissais même pas le nom ! La suite de la perquisition s'est déroulée dans mes bureaux, au deuxième étage du 138, rue du Faubourg Saint-Honoré. Ils ont fait des copies de tout ce qui se trouvait dans mon ordinateur et dans ceux de mes employés. J'étais évidemment très soucieux et très mal à l'aise face aux personnes que j'employais et dirigeais. Aucun d'eux n'avait jamais entendu parler de mes déboires judiciaires passés. J'étais pour eux un patron clean et généreux, qui gagnait honnêtement sa vie et qui leur assurait un très bon salaire. Autre chose me tracassait énormément, j'étais sous le régime de la conditionnelle pour l'arnaque à la TVA avec Marco en 2004. Elle se terminait sept mois plus tard, en juillet 2010. Donc, me faire arrêter avant la fin de ma conditionnelle risquait de la faire sauter et je risquais de retourner en prison, peu importait le stade où en était l'enquête. Heureusement, les magistrats ont insisté sur le fait que dans cette nouvelle affaire, à défaut de preuves, j'étais encore présumé innocent. Ma conditionnelle n'était pas révocable tant que je n'étais pas jugé coupable. Le parquet a fait appel de cette décision par l'intermédiaire du procureur Burgaud, qui était auparavant juge d'instruction dans l'affaire d'Outreau. La chambre d'application des peines de la cour d'appel de Paris a confirmé la décision du tribunal de grande instance de Paris, à savoir ne pas révoquer ma conditionnelle tant que je ne serais pas reconnu coupable. Je devais être mis en examen et, à l'issue de l'affaire seulement, des décisions seraient prises.

La garde à vue est un épisode de ma vie que je revis douloureusement quand j'y repense. C'était un endroit froid et sale. Dans lequel on vous enlève tout : vos lacets, votre ceinture, les cordons de votre jogging, de sorte que vous ne puissiez pas vous suicider… Ça donne le ton pour la suite ! Sans montre ni fenêtre, vous perdez très vite la notion du temps, il ne vous appartient plus. Et puis, nous ne sommes pas tous égaux dans ces moments-là. J'aurais bien aimé vivre le même genre d'expérience que certains de nos hommes politiques, je ne leur souhaite néanmoins pas la mienne tant les conditions étaient infâmes. J'étais encore dans un état un peu second, secoué par les événements. Je ne m'attendais pas à être incriminé de cette façon ni aussi rapidement, d'autant que les faits reprochés, en grande partie, ne me concernaient pas. Mais il fallait taper un grand coup dans notre fourmilière, j'étais le premier à être arrêté. Mes craintes se sont confirmées par la suite, quand j'ai compris clairement ce pour quoi j'étais enfermé : des affaires qui n'étaient pas les miennes. La taxe carbone étant un sujet qui n'était pas encore très bien maîtrisé, ma fraude était plus difficile à retracer et à révéler au grand jour, donc j'endossais les méfaits des autres, c'était tellement plus simple pour la justice ! En cellule, je me suis fait un ami, qui a discuté un jour avec les policiers qui m'avaient mis en détention, il leur a dit :

– Vous savez, je connais bien certains protagonistes de toute cette affaire et je peux vous assurer que Grégory ne trempe pas dans celles-là.

Ce à quoi le policier a répondu :

– On le sait, ça, mais le problème avec Grégory Zaoui, c'est qu'il est insaisissable dans sa façon de travailler. Cette fois-ci, il va payer pour toutes les fois où on ne l'a pas attrapé.

J'ai compris et accepté la démarche. Je payais pour des fautes qui n'étaient pas les miennes, mais dans le fond, c'était du pareil au même, j'étais coupable d'autres délits financiers après tout. Mais mon orgueil a pris une claque. J'étais à cette période-là vaniteux et arrogant. Je ne m'en vante pas, d'ailleurs. Mon père disait que lorsqu'on a de l'argent, on a le cœur chaud. Le mien était comme un volcan en éruption, aussi bouillant que de la lave.

Malgré tout, je gardais espoir, je me disais, naïvement, que je n'aurais qu'à expliquer que ces sociétés-là, je ne les connaissais pas, je pensais que ce serait facile à prouver, il était impossible que mon nom ressorte dans des transactions dont je n'avais jamais vu la couleur. Ce que je n'avais pas compris, c'est que la police s'arrange parfois avec ce qu'elle a, sans chercher à en avoir plus pour pouvoir inculper quelqu'un. Des gens m'ont mis en cause pour se protéger eux-mêmes, j'étais soudain devenu le coupable idéal de bon nombre d'escrocs. Et la police, faute de preuves accablantes, de témoignages vérifiables, n'ayant rien à se mettre sous la dent, considérait ces témoins comme des personnes de grande moralité.

Lorsque je suis arrivé à Vincennes pour ma garde à vue, dans leurs anciens locaux, j'avais le droit à un coup de fil. Il a été pour mon avocat. Un élément m'a perturbé. Dans le bureau dans lequel je patientais se trouvaient de nombreux drapeaux. Un a particulièrement accroché mon regard, celui de la police palestinienne. Je suis du genre à ne pas croire aux hasards, plutôt aux signes du destin. Je me suis demandé s'il était possible que notre police soit propalestinienne, si l'on me ferait payer le fait d'être juif.

Mes convictions ont ensuite peu à peu commencé à s'effondrer. Autre chose par la suite m'a intrigué : la grande majorité des procureurs sur cette affaire étaient de confession israélite. La plupart des non-Juifs pensaient que, de ce fait, il y aurait une forme de favoritisme étant donné que nous sommes coreligionnaires, mais en réalité, ce fut tout l'inverse. Certains avocats et moi-même voyions ça comme une sorte d'antisémitisme subliminal. Ce n'était pas anodin de ne nommer quasiment que des procureurs juifs dans une affaire ou 90% des protagonistes étaient juifs et franco-israéliens. C'était comme si l'État voulait se dédouaner en cas d'inculpation. Ainsi, on ne pourrait pas l'incriminer d'antisémitisme et, dans la foulée, cela permettait à ces mêmes procureurs de nous cogner beaucoup plus fort afin qu'eux ne puissent pas être suspectés d'indulgence.

J'ai rapidement réalisé qu'il ne me suffirait pas de plaider ma cause, que même si j'étais innocent dans la majorité des charges retenues contre moi, j'allais payer pour celles qu'ils n'arrivaient pas à comprendre. Une fois, en garde à vue, l'un des policiers m'a avoué :

– On nage dans la semoule, on ne sait pas où on est, on ne sait pas où on va.

L'affaire prenait chaque jour une telle ampleur qu'elle dépassait les compétences de certains enquêteurs. À la fin de ma garde à vue, voici ce que l'on m'a confié :

– Grégory, des escrocs comme toi, on n'en a jamais vu et je pense surtout qu'on n'en reverra plus jamais. Dans ta façon de te comporter, la manière dont tu as monté tout ça... Ton analyse, ta façon de nous balader gentiment, avec assurance, avec finesse... Pour sûr, on n'a jamais vu un truc aussi énorme ! Tu vas aller en prison, c'est certain.

J'ai su que j'étais fichu. Ils me voulaient derrière les barreaux et feraient tout pour m'y mettre, juste pour ne pas perdre la face. Et il a ajouté :

– Mais il n'y a pas mort d'homme, hein ! Ne t'inquiète pas trop !

En 2004, lorsque j'avais été arrêté avec Marco pour notre arnaque à la TVA sur les téléphones portables, un ami marocain, Hatim el Ghazouani, avait avancé le paiement de mon cautionnement. Je me rappelle les réactions de ces mêmes policiers : il était inconcevable pour eux qui avaient sur leur mur le drapeau de leur homologue de la police palestinienne, d'imaginer une seule seconde que Juifs et Arabes puissent s'entendre et faire ensemble, main dans la main, des affaires de cette envergure. Avec ce même ami, j'avais créé des sociétés qui tiraient leurs bénéfices du carbone, dont j'avais confié la gérance à ses hommes de confiance. Il a bien sûr été arrêté lui aussi. Nous nous connaissions depuis longtemps, j'avais toute confiance en lui et je croyais la réciproque vraie. Mais lorsque nous fûmes en présence l'un de l'autre, dans les mêmes locaux, il a dit :

– De toutes les manières, je ne suis qu'un Arabe, je suis marocain. J'ai été l'Arabe de service de Grégory Zaoui. Lui, c'est le Juif, c'est lui qui a toute l'intelligence, tout le savoir ! Moi, je n'étais que l'Arabe de service, c'est lui qui a tout orchestré.

Horrible phrase que l'on retrouvera dans le procès-verbal lors de l'instruction du dossier. Cela m'a fait l'impression d'un coup de poignard dans le dos. J'étais choqué et terriblement déçu de toute cette mauvaise foi. Comme je l'ai déjà dit, frauder l'État ne me dérangeait pas, mais trahir une personne de confiance m'était inconcevable. Je me suis fait la réflexion, après cette confrontation, que j'allais plonger. Si je ne pouvais faire confiance à personne, si j'étais seul dans cette misère, je ne m'en sortirais pas.

La police a accordé du crédit à son histoire, parce que, encore une fois, cela contribuait à m'enfoncer un peu plus. Malgré son bac+4 et mon bac-3 (j'ai arrêté l'école en 4e) et bien que je lui aie fait gagner des dizaines de millions d'euros, sa parole avait plus d'importance que la mienne. Le plus instruit des deux, sur le papier, n'était pourtant pas moi. Sa détention provisoire fut plus courte que la mienne : 16 mois contre 20 mois. La justice a finalement bien fait son travail puisqu'à ce jour, ma petite revanche, c'est de savoir qu'il a été condamné plus lourdement que moi.

Lors de mon premier interrogatoire, déjà les policiers étaient très déçus. Ils s'attendaient probablement à mettre le doigt sur quelque chose d'extraordinaire, sur l'escroquerie du siècle, or je n'ai fait que raconter la vérité, et la vérité c'était qu'à ce moment-là, les faits qui m'étaient reprochés ne me concernaient pas. Ma vérité ne les arrangeait pas et il était facile pour eux de dire : « Oh, il raconte des conneries, il ne coopère pas. » C'est ce qui a été rapporté au juge. Mon sort était plié parce que je ne leur offrais rien. J'ai donc été transféré au palais de justice, puis au pôle financier, rue des Italiens, afin d'être présenté au juge des libertés et de la détention, le JLD.

À mon arrivée, j'ai d'abord été présenté au juge d'instruction et la façon dont il parlait m'a fortement rappelé le film *Les sous-doués passent le bac*, au moment où l'examinateur annonce à Julien Sanquin qu'il est recalé avec un grand sourire. Le juge avait ce même sourire hypocrite en m'annonçant :

– Écoutez, Monsieur Zaoui, on parle de 156 millions d'euros… Vous voulez sortir ? Vous nous faites parvenir un chèque de banque par votre avocat et vous êtes aussitôt dehors, vous serez ce soir chez vous, tranquille à la maison ! Le juge des libertés et de la détention prendra la décision.

Évidemment, ce dernier a opté pour l'incarcération et j'ai été de nouveau transféré à la Santé, où les conditions de détention étaient vraiment très, très dures. Une chose que j'ai comprise par la suite, c'est que quand quelqu'un vous dit qu'un autre va prendre la décision, en réalité cette décision est déjà prise. Vous êtes au cœur d'une immense pièce de théâtre, auprès de protagonistes qui ont tous fait les mêmes études et mangent ensemble à la cantine du Palais. À titre d'exemple, lorsque vous faites appel lors de votre procès, la chambre de l'instruction se réfère à l'avis du juge des libertés. Les uns et les autres ne cherchent pas à avoir des arguments différents, vous avez peu de chances de vous faire entendre d'un côté si, de l'autre, l'avis est déjà catégorique. Dans la plupart des cas, la chambre de l'instruction fait un copier-coller de la décision du refus du juge des libertés et de la détention (JLD), la seule chose qui change entre les deux juridictions, c'est la typographie des documents.

C'est vraiment à ce moment-là que j'ai réalisé à quel point j'étais mal, combien il me serait difficile de m'en sortir. Il n'était plus question d'une simple conversation pour convaincre la justice que les dossiers qu'on me mettait sur le dos n'étaient pas les miens. D'autant que les véritables protagonistes n'étaient pas en France. L'annonce de mon arrestation avait provoqué une vraie vague de départs prématurés vers Israël. J'ai compris que tout était en train de s'effondrer autour de moi, que j'avais tout intérêt à trouver les meilleurs avocats qui soient.

Le premier avocat que j'ai eu était un homme formidable, il s'appelait Éric Hemmerdinger – il est décédé aujourd'hui. Sa collaboratrice, Valérie Daibilian, était exceptionnelle elle aussi. Ce que je voulais par-dessus tout dans les premières semaines, c'était obtenir l'accès à mon dossier, pour comprendre comment j'avais pu en arriver là, comprendre sur quels éléments de l'enquête ils se fondaient pour pouvoir m'incarcérer alors que je ne connaissais même pas certaines entreprises. Je voulais comprendre leur cheminement et reconstituer le puzzle. Je me disais qu'ainsi je pourrais donner les éléments qui me concernaient réellement. Des choses tangibles et plausibles, fidèles à la réalité. C'était important pour moi car, à ce stade-là, eux me disaient blanc et moi je disais noir. Il n'y avait aucun pont entre la justice et moi, aucun point de ralliement. Et sans terrain d'entente, je prenais pour tous les autres. Il fallait que je m'en sorte. Un grand nombre de dossiers m'incriminaient à tort, il ne fallait pas que je sois condamné pour chacun d'entre eux. C'était un jeu d'équilibriste. Ma stratégie était de coller au maximum à leur vérité, mais seulement sur les points me concernant.

Mes avocats et Chirelle m'aidaient en ce sens. Ils glanaient des éléments à l'extérieur qui pouvaient corroborer la défense que je préparais. Malheureusement, lorsque vous êtes en prison, vous n'êtes plus qu'un numéro d'écrou, moi j'étais le numéro 303304 ; j'avais beau donner des directions à prendre, beaucoup parmi eux ne m'écoutaient déjà plus. Je perdais peu à peu ma légitimité et ma crédibilité à gérer mes affaires. Même Chirelle à qui il est arrivé de me répondre « oui, oui » lorsque je lui demandais de faire quelque chose, qu'elle ne faisait évidemment pas… C'est simple, il y avait trois méthodes : la bonne, la mauvaise et la mienne. Eux choisissaient souvent la mauvaise.

À l'extérieur, mon empire commençait déjà à s'effondrer. Mon entreprise COER2 périclitait chaque jour davantage. C'était une entreprise de trading en *comodities*, je vendais des matières premières, du gaz, du pétrole, des quotas carbone, de l'or, du platine… Cette société-là, la première à avoir été perquisitionnée, fonctionnait de manière totalement transparente et légale. Le bénéfice brut dégagé du lundi au vendredi approchait parfois les 100 000 € par jour. L'entreprise était saine et n'avait aucune dette. La trésorerie s'élevait à environ 3 millions d'euros. Quand je suis sorti, vingt mois plus tard, il n'y avait plus aucun employé, tous avaient démissionné, et dans la caisse il y avait un trou de 400 000 €. En effet, les salaires continuaient d'être versés, le loyer d'être prélevé… J'avais également une filiale allemande qui disposait d'un BAFIN, une licence bancaire qui me permettait de vendre et d'acheter des produits pour le compte de mes clients. L'avantage de cette licence, c'est qu'elle était « passeportable » pour ma boîte française qui était une PSI : une société de prestation de service en investissement. Ainsi je pouvais utiliser mon entreprise française de la même manière. Cette affaire-là, saine également, était une réussite de plus. Mon objectif était de la développer, mais tout s'effondrait à mesure que je restais enfermé.

Ma vie de famille aussi se fragilisait. Mes enfants étaient jeunes, mon aînée avait treize ans, le deuxième onze et mon cadet allait sur ses neuf ans. Je pensais à eux sans cesse et mes rares moments de bonheur étaient ceux où ils me rendaient visite.

Encore aujourd'hui, je dois vivre ces moments atroces : ne les voir que quarante-cinq minutes par semaine, et pas tous à la fois. Chacun d'eux alterne sa venue avec ma mère et chaque fois, nous essayons d'animer la visite, d'en faire un rendez-vous agréable. Cet après-midi encore, j'ai eu le plaisir de voir Pamela, j'ai entendu sa voix cristalline me raconter sa journée, ses anecdotes, ses amitiés… Et chaque fois, je retiens le flot de larmes de couler, tout comme je le faisais déjà en 2009. Je n'ai pas le droit de leur montrer combien mon armure se brise un peu plus chaque fois qu'ils viennent, alors je montre l'exemple, du mieux que je peux. Et je sais que ma mère est dans le même état que moi… Quand je retourne dans ma cellule, l'effet est toujours le même, je m'écroule et je pleure jusqu'à ne plus avoir une seule larme à verser.

Chirelle m'offrait aussi ces moments de respiration. Chaque fois qu'elle venait, elle me faisait vivre ma détention comme dans le film *La vie est belle* de Roberto Benigni. Elle me faisait rire, me plongeait dans une bulle de bonheur et je retrouvais le sourire, comme si toute cette affaire n'existait pas vraiment, comme si bientôt nous reprendrions une vie normale et paisible. Elle me redonnait espoir. Dans les conditions qui étaient les miennes, c'était providentiel. J'étais dans la prison de France la plus médiatique, mais aussi la plus délabrée. Pour des raisons de sécurité, et à cause de la corrosion des murs, deux blocs sur quatre étaient fermés depuis 2006. Laissé à l'abandon, ce lieu était devenu le repaire des rats qui se multipliaient dans tout le bâtiment. Quant à nous, nous étions entassés les uns sur les autres dans des cellules à l'état de ruines, aux murs décrépis et humides, avec des fenêtres bloquées pour la plupart. D'autres détenus m'avaient prévenu à mon arrivée : j'allais crever de chaud en été, de froid en hiver, ici, nous étions des « sous-hommes ». À cause des murs qui s'effritaient et des plafonds près de s'écrouler, aucun programme de formation ne pouvait avoir lieu, comme la loi le préconise pourtant. Nous étions des pestiférés, vivant comme des bêtes, enfermés dans des lieux puants de désespoir. Même les surveillants semblaient aussi abattus que nous à travailler dans un endroit aussi vétuste. Désirant conserver un semblant d'humanité et par-dessus tout, mon identité, j'ai demandé à Chirelle de m'apporter mes Weston, parce que je voulais des mocassins. J'ai même pu faire rentrer une Rolex, pas la plus chère évidemment… Cela me rassurait, me redonnait confiance. C'était ma façon de m'en sortir, de garder le moral, quand bien même cela aurait pu être dangereux. Le danger, je n'en avais même pas conscience. Pour moi, le pire ne pouvait pas venir des autres, il ne pouvait venir que du lieu lui-même.

Grâce à elle, je recevais aussi de nombreux appels et messages. Pour n'en citer que quelques-uns, il y a eu Omar Sy, Claude Makélélé, Noémie Lenoir, Diam's, Barbara Tausia, la femme de Nicolas Anelka, Samuel Eto'o ou encore Jean-Paul Belmondo. Ce dernier m'avait laissé un message sur ma messagerie vocale, me disant tout simplement : « Courage, courage Grégory. » Ce fut un moment très émouvant, un souvenir mémorable. Malheureusement, je n'ai pas pu le conserver, mais je le garderai toujours en mémoire.

La priorité, à ce moment-là, était de trouver un téléphone. Je m'étais renseigné et plusieurs options s'offraient à moi : passer par un autre détenu qui se chargeait de le faire rentrer ou bien trouver un gardien corrompu. Dans les deux cas, le paiement devait se faire depuis l'extérieur, par virement. On m'a déconseillé de passer par d'autres détenus parce que je n'aurais pas mon mot à dire sur la marchandise, souvent de mauvaise qualité. Le nom d'un surveillant est revenu à plusieurs reprises et, grâce à lui, j'ai pu avoir un iPhone 7 pour environ 1000 €. Le portable devenait alors un médicament, une fenêtre sur le monde extérieur, vitale pour garder espoir. Lorsque la porte de votre cellule se referme sur vous pour la nuit, que vous entendez le grincement du double loquet, vous allumez votre téléphone et c'est parti pour la liberté ! Néanmoins, celle-ci était toute relative puisqu'elle n'excédait pas quelques heures : je ne naviguais sur le Net qu'entre 20h et minuit, des heures clandestines et illégales, mais tellement bienfaitrices... Je me souviens d'un camarade de cellule qui s'était endormi avec son téléphone sur son ventre... Lorsque les gardiens ont déboulé à 7h, il s'est fait choper. Je faisais très attention à ce que cela ne m'arrive pas.

Au parloir, je voyais régulièrement Chirelle, qui gérait également les aspects extérieurs de ma vie, qui était en lien avec mes avocats, avec mes entreprises et mes enfants évidemment. Un jour, ma mère m'a averti que mon frère voulait me voir. Pour moi, il n'y avait aucun souci, il n'avait qu'à faire la demande de permis de visite et il était le bienvenu. Elle a souligné qu'il voulait me voir seul. Or, le temps passé avec les miens était trop précieux pour sacrifier la visite de mes enfants ou de ma compagne. Il n'a pas compris ma démarche et a refusé de venir avec eux. Il n'est jamais venu pendant ces vingt mois de détention.

J'ai mal en y repensant. D'autant que les choses n'ont pas changé en dix ans. En 2009, il n'est jamais venu me voir. Et depuis mon incarcération en février, il n'est pas venu non plus. Dans l'un de mes placards, je conserve les lettres que je reçois, d'amis ou de la famille… Je ne possède qu'une seule chose de lui : le faire-part de la naissance de son enfant. Que c'est facile… Je pourrais crever ici qu'il ne s'en soucierait pas. Je n'ai pas répondu, balle au centre comme on dit ! Chaque fois que ma mère me rend visite, elle me donne de ses nouvelles et me reproche également mes silences à son égard… Je suis vraiment heureux de savoir que tout va bien chez lui, que son enfant grandit dans de bonnes conditions. Il est de mon sang et je l'aime, mais le fossé semble tellement creusé entre nous… La colère de ma mère pour une fois ne changera rien, je ne ferai pas le premier pas. J'ai beau essayer de ne pas trop y penser, peu importe la fête juive passée seul, je n'y arrive pas. Je regrette chacun de mes actes, et pourtant, je lui en veux aussi. J'espère qu'un jour nous parviendrons à surmonter cette rancune qui s'est installée entre nous…

Mes parents, eux, étaient effondrés. J'avais déjà connu la prison en 1996, ils avaient du mal à supporter une deuxième arrestation, d'autant plus que l'affaire était bien plus grave et médiatique. La première fois, j'étais resté enfermé un mois et demi, là, nous ne savions pas encore combien de temps exactement je resterais derrière les barreaux.

Ma mère, venant très souvent, savait ce qu'étaient les parloirs, mais ils n'étaient pas préparés à l'ampleur de mon affaire. En plus de réaliser que j'étais un escroc, ils me voyaient au journal télévisé, dans les journaux… Ma mère découpait chaque article pour me le mettre sous le nez et me demander si tout cela était vrai, si les sommes dont il était question étaient bien réelles. Ils avaient du mal à se les représenter. Elle taisait sa colère et essayait de masquer son incompréhension, mais sa peine était bien là et elle me fendait le cœur à chaque fois. Mes grands-parents maternels, de qui j'avais toujours été proche, étaient très affectés par mes actes, très en colère également. Eux qui avaient travaillé toute leur vie pour se construire une vie respectable ne comprenaient pas ce qui avait pu me pousser à agir « comme un criminel ». Les mots m'avaient blessé, parce que je n'étais pas un « criminel ». Prosper, tout particulièrement, était mortifié de l'image que je renvoyais de ma famille et a longtemps refusé de venir me voir. Lui qui m'avait autrefois emmené voir de grands artistes, assistait à ma déchéance. Lisant les unes des journaux qui m'accablaient de tous les maux, il était doublement bouleversé. Et puis, à la peine a rapidement succédé la honte. Notre relation était définitivement brisée.

Je devais essayer de ne pas trop y penser, je m'excusais sans relâche, tentais de préserver les liens qui se défaisaient en écrivant des lettres, en faisant passer des messages, en envoyant Chirelle comme entremetteuse. Je voulais qu'ils comprennent le « pourquoi », mais moi-même je l'ignorais. Comment expliquer qui l'on est quand soi-même on l'ignore ?

Et puis je devais penser à ma défense, rester concentré et garder des forces pour me battre. Le seul moyen pour ça était de garder le moral, si je sombrais, c'en était fini pour moi. Alors j'ai bataillé avec mes avocats, qui ont ensuite laissé la place à d'autres, selon les rebondissements de l'affaire, chacun jouant un rôle, abattant sa carte maîtresse. Parmi eux se trouvaient Francis Szpiner, Alain Abitan, Éric Dupont-Moretti et Antoine Vey, Samuel Habib, Simon Cohen du barreau de Toulouse, Pierre Haïk, Hervé Temime, Philippe Ohayon, Manuel Abitbol, Maîtres Misistrano père et fils, Eva Joly, ancienne juge d'instruction et Yves Leberquier (qui défendait également le général déchu panaméen Noriega incarcéré à la Santé au même moment que moi, nous nous croisions souvent au parloir avocat).

J'appréciais toujours leur venue, tous étaient des ténors. Nos entretiens me permettaient de sortir de ma cellule et je faisais toujours en sorte de faire durer ces instants, tout pour ne pas y retourner. En prison, on essaie tous de tuer le temps, c'est la seule chose qui nous reste et même ce temps-là devient extrêmement fragile. À un moment donné, je crois que j'ai commencé à perdre la tête, ma lucidité me quittait. L'un de mes compagnons était sénégalais, il croyait très fort au pouvoir des sorciers africains. Je l'ai prié de m'aider en m'initiant à ses rites de marabouts, pour que ses dieux m'aident à sortir de là. J'ai suivi à la lettre ce qu'il préconisait : acheter des moutons pour le sacrifice, se laver les mains d'une certaine manière, certains rituels à faire, dont aucun n'avait de connotation religieuse. Bien sûr, rien de tout cela n'a fonctionné, même si ça m'a coûté quelques milliers d'euros… Mais cela m'a fait tenir le coup quelques jours, m'a donné de l'espoir dans les moments où il me quittait.

Pendant ce temps, à l'extérieur, les vautours prenaient également leur part sur ma mauvaise fortune. On m'a recommandé une avocate qui prétendait avoir ses entrées au cabinet d'un magistrat haut placé dans les affaires pénales. Elle avait promis à ma compagne monts et merveilles, avait fait en sorte qu'elle embauche tel avocat pour mon affaire, un ancien bâtonnier du barreau de Paris, qu'elle obtienne ensuite ma liberté provisoire… tout ça à condition de lui verser 80 000 €. Rien de ce qu'elle avait préconisé n'a fonctionné ; quant à l'argent… jamais nous ne l'avons récupéré.

J'étais fragile psychologiquement et prêt à croire tout et n'importe quoi, tant je ressentais le besoin irrépressible de sortir de là. D'autant qu'entre mes enfants et Chirelle, les choses se détérioraient. Avec leur maman, Esther, mes enfants étaient également en rébellion, notamment Pamela Victoria. Elle était en plein dans l'adolescence ; c'était souvent ingérable pour elles deux et pour moi, par ricochet, parce que je ne pouvais rien faire pour y remédier. D'autant qu'elle me reprochait souvent d'être enfermé, de ne pas être avec elle, elle me pointait du doigt et me hurlait que tout ça était de ma faute, et ô combien elle avait raison de m'en vouloir !

Et puis, il y a eu un déclic. Un espoir est né en moi, une envie étrange, un désir incroyable qui a commencé à naître dans mon cœur : je voulais un bébé.

À ce moment-là, l'instruction de mon dossier se déroulait mal, j'avais beau avoir dépensé près de 3 millions d'euros en frais d'avocat, avoir les personnalités les plus douées auprès de moi, personne ne parvenait à me sortir de ma condition, à faire évoluer le dossier dans le bon sens. Mon affaire était « signalée », cela veut dire qu'elle était connue au plus haut niveau, au sommet de l'État. Dans ma cellule nous étions quatre, souvent je songeais au film *Les affranchis*, de Martin Scorsese. L'un de mes compagnons recevait au parloir la visite de son épouse et de sa maîtresse, à des moments distincts. C'est lui qui a commencé à nous raconter ses aventures sexuelles au parloir. Chose à laquelle nous ne songions pas réellement, même si l'envie était souvent là. En 2009, les maisons d'arrêt n'étaient pas ce qu'elles sont aujourd'hui. Il n'y avait pas d'UVF, d'Unité de vie familiale. Ces petits studios, que j'ai connus plus tard en 2019, permettent de passer du temps avec des individus de votre choix. Si vous faites preuve d'exemplarité en détention, vous pouvez obtenir ce droit auprès du magistrat instructeur si vous êtes en statut de prévenu, ou auprès du directeur de la maison d'arrêt si vous êtes condamné définitivement. À raison d'une fois par mois, votre première visite en UVF dure trois heures, puis vous pouvez obtenir jusqu'à six heures si vous vous comportez bien. Dans ce studio, vous disposez d'un petit réfrigérateur, vous pouvez commander des repas à la cantine, sommaires bien évidemment, vous avez également une télévision ainsi qu'un fauteuil convertible. Ces endroits ont été pensés afin d'éviter le délitement des liens familiaux, qu'il s'agisse de votre conjoint, vos enfants, vos proches. Certains détenus, des esseulés, y font venir des *escort girls*, les faisant passer pour leurs petites amies… Ces lieux sont un réel progrès en France. Hélas, en 2009, les relations sexuelles étaient strictement interdites au parloir. Cette petite pièce mesurait environ 2 m^2. Au centre se trouvait une table avec deux chaises, une porte vitrée côté visiteur et une porte vitrée côté détenu. Et de chaque côté, des surveillants pénitencier faisaient des rondes, toutes les dix ou quinze minutes. Pour avoir une relation sexuelle dans ces conditions-là, il fallait une bonne préparation : des vêtements pratiques, jupe pour la femme, jogging pour l'homme, sans sous-vêtements. Sans ces petits ajustements, le temps était bien trop court. Et avec Chirelle, le jour où cet acte s'est produit, nous étions prêts. Et avec une idée bien précise en tête : nous rêvions d'avoir un enfant. Nous approchions tous les deux de la quarantaine et l'idée était devenue une obsession. C'était une petite lumière dans mon chaos et dans le sien aussi certainement. Jour après jour, cette possible paternité me permettait de tenir le choc, d'envisager une éclaircie. Nous tâchions de rester rationnels toutefois, les chances pour qu'elle tombe rapidement enceinte dans ces conditions étaient extrêmement faibles. En prison, je souffrais de carences, j'étais faible, mon organisme aussi. Et puis l'âge était là, malgré tout. L'horloge biologique, si tant est qu'elle existe vraiment, n'était pas à notre avantage. Je me disais que « si jamais » mon souhait venait à se réaliser, il tiendrait du miracle. Ce serait la preuve de la main de Dieu au-dessus de ma tête.

Quand ma femme est venue cet après-midi-là, j'étais nerveux comme lors d'un premier rencard. J'avais anticipé le fait que j'allais poser mes mains sur elle, je l'aimais d'un amour inconditionnel. J'avais hâte, et j'avais l'impression de la découvrir pour la toute première fois, tel un adolescent. Le moment a été rapide, mais tellement magique. Pendant quelques minutes volées au monde, à la justice, à la bienséance, vous êtes heureux, enfin ! Vous vous retrouvez comme propulsé dans un monde parallèle où il n'y a que vous et votre rêve.

Quelques semaines plus tard, le verdict est tombé : j'allais être papa. Chaque soir avec Chirelle nous nous envoyions des textos, cherchions des prénoms de fille ou de garçon, ne connaissant pas encore le sexe. Quand nous avons appris que c'était une petite fille, nous hésitions entre Lou et Tess, et avons choisi finalement le second. J'attendais ces échanges avec impatience, c'était tellement inattendu, un vrai miracle… Le baume quotidien sur mon cœur et mon corps meurtris.

Quand ma fille est née, le 21 janvier 2011, j'étais encore en détention. Le père de Chirelle, qui vit en Israël, était à Paris, c'est lui qui l'a accompagnée à la clinique. J'avais dû faire une procuration afin de la reconnaître et c'est son père qui s'est déplacé à la mairie pour la nommer officiellement auprès de l'état civil : Tess Myriam Zaoui, Myriam comme la mère de Chirelle.

Je regarde souvent la photo de l'échographie que je garde toujours sur moi. J'adore son pied minuscule, l'arête fine de son nez… Elle me rappelle tant de joie ! Je me souviens qu'au moment de sa naissance, j'étais dehors, pour la promenade. En rentrant, j'avais brièvement sorti mon téléphone, j'attendais des nouvelles de Chirelle. Quelle ne fut pas ma surprise de voir apparaître ma fille sur l'écran ! De tout le reste de la semaine, rien n'a pu entraver ma joie, elle avait été mon rayon de soleil depuis l'idée même de sa conception ; maintenant qu'elle était là, j'en étais sûr, j'étais sauvé.

Lorsque Chirelle est venue me rendre visite, début février, je crois que ce fut l'un des plus beaux jours de ma vie. Mon bébé miracle, le bébé de l'amour, mon soleil, le premier bébé carbone. Elle était sublime. Quand les gardiens ont compris ce qui s'était passé, ils s'en sont amusés. J'ai eu la permission de m'occuper d'elle durant 45 minutes, de lui donner le biberon, de la changer. De la découvrir dans ses moindres détails. Elle était un mélange parfait de nous deux, elle avait une peau légèrement caramel, la couleur de mes yeux et la forme en amande de ceux de sa maman. Je me suis dit que, comme nous l'avions tellement désirée, elle avait envie de venir au monde elle aussi. Nous avions choisi de l'appeler Tess, un dérivé de Tessa, lui-même dérivé de *tarasia*, « qui récolte ». J'ignore ce que récoltera ma fille plus tard, mais je savais qu'elle était le fruit d'un amour absolu. Certains enfants naissent par accident, d'autres par devoir ou obligation. Elle, nous l'avions tellement désirée, du plus profond de notre âme. C'était une décision commune, réfléchie et consentie. La voir si réelle après l'avoir tellement fantasmée, c'était aussi improbable qu'irréel. La seule ombre à notre tableau, en dehors de mon incarcération, fut la réaction de mes parents. Ma mère, même si je l'adorais, restait une femme très stricte, très conventionnelle. Elle connaissait les parloirs, connaissait les rondes des gardiens et ce laps de temps très court. Il était impensable pour elle d'avoir des relations intimes dans un endroit pareil. Lorsque Chirelle a appris sa grossesse, mes parents ne l'ont pas cru dans un premier temps. Il était évident pour eux que je n'étais pas le père. Mais ma petite Tess a fait taire les ragots le jour où elle est née, elle était pour moitié mon portrait craché. Ma fille était l'harmonie entre sa mère et moi, elle tenait de nous deux en tout point.

Tess… Elle me manque tellement, chaque jour qui passe. J'essaie de ravaler mes sanglots, essuie rageusement les larmes qui ne cessent de couler dès que je pense à elle… Je ne la vois grandir que grâce aux photos que ma mère m'envoie quand elle la voit… Je savais au fond de moi que tout s'effondrerait à nouveau, tôt ou tard. La justice n'en avait pas terminé avec moi. Mon mariage aussi coulerait, ça, je l'ignorais cependant. L'équilibre a toujours été précaire dans ma vie, j'ai toujours été un phénix renaissant de ses cendres. Mais j'ai appris à chérir les petits bonheurs que la vie nous offre. Hier, je vivais chaque jour pleinement, comme s'il était le dernier. Aujourd'hui, l'instant présent reste ce qui compte le plus parce que c'est là que nous avons le plus de chance de trouver ce que nous cherchons tous ardemment : le bonheur. Hélas, ce sont les instants sur lesquels nous ne nous attardons jamais. Du fond de ma cellule, je continue de voler à mon quotidien ces instants si précieux.

Ma détention aura duré jusqu'au mois d'août 2011, je n'avais plus qu'à respecter rigoureusement mon contrôle judiciaire et attendre mon procès. J'ai été absent de la vie de ma fille durant huit mois, il a fallu que l'on s'apprivoise ensuite, que l'on s'accepte et se rapproche. Souvent on me pose la question : « Greg, si la fraude à la taxe carbone était à refaire, le referais-tu ? », je réponds systématiquement la même chose : « Je ne le referais pas, la seule chose que je referais, c'est ma fille, Tess. »

13

L.I.B.R.E

Prison de la Santé, 325e jour

Les fêtes juives passées à l'intérieur de la prison sont les moments les plus compliqués pour moi. L'aumônier m'a apporté quelques colis, mais savoir qu'à l'extérieur mes proches célébraient ça autour d'une table bien garnie, en famille et dans la joie… m'a bouleversé. J'ai passé la soirée à pleurer sans pouvoir m'en empêcher. Je suis là, derrière les barreaux, sans pouvoir profiter de mes enfants, parents et amis. L'un de mes camarades a un téléphone dans sa cellule, il m'a dit que cela faisait cinq ans qu'il était là et que chaque shabbat, chaque fête, il les passe connecté en live avec sa famille, ils essaient de manger ensemble, à leur manière. Je trouve ça bien, mais en même temps très triste. Je n'ai pas envie de faire la même chose, je préfère savoir les miens loin de tout ça, savoir leur esprit à la fête plutôt qu'en prison.

Comme j'ai hâte de sortir d'ici…

Ce matin du 9 août 2011, j'attendais l'aumônier qui, je le savais, devait m'apporter le cadeau de mes 40 ans transmis par ma mère. Et puis l'annonce est tombée, le gardien s'est approché de notre cellule, dans laquelle nous étions toujours quatre et m'a dit :

– Vous sortez pour 11h, préparez vos affaires.

Une phrase simple, banale, quelques mots mis bout à bout formant un tout signifiant « liberté ». J'avais du mal à croire que mon plus beau cadeau, c'était l'administration pénitentiaire qui me le faisait : j'allais revoir ma fille. J'ai remballé le peu d'affaires que j'avais avec moi, notamment les objets de valeur et mes vêtements, j'ai distribué ce qui n'avait pas d'importance à mes camarades d'infortune, ceux qui n'avaient pas encore reçu la bonne nouvelle. J'en ai salué certains, pas ceux qui étaient dans le parc extérieur pour leur promenade quotidienne. Faire des adieux, dire bonjour ou au revoir, sont chez l'être humain des pratiques tellement courantes, tellement insignifiantes parfois, qu'on les applique sans formalité, sans même y réfléchir. Une poignée de main, une accolade, un baiser flanqué sur la joue. En prison, on se rend compte dans ce genre de moment que l'on a perdu une partie de son humanité. Comment se montrer tactile alors qu'on se sent à peine humain ? Depuis vingt mois, ma vie ne m'appartenait plus.

J'ai balancé quelques mots à la volée, hoché la tête à plusieurs reprises et puis j'ai laissé derrière moi des compagnons, que j'avais appris à connaître et à apprécier, sans rien de plus qu'un regard.

Près de la sortie, dans la salle d'attente, des officiers ont rempli et signé mes documents dont j'aurais besoin dehors, puis ils ont, encore une fois, pris mes empreintes. J'ai dû rendre ma carte d'identité de détenu, qui ressemblait à une carte de crédit, sur laquelle étaient inscrits mes nom, prénom, date de naissance et numéro d'écrou, ainsi que ma photo. Cette petite carte possède une bande magnétique qui permet de vous identifier de façon biométrique grâce à votre empreinte. Enfin, j'avais en main mon ordonnance de libération et ils m'ont listé mes obligations : les contrôles judiciaires, leurs fréquences, les personnes que je ne devais pas côtoyer, mon obligation de régler ma caution… Et la porte s'est ouverte, j'ai fait quelques pas et j'étais dehors, libre, en conditionnelle jusqu'à l'ouverture de mon procès, grâce à ma bonne conduite.

Au moment où mes pas m'ont mené hors des murs gris et froids de la prison, une peur viscérale m'a saisi, celle d'être rappelé pour une autre affaire. Souvent j'ai pensé à cette phrase : « Tant qu'on n'est pas sorti, on est toujours dedans. » J'éprouvais tellement de difficultés à me convaincre que j'allais sortir que je me persuadais du contraire : j'étais convaincu qu'au dernier moment ils allaient me rappeler, me dire de revenir, qu'une erreur était survenue dans mon dossier. Au fond de moi, je savais que c'était impossible, mais mon esprit, lui, continuait de me jouer des tours. Jusqu'au moment où les portes se sont refermées derrière moi, j'ai eu la sensation qu'on allait me tirer en arrière.

J'ai vu Chirelle un peu plus loin et mon cœur s'est mis à battre follement, quelques larmes ont roulé sur mes joues, tant la vision me semblait irréelle. Elle était magnifique, ses cheveux flottaient dans son dos et, même de loin, je voyais son émotion. La prendre dans mes bras ce jour-là a été incroyable. Sentir son parfum, son corps contre le mien, comme si nous ne faisions plus qu'un. Nous n'avons rien dit pendant un long moment, restant simplement là, enlacés.

La première chose que j'ai eu envie de faire, avec elle, tandis que la vie me revenait peu à peu, c'était de marcher. Mon beau-frère avait récupéré mes affaires un peu plus tôt dans sa voiture, celles que je ne pouvais pas transporter. Ainsi, avec Chirelle, nous avons décidé de marcher. Chaque pas supplémentaire m'éloignait enfin de cet enfer.

Comment expliquer la joie indescriptible de me retrouver à flâner le long des rues après vingt mois d'enfermement ? Ce jour-là, tandis que mes pas me guidaient vers mon nouveau domicile, ma fiancée à mon bras, je me sentais l'homme le plus chanceux et heureux du monde. Je voyais les vitrines des magasins, me gorgeais du son de la vie qui pulsait dans la ville, celui des oiseaux auquel je m'accrochais comme un désespéré lorsque j'étais derrière les barreaux. L'une des choses qui m'a le plus surpris fut de constater combien l'automobile avait évolué en deux ans. Les modèles n'étaient déjà plus les mêmes, ne serait-ce que leurs feux arrière ! C'est une vision qui m'a troublé car je n'avais passé que deux ans derrière les barreaux, j'ai songé aux détenus qui y restent bien plus longtemps. Même si on a la télévision, voir tout ça en vrai et, surtout, comprendre que le monde ne nous a pas attendus pour continuer à tourner… ça m'a choqué. Ça ressemblait à s'y méprendre à un bond dans le temps.

Nous avons ainsi marché jusqu'au boulevard Saint-Germain, à une trentaine de minutes de la prison. La seconde chose dont j'avais envie était matérielle. La prison n'avait pas altéré mon goût pour les nouvelles technologies, au contraire, ma passion était plus exacerbée que jamais et je voulais rattraper tout le temps perdu, tout redécouvrir. Chirelle s'était déjà procuré l'un des premiers iPad sortis pendant ma détention, alors j'ai décidé d'acheter la nouvelle tablette BlackBerry. Nous nous sommes rendus à la FNAC. Cette tablette était l'une des concurrentes de l'iPad, la marque était leader sur le marché de la téléphonie. Elle fut mon premier achat hors de la prison. L'heure du déjeuner approchant, nous nous sommes rendus au *Ralph's*, un somptueux restaurant se trouvant dans l'hôtel particulier Ralph Lauren. L'endroit avait ouvert récemment et c'était LE lieu en vogue, LE rendez-vous à ne pas manquer. Nous étions installés dans le patio, autour d'une petite table ronde, confortablement assis dans des chaises en fer forgé garnies de coussins. Le cadre était bucolique, romantique… Le lieu parfait pour des retrouvailles après une absence bien trop longue. J'ai dégusté un fantastique burger au thon, servi avec des frites, le plat le plus délicieux que j'avais mangé depuis deux ans. Hélas, mon estomac habitué aux repas de la Santé ne l'a pas supporté longtemps. J'ai tout vomi dans les heures qui ont suivi. Malgré tout, cette déconvenue fut loin d'entacher ma bonne humeur.

Nous avons pris la direction du quai Voltaire et longé la Seine jusqu'à la place de la Concorde, avons traversé les Champs-Élysées en direction de la rue La Boétie où habitait Chirelle. Je ressentais le besoin irrépressible de marcher. Mon corps avait besoin de renaître de cette façon, et moi de me sentir vivant de nouveau. J'étais vivant ! Et cela m'impressionnait, car je ne pensais pas en être capable. Je renouais avec mon chez-moi, avec ma ville, avec l'effervescence et la beauté de la capitale. Ce fut un très beau moment, le meilleur retour possible à la vie, au réel. Je ne connaissais pas son nouvel appartement, et lorsque je suis arrivé, mes enfants m'attendaient, avec les siens. Comment ne pas être terrassé par l'émotion lorsque vous les serrez un à un, après tant de temps passé loin d'eux ? Au parloir déjà, j'étais chaque fois abattu, ils me donnaient l'impression de grandir de semaine en semaine, mais de les voir là, en dehors de nos box de deux mètres carrés, ça m'a fait un choc. Je les trouvais grands, un peu vieillis par l'épreuve, mais je les voyais heureux. Et puis je retrouvais mon bébé, Tess, qui n'avait alors que huit mois.

C'était un moment fort en émotions, hors du temps. Je réintégrais une bulle qui avait éclaté deux ans auparavant. Et puis je n'étais pas totalement dépaysé, Chirelle avait récupéré le mobilier de mon ancien appartement : canapé, buffets, télévisions et autres équipements audio et vidéo. C'était un très bel endroit, qui avoisinait les 250 m^2. Ses enfants et Tess avaient chacun leur chambre et la place ne manquait pas pour accueillir les miens. Quand j'ai découvert la chambre qui accueillait ma petite dernière, ce fut incroyable. Je voyais pour la première fois son berceau, ses couvertures, ses peluches, ses jouets… Elle n'avait jamais manqué de rien. En plus de Chirelle, elle avait une nourrice fantastique, une Haïtienne qui se prénommait Farah. Sa chambre reflétait tout l'amour qu'on lui donnait. Quant à moi, c'était un sacré bond en arrière aussi. L'écart entre mon plus jeune fils, Benjamin, et elle était de dix ans. Les couches et les babillages étaient des choses qui ne m'étaient plus familières, tout comme l'équipement que j'avais sous les yeux. J'ai accueilli ces nouvelles sensations, ces nouvelles images, comme un souffle miraculeux dans ma vie, comme un espoir inaltérable. Tess était celle qui me sauverait, j'en ai toujours été convaincu et c'est en partie grâce à elle que j'ai pu tenir le coup. Parce qu'elle était bébé, parce que je voulais qu'elle grandisse avec une autre image que celle que j'avais pu donner à mes autres enfants. J'ai conscience des épreuves qu'ils n'auraient jamais dû endurer, je prie chaque jour pour eux, pour essayer de laver mes fautes. Ma fille incarnait un peu mon espoir de rédemption. Je goûtais quotidiennement au plaisir de lui donner à manger, de lui faire prendre son bain. Elle avait une chaise haute d'un rouge vif que je n'oublierai jamais, j'adorais être en face d'elle, profiter de ces moments si simples mais pourtant si réels, si concrets. On lui avait également acheté un iPad pour enfant, avec une coque spécifique pour les risques de chute, j'avais à cœur de lui offrir le meilleur, de veiller à ce qu'elle dispose de la même chose que mes autres enfants. Je regardais avec elle *Barbapapa*, *Peppa Pig*… Des petits moments glanés à la vie, où j'avais la chance de participer à ce qu'elle deviendrait en grandissant.

Enfin, pour que la vie reprenne son cours normal, il nous fallait récupérer mes deux chiens, qui étaient alors en pension. Mes deux shar-pei, Anakin, un mâle couleur fauve, et Bugatti, une femelle à la robe bleue, étaient survoltés quand nous sommes allés les chercher. Mes deux fidèles compagnons m'étaient toujours loyaux, savaient encore m'offrir leur amour indéfectible et leur soutien inconditionnel.

Je pouvais retrouver une vie d'homme normal, rentrer dans une famille : la mienne. J'étais heureux et j'avais le sentiment de pouvoir enfin respirer à nouveau.

Sortir de prison vous rend boulimique. Boulimique de la vie, de ce qu'elle a à vous apporter, mais aussi boulimique dans le propre sens du terme. Vous avez envie de manger tout ce dont vous avez été privé durant des mois, voire des années. Retrouver une bonne table fut parmi les premières choses que je voulais faire. Malheureusement, l'estomac se conditionne rapidement, et le mien ne pouvait en supporter trop. D'autant que mon moral, malgré mon envie irrépressible de croquer la vie à pleines dents, n'était pas forcément au beau fixe. La liberté est une chose à laquelle on s'habitue vite, tout comme l'estomac s'habitue à remanger normalement. En revanche, le bonheur véritable est difficile à reconquérir. En effet, dans mon esprit demeurait une fissure qu'il n'était pas évident de réparer. La cicatrice était là, béante, et j'avais l'impression qu'elle ne cesserait jamais de suppurer. La conséquence de cette blessure-là était une fatigue chronique, que peu de monde comprenait. Les troubles du sommeil étaient alors virulents, une chose dont je n'ai jamais réussi à me défaire. Autour de moi, les gens croyaient qu'en prison, étant donné que je restais allongé ou assis la plupart du temps, j'avais pu me reposer. Il n'en était rien. En prison, je vivais jour après jour sur les nerfs, ce sont eux qui me maintenaient debout, qui annihilaient ma vitalité. Certains font beaucoup de sport, ce n'était pas mon cas, et chez les gens comme moi, les muscles s'atrophient. Le moindre effort physique me coûtait beaucoup, marcher trop longtemps, rester en alerte dans un milieu bruyant, étaient des petites choses du quotidien que je supportais très mal. Par extension, j'étais aussi sujet à des troubles sexuels. C'est une fatigue morale qui se rapproche de la dépression, et qui en est parfois vraiment une. Durant les premiers mois, lorsque je me retrouvais dans une pièce avec beaucoup de personnes, j'avais souvent l'envie de m'isoler, et je le faisais dès que je le pouvais. Chez moi, c'était dans ma chambre. Je m'enfermais, je respirais enfin.

Le sommeil… À l'aube de l'année 2020, c'est une chose que je crois avoir définitivement perdue. La preuve en est que, même en plein hiver, je suis incapable de supporter la fenêtre fermée. J'ai besoin d'air, parce que j'ai toujours la sensation d'étouffer. Et encore, il me semble parfois que je dors mieux dans ma cellule que chez moi. Dans mon appartement, je ne compte plus les réveils nocturnes auquel je suis sujet de façon aléatoire, jamais à la même heure. Je passe souvent une bonne partie de la nuit à me tourner dans un sens puis dans l'autre, cherchant le sommeil qui, je le sais, m'échappera encore une fois. J'entends souvent le bruit fantôme de la matraque du maton contre les barreaux et ce bruit assourdissant me réveille en sursaut à chaque fois. Cette nuit, lorsque je poserai mon stylo, avec ma lucarne ouverte malgré le froid mordant de cet hiver, je sais que je vais dormir. Enfermé et à l'abri, c'est malheureux, mais mon esprit sera apaisé, loin du chaos de ma vie au-dehors.

Durant ces nuits de liberté de l'année 2009, je ressassais ma détention des heures durant, cette vie que j'avais perdue, et j'essayais d'anticiper l'avenir. Ma liberté n'étant que provisoire, je savais pertinemment que j'avais une sorte d'épée de Damoclès au-dessus de la tête, comme une maladie dont je ne savais pas si j'allais m'en sortir… L'instruction allait continuer, tout comme les commissions rogatoires, au terme desquelles une date de procès serait fixée. J'essayais de ne pas y songer, mais c'était une peur qui était là, qu'il était éprouvant de faire taire, si ce n'est impossible.

Il m'a fallu presque autant de mois pour me remettre qu'il y avait eu de mois d'enfermement. Seul le temps m'a permis de me réparer, et ce parce que j'avais la chance d'être bien entouré, d'avoir une famille et des amis bienveillants. C'était un handicap, une blessure qui, de l'extérieur, ne se voyait pas. Mon élocution était normale, ma façon de me tenir aussi, j'avais conservé mes bonnes manières. La seule chose qui me trahissait au départ, pour ceux qui me connaissaient, était la perte de poids. Ce sont mes proches qui m'ont permis de conserver un équilibre, qui m'ont aidé à panser mes blessures. Leur présence, les projets de vie… Sans cela, la plupart des anciens détenus replongent inévitablement. Quand j'entends des phrases telles que « Pour la même somme, j'aurais fait la même chose » ou bien « Les risques valent le coup pour autant d'argent », je ne suis pas d'accord. Tant que vous n'avez pas vécu ce que moi j'ai expérimenté, vous ne pouvez pas être sûr de vous. On ne refait pas le monde avec des « si », mais si j'avais su, jamais je n'aurais fait ce que j'ai fait, pas même pour tout l'or du monde.

Heureusement, pour m'aider à m'en sortir, je bénéficiais d'un suivi psychologique post-carcéral par la SMPR, le Service médico-psychologique régional, qui est une unité de soins en santé mentale présente en France et au sein d'un établissement pénitentiaire. Madame Markovic, qui animait des ateliers de théâtre et de marionnettes à la Santé, et le psychiatre en chef du service, le docteur Canetti, qui a officié durant près de 25 ans dans les prisons de Fresnes, Fleury-Mérogis et de la Santé, m'ont énormément aidé à reprendre pied. Je me rendais au centre hospitalier Sainte-Anne où une unité leur était réservée. C'était des consultations extra-carcérales (CEC). L'un et l'autre sont parvenus à normaliser mes troubles afin que je puisse moi-même les accepter. Il s'agissait d'états logiques après une détention, dont souffrent de nombreux anciens détenus. Ils m'ont aidé à comprendre cette fatigue chronique et à être capable de l'expliquer à mon entourage parfois dubitatif. Parmi les brisures de l'esprit, surtout pour un esprit comme le mien, toujours en surchauffe, toujours en train de calculer, de prévoir, il fallait que quelqu'un de compétent m'aide aussi à accepter que pendant tout ce temps, on m'avait dépossédé de ma capacité d'agir et de comprendre. M'ancrer de nouveau dans une société qui ne m'inspirait pas confiance était très compliqué ; d'ailleurs, j'ai longtemps gardé un contact régulier avec mes anciens camarades de prison, j'avais du mal à couper le cordon…

Et puis, le quotidien a doucement repris sa place dans ma vie, c'était indéniable. Malgré mes ressentiments, j'en savourais chaque instant. La douche, par exemple ; vous rendez-vous compte à quel point c'est un luxe d'avoir une douche chez vous ? En prison, je me lavais trois fois par semaine, je devais m'accommoder des odeurs, des cheveux gras, de la saleté et de la poussière. C'était l'une des choses les plus appréciables de mon quotidien retrouvé : pouvoir me doucher quand JE l'avais décidé. Ensuite, j'ai savouré l'idée même de pouvoir manger ce qui ME faisait plaisir, j'ai retrouvé les petites douceurs sucrées qui m'avaient tant manqué et qui ont tellement contribué à regonfler mon moral ! Et le téléphone ! On ne se rend plus compte aujourd'hui de la chance que l'on a d'avoir ce lien constant avec le monde, avec les autres. On peut les voir, leur parler, les taguer, les liker… En prison, ni tague, ni like, ni bons baisers de loin !

Bien sûr, nous avons tous des portables bien planqués dans nos cellules, mais on ne peut pas scroller nos réseaux sociaux quand bon nous semble, encore moins parler à nos proches. Aujourd'hui je suis seul, cela est moins compliqué d'outrepasser les règles, mais en 2009, nous étions quatre en cellule et avions six téléphones… Je me rappelle d'ailleurs avoir avoué à un magistrat lors d'une audience, qu'en prison il y avait plus de portables que de détenus… et c'était vrai ! J'imagine que c'est encore le cas maintenant.

J'ai réellement apprécié de renouer avec cette technologie. De pouvoir téléphoner sans me cacher, sans avoir peur, d'échanger avec mes proches si facilement et quotidiennement.

Ma réadaptation prenant du temps, je n'ai pas pu reprendre le travail tout de suite, j'avais assez d'argent de côté pour m'accorder une pause. Par ailleurs, rien ne m'attendait. Par nostalgie, je suis retourné dans mes anciens bureaux de COER2… La réalité de mon échec a été dure à encaisser : personne n'avait pris la peine de résilier le bail, d'arrêter les virements automatiques, personne n'avait jugé bon de ralentir ma chute. Je me suis assis dans mon ancien fauteuil, face à ce bureau derrière lequel se précipitaient autrefois clients et investisseurs. Autour duquel j'avais reçu l'animateur Arthur. J'ai alors compris à quel point j'avais raté quelque chose, à quel point j'avais gâché une chance de mener une vie confortable en toute légalité. Je me suis levé et j'ai quitté les lieux, c'était la dernière fois que j'y venais et j'en repartais avec un sentiment de honte mêlé de culpabilité. Beaucoup de personnes m'avaient tourné le dos, mais je devais l'accepter et convertir ma détresse en moteur, pour un renouveau sain et un bonheur neuf.

On dit parfois que les gens vont au mariage mais pas à l'enterrement. Si vous passez par la case prison, c'est un adage facilement vérifiable. Ne serait-ce qu'avec mon frère qui encore une fois, malgré ces dix ans passés depuis ma dernière incarcération, ne daigne toujours pas venir me voir ou m'appeler…

Mes premiers emplois n'avaient rien de très exaltant, je travaillais pour une entreprise de SMS Marketing, puis j'ai recommencé ce que je savais faire : importer des jeans Levi's 501 des États-Unis et les revendre sur des plateformes telles que Ebay ou Cdiscount. Malheureusement, l'effervescence était retombée, je n'étais plus personne et d'autres marques voyaient le jour. Les offres pour des vêtements à bon prix commençaient à pulluler et grâce à Internet et aux métiers du marketing qui se développaient, d'autres parvenaient plus facilement que moi à s'implanter. En vingt mois, j'avais perdu toute crédibilité et je me sentais complètement dépassé… Je recevais de très nombreuses sollicitations pour du business crapuleux, que je refusais systématiquement. J'avais très peur d'être pris en flagrant délit avec des personnes peu recommandables, je n'avais aucun intérêt à replonger alors que je tâchais péniblement de me reconstruire. Deux de ces personnes sont même venues jusqu'en bas de chez moi, elles me harcelaient, hurlaient mon nom au pied de mon immeuble, à cinquante mètres des Champs-Élysées. Ma compagne gérait son affaire à quelque pas de là, elle avait pignon sur rue, alors il était aisé pour eux d'aller la voir, de leur donner leur numéro et de lui dire de me le transmettre afin que je les rappelle. Ils ne disaient jamais pourquoi, et il y a eu dans le lot de malheureuses expériences. Je ne cache pas que l'appât du gain était tentant. Je tentais une réinsertion qui n'en était pas vraiment une. J'étais habitué à une vie luxueuse, il m'était très difficile de retomber en bas de l'échelle, d'être un monsieur Tout-le-Monde au SMIC. J'avais envie de gravir les échelons plus rapidement, d'emprunter des raccourcis pour rattraper le temps perdu. Mais l'époque n'était déjà plus la même. En deux ans d'absence, je constatais que le monde avait continué de tourner sans moi, donc je devais me remettre en selle en quelque sorte, pour pouvoir me refaire un nom. Je me suis fourvoyé à plusieurs reprises. Je pensais être le même homme lorsque je suis sorti de prison, mais j'ai réalisé, en faisant de mauvaises expériences, que j'étais à la ramasse. C'est comme un artiste ou un sportif qui prend un congé sabbatique et qui veut revenir sur scène ou sur le terrain : cela nécessite un sacré entraînement pour retrouver, voire surpasser, son ancien niveau. Quand vous vous retirez d'un marché pendant un temps, d'autres ont eu l'occasion de s'y installer. La nature déteste le vide.

L'un des épisodes les plus traumatisants liés à ma sortie de prison s'est déroulé le jour de la fête de Kippour. En septembre 2013, j'ai été victime d'une agression très violente dans la rue, le matin, tandis que je promenais mes chiens. Deux individus m'ont pris par surprise, casqués et gantés, et m'ont roué de coups. Un souvenir de la prison… En effet, alors que j'étais incarcéré, j'avais en ma possession un bracelet Cartier en platine. Un jour, je l'avais démonté car il sonnait chaque fois que je passais le portique. À force de réprimandes de la part des gardiens, j'ai décidé de le cacher dans mes affaires de prière, plus précisément dans mes phylactères. Ce sont des petites boîtes carrées qui renferment les bandes de parchemin où sont inscrits les versets de la Bible. Les Juifs les portent au bras gauche et sur la tête pour la prière du matin. Un jour, je me suis rendu compte que ce bracelet avait disparu. Ça ne pouvait être que l'œuvre d'un camarade de cellule et je savais pertinemment de qui il s'agissait. Malgré tout, j'ai décidé de me taire et de ne pas attiser la colère de cet homme, nous n'avions pas besoin de cela derrière les barreaux. C'était prendre le risque de subir une fouille des gardiens et, avec la présence de nos téléphones notamment, personne n'en avait envie. Plusieurs semaines après ma sortie de prison, l'un de mes amis m'a confirmé qu'il connaissait l'ancienne petite amie de cet homme-là et qu'elle avait été missionnée pour revendre un bracelet Cartier en platine dans une boutique de rachat d'or. La coïncidence était trop grande. J'ai demandé à cet ami s'il pouvait me présenter cette femme. Lorsque je lui ai décrit le bracelet, elle m'a confirmé ce que je savais déjà et m'a donné l'adresse de la boutique où elle l'avait revendu. Elle m'a donné le bon de l'acheteur, sur lequel était inscrit le numéro de série de mon bracelet. Par chance, j'avais conservé la facture de mon bijou et j'ai pu aller porter plainte contre cet homme. Il a évidemment été mis en garde à vue et condamné. Raison pour laquelle ses deux gorilles me sont tombés dessus un beau matin de septembre… J'ai été transporté à l'hôpital Bichat, et je m'en suis sorti avec une fracture du plancher orbital de l'œil gauche, d'où ma cicatrice. J'ai d'ailleurs failli perdre la vue de cet œil-là. La prison ne me quittait pas. D'une manière ou d'une autre, elle était là comme une vieille amie, me rappelant au quotidien qu'elle et moi allions nous retrouver tôt ou tard.

Tout ce cheminement depuis ma sortie : mes difficultés à aller mieux, mes tentatives ratées de refaire du business, les menaces qui planaient sur moi, de la part de personnes malintentionnées en voulant à mon argent et capables de me faire du mal, l'instruction de mon dossier qui se poursuivait… tout cela m'a fait réfléchir. La solution qui s'imposait était de tout quitter, de tout recommencer à zéro, là où ma famille et moi serions en sécurité, là où je pourrais préparer correctement ma défense. La décision était prise.

Ce qui me donnait de la force à cette époque-là, c'était Tess. Je me rappelle avoir toujours eu cette impression d'être un poisson nageant à contre-courant, incapable de retrouver son chemin, et puis je rentrais, je lui donnais son bain, je faisais l'avion avec sa petite cuillère et ses yeux pétillaient de malice et d'amusement. Elle était ma force, et si je n'ai pas replongé, c'est en grande partie grâce à elle, à son innocence. C'est après m'être remis de cette agression et au vu des problèmes judiciaires qui me pendaient encore au nez à cette période, que nous avons pris la décision de quitter le sol français, pour savourer pleinement le temps que j'avais à passer auprès des miens. Quand j'y repense, cela me donne l'impression d'être libre, au moins dans mon esprit. Ce voyage fut une parenthèse enchantée, la plus belle de toute mon aventure.

14

L.A., la vie rêvée des anges

Prison de la Santé, 360e jour

Il est question de voyage aux informations aussi, mais d'une tout autre nature… Nous sommes en février. Apparemment, un virus venant de Chine causerait de gros dégâts un peu partout dans le monde. Il faudrait être crédule pour croire qu'il épargnera la France. J'entends les gens qui témoignent, je lis leurs commentaires sur le Net et je me dis qu'ils sont vraiment idiots pour ne pas se rendre compte que bientôt ce sera notre tour. Je suis bien placé pour savoir que le malheur ne s'arrête pas aux frontières ; pour preuve, ni celles du continent américain ni celles d'Israël n'ont empêché la justice de me faire plier. J'ai froid ce matin, j'ai dû mettre une paire de gants et j'ai du mal à écrire. Pourtant, ces nouvelles ont fait ressurgir en moi des souvenirs, bons et moins bons, qu'il me faut coucher sur mon carnet tant qu'ils sont encore chauds.

Notre périple américain était illégal, car j'étais sous le régime de la conditionnelle en attendant que l'instruction soit terminée pour avoir une date de procès.

Nous partions par vagues de trois mois, car je ne pouvais avoir qu'un visa touristique, il fallait donc scrupuleusement respecter les dates, ne surtout pas se mettre l'administration et les services de l'immigration des États-Unis d'Amérique à dos. Lorsque je n'étais pas en Amérique, j'allais en Israël. Je faisais également des sauts de puce en France afin de respecter la procédure de contrôle judiciaire à mon encontre. Pour cela, je voyageais par la Belgique, faisant très attention à tous mes mouvements, à tous mes faits et gestes. Le fichier national des personnes soumises à un contrôle judiciaire n'est devenu européen qu'après les attentats du Bataclan en 2015.

Juillet 2014. Je pensais pouvoir profiter un peu de mon été avec Chirelle, ses enfants et les miens. Nous avions prévu de nombreuses sorties, notamment Disneyland, le musée du Louvre, l'Opéra Garnier et avions même loué un bateau pour voguer sur le canal Saint-Martin avec Tess. Tandis que je préparais des vacances de rêve à offrir à mes enfants, mes avocats m'apprenaient coup sur coup l'augmentation de ma caution, qui avait été multipliée par 47, passant de 125 000 à 6 millions d'euros. Nous avons beaucoup discuté avec Chirelle : la meilleure solution pour nous de continuer à jouir de la liberté était de repartir aux États-Unis.

Ce fut le début de ma première cavale, que je partagerais entre l'Amérique et Israël. À ce moment-là, je n'étais pas encore recherché puisque la Cour de cassation venait tout juste de rendre son arrêt, validant celui de la cour d'appel d'augmenter ma caution. J'avais donc quelques jours devant moi pour m'organiser. Si la somme a été augmentée, c'est parce que le juge Daieff pensait que mon patrimoine américain s'élevait à plusieurs millions, partagés entre les voitures et les investissements immobiliers. D'après ses énonciations, il semblait même la considérer comme modeste, comparé au montant de ce prétendu patrimoine. Il n'a évidemment jamais été en mesure de prouver quoi que ce soit, et Dieu merci… Si j'ai pris cette décision de partir en cavale, c'est pour éviter de payer cette somme faramineuse. Je souhaitais aussi prendre du recul, me mettre à l'abri pour préparer ma défense et prouver que sa demande était illégitime. Mais ça, je voulais pouvoir le faire depuis l'extérieur de la prison, pour réfléchir posément et, surtout, pour pouvoir profiter de ma fille.

Rester en France aurait été dangereux, je voulais quand même revenir afin de respecter mes contrôles judiciaires, mais nous avions aussi envisagé le fait qu'à un moment donné, je ne pourrais peut-être plus le faire. Mes retours pouvaient devenir dangereux et si je me faisais coincer, je savais que je me retrouverais rapidement derrière les barreaux pour non-paiement de la caution. En effet, le paiement d'un cautionnement en droit pénal français fait partie des mesures coercitives d'un contrôle judiciaire. J'avais conscience que je retournerais en prison bien assez tôt, je voulais seulement gagner du temps et vivre.

Enfin l'heure de mon départ a sonné. Mes enfants m'ont accompagné gare du Nord afin que je gagne Bruxelles, pour ensuite prendre un vol pour New York, avant d'atterrir à Los Angeles. Je devais éviter les aéroports français pour ne pas me faire attraper ou laisser des traces de mon passage. À la gare, mon plus jeune garçon, Benjamin, n'a pas cessé de pleurer. J'ai eu beaucoup de mal à retenir mes propres larmes tant c'était déchirant. Ils me voyaient partir avec Tess et je me sentais meurtri, j'avais l'impression de les abandonner, encore une fois… Bien sûr, eux pourraient me rendre visite, mais moi, je ne le pourrais pas. Je ne serais pas là pour leur rentrée scolaire, pas là pour assister à leurs progrès, pas là pour les rassurer en cas d'échec. Je me sentais tellement coupable de leur faire payer mon absence. Même si la perspective de vivre à Los Angeles ne me déplaisait pas, j'aurais aimé rester. Pour eux. Mais les ennuis judiciaires me rattrapaient à grands pas, je savais que je pouvais me faire arrêter du jour au lendemain et il était hors de question de retourner dans l'enfer carcéral de la Santé.

Depuis six mois, nous avions commencé à déménager nos affaires grâce à un transporteur américain. Pas les meubles, car notre logement était meublé, mais j'avais déjà transféré mes vêtements et le reste de mes affaires. Chirelle était installée là-bas avec notre fille et toutes deux m'attendaient à l'aéroport quand je suis arrivé dans l'après-midi du 7 juillet 2014. Quand je les ai vues, je me suis senti heureux. Ma fille de trois ans m'a lancé avec son léger accent américain :

– *Daddy, give me a kiss.*

J'étais en cavale, mais je me sentais chanceux et heureux.

Nous logions au *Palazzo East*, dans le quartier tendance de West Hollywood, notamment connu pour l'emblématique Château Marmont et grouillant de comedy clubs, de salles de concert et de restaurants. Le *Palazzo* abrite des appartements de luxe qui entourent une immense piscine centrale, à deux pas de The Grove, un centre commercial très réputé qui regorge de restaurants et de cinémas, et où vous pouvez admirer toutes les heures un spectacle aquatique à l'ombre des palmiers. Au pied de ce centre commercial se trouvait une zone de plein air où se tenaient le Farmous Market, un marché très fréquenté, ainsi qu'une luxueuse pâtisserie française. Nous avions la chance d'avoir aussi une épicerie fine, *Monsieur Marcel*, qui importait des produits exclusivement français. Tess ainsi que les enfants de Chirelle qui vivaient avec nous, étant scolarisés dans une école juive, le vendredi après-midi était chômé avec shabbat et nous allions souvent pique-niquer là-bas. Nous étalions une petite couverture sur l'herbe, aux abords d'un pont sous lequel se trouvait un lac rempli de poissons. Tess pouvait ainsi manger son bretzel et nous pouvions profiter du soleil californien et parfois de ses étoiles, le ciel là-bas étant beaucoup plus dégagé qu'à Paris ; c'était spectaculaire. Nous louions un duplex de 160 m^2 avec trois chambres et un accès à une salle de sport et un SPA climatisé, dont le loyer de 8000 € était prélevé sur l'un de mes comptes américains.

Une bouffée de nostalgie me serre le cœur quand j'y repense. Je vivais ma vie rêvée… en cavale. J'avais ce que j'avais toujours voulu, étais heureux au soleil, entourée d'une famille aimante et de tout le luxe possible et imaginable. Mais j'étais recherché dans tous les aéroports européens. Souvent je me demande si le destin s'est joué de moi, je me demande pourquoi je ne me suis pas donné la chance d'avoir tout ça sans m'embourber dans des affaires illégales. J'étais trop pressé… Si seulement j'avais pu l'être un peu moins, peut-être serions-nous encore là-bas, heureux, peut-être Chirelle serait-elle encore dans mes bras…

En août 2014, nous avons décidé, avec Chirelle, de nous unir civilement à Beverly Hills, notre mariage religieux ayant déjà eu lieu en 2011 à Paris. Ce n'était pas du tout comme on peut le voir à la télévision, le genre de cérémonie qui dure cinq minutes, célébrée par un Elvis local. Nous nous étions inscrits de nombreux mois auparavant, les bans avaient même été publiés. C'est un officier ministériel de la mairie qui a célébré notre amour. Nous n'avions pas voulu faire de grande fête, pour une fois, nous n'aspirions qu'à une journée simple, marquée par la présence de nos sept enfants. Ils étaient tous là, les siens comme les miens, et nous avons profité d'un bon repas au restaurant. Le reste de la journée s'est déroulé dans le parc d'attractions Universal Studios. Je me sentais bien, apaisé, entouré de tous ceux qui m'étaient le plus cher. Une parenthèse dans le tumulte de ma vie dont je conserve un excellent souvenir et seulement une photo de nous tous réunis.

Je me rappelle que nous voulions vivre chaque jour comme s'il s'agissait du dernier, avant mon retour probable en prison. J'ai essayé de mener, pour la première fois, une vie normale. J'avais encore beaucoup d'argent de côté, que j'avais préservé des autorités. Nous pouvions facilement nous laisser vivre quelques années et, durant ces premiers mois, je n'ai pas essayé de faire du business, j'ai essayé de vivre, de ne penser qu'à ma famille, à notre bien-être et à rattraper tout le temps perdu avec eux. Par sécurité, j'avais quand même embauché un avocat sur place, pour m'aider à gérer les déconvenues judiciaires qui se poursuivaient en France. Je m'étais présenté à mes premiers contrôles judiciaires, jusqu'à ce que je sois dos au mur et que je doive impérativement payer les fameux 6 millions. À partir de ce jour, je ne suis plus venu et mon absence a rapidement été signalée. J'étais dorénavant recherché. Jonglant avec des visas touristiques et devant partir tous les trimestres en Israël, le temps qu'ils soient renouvelés, la présence d'un avocat dans mon sillage me rassurait.

À cette époque, mes trois premiers enfants avaient alors dix-sept, quinze et treize ans, et venaient à chaque période de vacances scolaires. Ils étaient mon socle, ils l'ont toujours été. Hormis ma famille, j'avais globalement peu d'amis. Il y avait parmi eux Christian Audigier, un couturier qui n'est plus de ce monde aujourd'hui, Hassan, mon fidèle fournisseur de jeans, Franck et Vanessa, un couple de Français que nous connaissions déjà sur le territoire francophone.

Nous étions également proches d'un journaliste cinéma de Canal+, Ramzy Malouki. C'est un Franco-Tunisien d'une très grande gentillesse, qui m'avait donné l'adresse d'un excellent boucher où j'allais acheter des merguez cacher. Il venait régulièrement à l'appartement avec son fils qui avait l'âge de ma fille. Chaque fois, il nous régalait d'anecdotes et d'histoires croustillantes. Et puis il y avait mon fidèle chien Bugatti. Anakin avait rendu l'âme quelques mois plus tôt en Israël. C'était peu, mais c'était assez, nous nous suffisions à nous-mêmes. La plupart de nos connaissances sur place étaient des Français expatriés. Les liens se créaient facilement, nous venions généralement pour les mêmes raisons : l'envie de vivre au soleil dans une ville qui offre tout ; nous n'avions pas de difficultés à nous trouver des points communs. Je pouvais vivre comme un homme lambda, ces gens-là ne me connaissaient pas, n'avaient pas connaissance de mes démêlés avec la justice. Cela me faisait beaucoup de bien, de ne pas avoir à me justifier, à expliquer.

Notre routine était des plus agréables. Le matin, nous allions prendre notre petit déjeuner dans une franchise Nespresso qui se trouvait sur Canon Drive, une avenue de Beverly Hills. C'était un café tenu par des Français, dans lequel nous pouvions consommer des croissants français.

Je souris en y repensant car, en sortant l'un de ces matins pour mettre une pièce dans le parcmètre, j'ai croisé… George Clooney. Il était devant le café, sur sa Harley-Davidson, et j'en suis resté bouche bée. C'était tellement cliché que j'en aurais ri si je n'avais pas été aussi surpris. Il m'a regardé en m'adressant un sourire tandis que je le dévisageais, un peu ahuri, puis il est remonté sur sa moto et est reparti. Voilà ce qu'est la Californie pour un Français : l'impression constante d'être dans une publicité ou dans un film. Malgré le fait que j'étais en cavale, c'était la dolce vita. Cela ne fait que cinq ans et pourtant, j'ai l'impression que c'était il y a une éternité. Je regarde le café que j'ai entre les mains, à l'instant où j'écris ces lignes, il n'a pas du tout la même saveur. Il est amer comme ma vie en ce moment. Pour autant, revoir le sourire de Clooney me fait du bien. Quel contraste quand y pense, aujourd'hui je suis cloîtré dans un 9 m² alors que lui se trouve probablement dans son immense villa au bord du lac de Côme !

Professionnellement, j'avais nourri, quelques années plus tôt, un projet américain d'envergure qui, je l'espérais pourrait voir le jour maintenant que je vivais sur place.

C'était à l'été 2008, et je rencontrai pour la première fois Christian Audigier grâce à l'un de nos amis communs. Il était déjà bien connu pour être l'ami des plus grandes stars telles que Michael Jackson, Britney Spears, Paris Hilton, Snoop Dog, Madonna ou Stallone… Et était également réputé pour ses festives soirées fréquentées par la jet-set à Los Angeles. Je l'avais rencontré à Saint-Tropez, lors d'une soirée chez Jean-Claude Mimran, aussi surnommé « le roi du sucre ». À ce moment-là, mes finances se portaient à merveille, nous étions au cœur de mon business dans le CO_2. La première vision de moi qu'il a eue, c'était dans ma Rolls. Entre nous, le courant est très bien passé, nous avons rapidement sympathisé et je lui avais promis de venir lui rendre visite si j'étais amené à venir à Los Angeles. En 2009, après de nombreux échanges et avec des avocats et des associés, nous avions pour projet de racheter la résidence de Michael Jackson, The Manor, ancienne propriété de Aaron Spelling, qui appartenait à l'un des associés de Christian Audigier. Michael Jackson n'était pas propriétaire mais locataire de cette demeure. Le loyer s'élevait à 100 000 $ par mois, payé par AEG (Anschutz Entertainment Group), le promoteur de sa tournée *This is it*, à Londres. C'est au sein de cette maison qu'il a rendu son dernier souffle, le 25 juin 2009, et nous avions dans l'idée d'en faire un musée ouvert au public. Secrètement, je rêvais de pouvoir y vivre, de posséder cette maison et d'organiser des heures de visite, comme cela se fait à la Maison-Blanche.

Ma passion pour la star de la pop ne m'a jamais quitté depuis mes années collège. Cela peut sembler un peu spécial de vouloir vivre dans la maison d'un mort, mais comme chaque fois que j'ai une idée en tête, il faut que j'aille jusqu'au bout, je ne peux pas m'en empêcher. Finalement, être en prison me permet de remettre les choses en perspective. Ici, je ne peux rien faire et j'ai le temps d'analyser, de décortiquer ma vie. Que d'erreurs ! Que de désillusions… J'essaie chaque jour de méditer ici, ce n'est pas le temps qui me manque ! Je ne cherche pas à faire le vide dans ma tête, mais j'essaie de me rencontrer, de faire la paix avec moi-même et de mettre le doigt sur ce que je peux améliorer chez moi. Je me raisonne, je me dis que je dois ralentir, ne pas foncer tête baissée. Ici, c'est facile, j'ignore si une fois dehors, je pourrai mettre en application toutes mes bonnes résolutions, espérant que mes vieux démons ne refassent pas surface…

Malheureusement, nous n'avons pas obtenu les autorisations nécessaires pour le stationnement des véhicules, tels que les cars de touristes, sur la voie publique. Et sans ça, impossible de proposer une attraction touristique. Par conséquent, il nous fut impossible également d'obtenir un financement bancaire malgré un apport conséquent de 30% chacun de la somme en cash – environ 5 millions de dollars – pour pouvoir financer cette acquisition de 17 millions de dollars et mener à bien ce projet. Par ailleurs, aux États-Unis, il n'existe aucun passe-droit. Peu importent la notoriété, la richesse, la puissance… la loi est au-dessus des hommes. J'ai revu Christian à quelques reprises, en 2014, durant ma cavale. Nous sommes allés au restaurant, comme si rien ne s'était passé me concernant. Il ne me parlait jamais de mes déboires judiciaires, qu'il connaissait pourtant. Hélas, il est décédé quelque temps plus tard, le 9 juillet 2015. Je regrette beaucoup de ne pas avoir eu l'occasion de lui dire au revoir.

J'ai par la suite entrepris deux business sur le sol américain. J'avais racheté l'entreprise d'un ami, 19 Télécom, un opérateur téléphonique britannique. Je vendais principalement des cartes SIM. Aujourd'hui, c'est un commerce qui a perdu de son intérêt étant donné que nous utilisons principalement la data. Le principe de cette entreprise était de pouvoir téléphoner, envoyer des SMS et se connecter à Internet depuis l'étranger, sans passer par le *roaming*. Le principe du *roaming* nécessite de payer l'opérateur étranger par lequel vous passez sans y être abonné. Avec nos cartes SIM, plus besoin de payer pour des communications menées depuis l'étranger. J'avais réussi à engranger 50 000 $ dès le premier mois, j'étais évidemment très content. Mon second commerce était une compagnie de Uber. J'avais acheté une dizaine de véhicules et recruté des chauffeurs. À l'époque, c'était un marché florissant. Tout ceci était fait dans la légalité, j'avais cessé de mettre mon nez dans le carbone depuis mon tout premier passage en prison.

Je profite de me remémorer ces souvenirs pour les ancrer de nouveau en moi, j'essaie de retrouver les odeurs, les sensations et de faire rejaillir tous les paysages magnifiques que nous avons pu admirer… Je cherche désespérément à me rappeler des moindres détails de cette vie rêvée des anges, ma vie… J'ai tellement peur aujourd'hui que mes enfants m'en veuillent, qu'ils me tournent le dos, que revivre tout ça me permet d'éloigner ces idées noires qui me dévorent chaque jour l'esprit. Ainsi je repense à une journée passée avec Ayrton, pour lui offrir les baskets de ses rêves. Notre moment père-fils était venu. Il est monté à l'arrière de mon scooter et nous avons roulé environ une heure, de Malibu à la pointe Ouest de Los Angeles, jusqu'au Staple Center. C'est un souvenir que nous chérissons l'un et l'autre encore aujourd'hui, un instant de bonheur suspendu, aussi fragile qu'une bulle de savon. J'ai adoré cette journée, comme tous les bons moments que je parvenais à voler au temps qui me rattrapait, je vivais une course contre la montre et le gong allait bientôt sonner, l'instruction de mon dossier n'allait pas tarder à se clôturer et la date de mon procès approchait, il débuterait en mai 2017 pour se terminer un mois plus tard. Bientôt la dure réalité de mes actions passées allait m'engloutir. Je ne m'étais pas trompé, la preuve en est aujourd'hui…

L'argent que je gagnais grâce à 19 Télécom nous permettait de ne plus utiliser celui que je gardais en sécurité. Nous pouvions continuer de nous offrir des dîners au *Cut*, le genre de restaurant qui m'avait autrefois donné envie de créer le mien ou des pauses déjeuner au *Pico Daily*, un snack haut de gamme situé sur Pico Boulevard. Je me rappelle qu'ils faisaient des sandwichs cacher remplis de charcuterie, que nous appelions « les sandwichs Scoubidou et Sami » tant ils étaient garnis.

Notre train de vie en Californie, grâce aux entreprises légales créées au nom de Chirelle et que je dirigeais, nous permettait de vivre confortablement. Encore une fois, avec le recul, je me dis que j'aurais pu avoir tout ça sans frauder dès que l'occasion se présentait…

À l'automne 2014, mon visa touristique était sur le point d'expirer et nous devions aller en Israël, comme à chaque fois. Lors de notre dernière soirée, avant de partir à Tel-Aviv, nous avons assisté au concert de Charles Aznavour. Il avait adapté ses chansons à son public américain, et avait chanté tout son répertoire en anglais, sauf une seule de ses chansons, « Je voyage », en duo avec sa fille Katia.

Ce voyage dans les limites
De vos regrets, de vos remords
Est-ce un refuge ? Est-ce une fuite ?
Ou bien une aventure encore ?
Sur l'eau calme de mon âge
Où l'orage ne tonne plus
De mirages en mirages
Vers mes plages de temps perdu
Je voyage

En entendant ces paroles, j'ai eu la sensation d'un coup de poing dans l'estomac. Le lendemain, moi aussi je voyagerais. J'ignorais alors que j'avais vécu ma dernière soirée en Amérique.

Nous avons atterri à Tel-Aviv début octobre, après un vol de plus de quinze heures, sans escale, dans un Boeing 777 de la compagnie EI AI, en première classe.

Nous logions dans ma maison à Eilat, au sud d'Israël, à la frontière de l'Égypte et de la Jordanie. Face à nous se trouvait la ville jordanienne Acabah, et sur la même rive que ma maison, à environ 5 kilomètres, c'était la frontière égyptienne.

Eilat est une très belle ville portuaire au bord de la mer Rouge. Son eau turquoise est réputée et il n'est pas rare d'y apercevoir dauphins et autres mammifères marins. De nombreux touristes y viennent pratiquer la plongée sous-marine. Ma villa faisait 500 mètres carrés, avec une piscine sur la terrasse. Nous disposions de cinq chambres et de trois salles de bains. La décoration avait été entièrement réalisée par Chirelle, c'était très coquet. Je crois que si mon appartement israélien ressemblait à mon appartement parisien, c'est parce que j'essayais de combler un vide.

J'aime Israël, mais ce n'est pas dans ce pays que je voulais être en cavale. Là-bas, c'était la prison dorée plus que la liberté. Je vivais comme un prince, mais dehors, les Israéliens sont en short et en sandales, ce n'est pas Los Angeles et je ne pouvais pas dépenser mon argent comme en Amérique. Terminé le choix de restaurants, de sorties… Et puis le rythme de vie est également différent, déjà parce que le jour se lève très tôt, vers 4h, 4h30 du matin. Mon quotidien était totalement chamboulé. Je me levais vers 4h pour promener mon chien, Anakin, puis mes journées étaient toutes identiques, il n'y avait plus les fabuleuses parenthèses hollywoodiennes. Chaque jour, je m'installais à mon bureau pour lire et répondre à mes mails et travaillais pour 19 Télécom depuis ma terrasse. Heureusement, les heures de décalage me permettaient de traiter facilement avec l'Asie ou la Californie et je pouvais continuer de développer mon business de revente de cartes SIM. En parallèle, je négociais avec mes avocats, Éric Dupont-Moretti, Manuel Abitbol, Valérie Daibilian, Philippe Ohayon… On essayait de faire baisser ma caution de 6 millions, que je puisse rentrer en France, la payer et vivre libre.

J'avais l'impression que chacune de ces journées était interminable. Même si Chirelle n'était pas loin de décrocher la lune pour que je me sente à l'aise, la vie israélienne n'avait pas la même saveur. Pour combler tous les manques que je ressentais, je faisais importer des meubles, c'était des achats compulsifs et égoïstes, mais ça me permettait de me sentir mieux. Nous avions ainsi fait importer une table et, rien que pour ça, en Israël c'est très compliqué car tout doit passer par le commerce local. Et moi, ce que je voulais ne se trouvait qu'en Europe.

Je rejetais inconsciemment ce pays d'adoption alors qu'il aurait pu être le berceau d'une vie paisible… Si j'avais réussi à me satisfaire d'un quotidien familial à Los Angeles, je réalise que c'est parce qu'à côté, j'avais pu continuer de mener un train de vie démesuré. Israël ne me permettait pas ces folies. Je ne le réalisais pas encore, mais je n'étais toujours pas prêt à mener une vie calme. J'avais besoin de vagues, de courants et du chaos pour me sentir exister.

Chaque jour arrivaient par le fret des objets et de la nourriture française. J'ai fait importer une table de ping-pong de la marque Cornilleau, j'ai choisi le modèle le plus haut de gamme, mais aussi un baby-foot de la marque Bonzini, aux couleurs de la Coupe du monde de 1998, France-Brésil. Des macarons de chez Pierre Hermé, même une galette des Rois pour l'Épiphanie, des chocolats de chez Patrick Roger qui valaient alors 20 € et que je payais 90 € avec les frais de transport… Les senteurs dans mon appartement me faisaient songer au Quartier Latin de Paris et les plantes que je faisais importer me rappelaient le Jardin des Plantes… Heureusement, nous avions sur place un Français qui tenait une fromagerie. Beaucoup de choses me manquaient, le cinéma, par exemple. Nous n'avions qu'un petit cinéma à Eilat, qui diffusait des films américains sous-titrés en hébreu. J'avais donc une Apple TV, pour pouvoir visionner les films français quatre mois après leur sortie, et je m'abonnais à tous les journaux : *Le Parisien*, *Le Figaro*, *Le Monde*, *Libération*, mais aussi *Paris Match*, *VSD*, *Gala*, *L'Express* ou encore *Sport Auto*, *L'Auto Journal*, *L'Automobile Magazine*…

Je m'étais reconstitué une vie parisienne en Israël.

Il y avait de bons moments malgré tout. Par exemple, un

matin, j'ai découvert la présence d'un porte-avions américain ancré juste devant mon appartement. J'ai pu observer les soldats américains pratiquer leur jogging matinal, faire des allers-retours sur un pont qui ne mesurait pas moins de 300 mètres de long et 76 mètres de large. En comparaison, un stade officiel de football mesure entre 90 et 120 mètres de long, pour une largeur de 45 à 90 mètres. C'est dire comme c'était impressionnant. J'ai également eu la chance de voir une fois une frégate française, elle aussi amarrée au pied de chez moi.

Tout mon temps libre je le passais avec Chirelle, elle était ma constante dans la vie. Le matin, nous déposions Tess à l'école, puis nous allions sur la plage, au restaurant... C'était de petits moments d'insouciance, de bonheur simple... Être coincé dans ce pays me déprimait malgré tout. Si L.A. m'avait fait oublier la prison française, Israël me la rappelait. Et puis, une mauvaise nouvelle a fini de me décourager : il m'était impossible d'avoir des papiers d'identité israéliens.

En effet, à mon arrivée, j'avais fait une demande auprès du ministère de l'Intérieur pour devenir citoyen israélien. D'abord, j'étais juif, ensuite, j'étais marié avec une Israélienne. C'était déjà normalement suffisamment pour que ma demande soit acceptée. Par ailleurs, je pouvais prouver que je passerais 100% de mon temps sur le territoire. Ils m'ont alors demandé un extrait de mon casier judiciaire. Cette demande sous-entend que ce dernier soit traduit en hébreu et apostillé, c'est-à-dire qu'il soit validé légalement par les autorités compétentes afin de prouver son authenticité. Cela m'a demandé plusieurs semaines, mais je leur ai tout fourni, ainsi que mon certificat de judéité du Consistoire israélien de Paris. Lorsqu'ils ont vu que j'avais été arrêté pour fraude fiscale, ils m'ont demandé le jugement correspondant à cette condamnation. Pour le commander, le faire traduire et apostiller, il fallait encore attendre des semaines et payer, évidemment. Cela m'a coûté environ 2000 €.

Ils m'ont convoqué après réception des éléments et leur réponse a été sans appel : ils ne me donneraient pas tout de suite la nationalité, j'avais seulement droit à un permis de travail. Je me suis senti vraiment très en colère ce jour-là. Chaque Juif dans le monde a le droit d'un retour à la Terre, notre Terre promise, qui nous permet de venir vivre en Israël et de changer d'identité. Je voyais dans la salle d'attente des Russes, des Ukrainiens, certains parmi eux étaient heureux d'avoir leurs papiers alors qu'ils n'étaient même pas juifs. Certains avaient de grandes croix orthodoxes tatouées sur la peau. C'était incompréhensible pour moi.

Ma réponse a elle aussi été sans équivoque, je me souviens de m'être exclamé :

– Lui, là-bas dans la salle d'attente, on ne sait pas d'où il sort, c'est peut-être un voyou et il a le droit d'être israélien, et moi qui suis juif, je n'en ai pas le droit ? Par rapport à ce que j'ai fait en France, je vais vous dire un truc, il ne vaut mieux pas que je le fasse ici, parce que votre pays ne s'en remettrait pas.

Et je suis parti. Je n'ai jamais eu la nationalité israélienne et je ne la demanderai plus jamais. Je n'y suis jamais retourné depuis mon départ, en mars 2016.

Encore une fois, la vie se compliquait et mon quotidien aussi. Ce n'était pas comme en Californie, où les gens ne vous connaissent pas, ne font pas attention à vous… En Israël, on me connaissait, je devais sans cesse me cacher parce que j'étais en cavale, je risquais chaque jour d'être dénoncé. S'il n'y avait pas eu autant de contraintes avec les visas américains, si j'avais pu rester plus longtemps là-bas, je l'aurais fait sans hésiter. J'avais dû renoncer aux belles voitures et m'acheter un scooter pour pouvoir me déplacer incognito ; je devais toujours être sur le qui-vive et rester prudent pour ne pas me faire coincer par la police.

Néanmoins, je demeurais buté. Je voulais à tout prix retourner aux États-Unis, je n'en démordais pas. Le refus de ma nationalité israélienne n'avait fait que renforcer mon envie de partir et, en janvier 2015, Chirelle a obtenu un rendez-vous à l'ambassade des États-Unis à Tel-Aviv pour demander un visa. Nous avions renoncé au visa touristique, visant cette fois-ci un visa d'immigrant. Ce dernier devait être à son nom, car l'entreprise 19 Télécom l'était aussi. La demande avait été déposée par notre avocat, il s'agissait d'un entretien obligatoire avant la décision finale. Pour obtenir ce dernier, nous devions prouver nos intentions et donc jouer la carte commerciale. Avec un projet entrepreneurial solide sur le sol américain, Chirelle pouvait l'obtenir et en conséquence moi aussi, puisque nous nous étions mariés selon la loi californienne. Malheureusement, le rendez-vous s'est mal déroulé. Paniquée, elle a mal répondu à certaines questions posées et l'agent d'immigration n'a pas jugé le projet ni solide ni viable, notre demande a donc été refusée. Dans la foulée, mon beau-frère, Ludovic, m'a téléphoné et sur un ton narquois et ironique, m'a demandé de me connecter à Internet et de consulter le site d'Interpol. C'est là que j'ai vu que j'étais fiché, sous mandat d'arrêt international ; je figurais sur la *red notice*, à côté des terroristes, des trafiquants d'armes, des trafiquants de drogue… les plus redoutés de la planète. Sur ma fiche était indiqué « escroquerie ». Ce dévoilement est le fait du magistrat instructeur Guillaume Daieff, il n'était pas obligé de le faire, de rendre ces données publiques. Vous pouvez être recherché par toutes les polices du monde sans que le commun des mortels le sache. Mais c'était pour lui un moyen de pression et d'humiliation supplémentaire. Pour moi, c'était extrêmement déstabilisant de me voir ainsi qualifié d'homme recherché. Publiquement. De me retrouver au même niveau que des criminels bien plus dangereux que moi et traqué comme une bête sauvage dans le monde entier. Le piège commençait à se refermer et la zone de jeu se rétrécissait… Le roi de l'arnaque allait bientôt être mis en échec à cause des différents pions avancés par le biais de ma procédure pénale.

Coincé. J'étais coincé. Je le suis encore… Mon monde déjà effrité commençait à s'écrouler, brique par brique. Je tournais en rond comme un fauve et ma raison aussi commençait à s'effilocher. Je savais ce que ça faisait d'être pris au piège, je connaissais déjà la prison. Ce que j'ignorais, c'était de ne pas avoir de solutions. Mes idées s'embrouillaient jusqu'à me faire prendre de mauvaises résolutions… Nous avions décidé avec Chirelle de retenter une demande de visa, cette fois-ci à l'ambassade des États-Unis en France, non pas avec le projet 19 Télécom mais avec celui des Uber. J'ai été inconscient. Je commençais à être déstabilisé et c'était quelque chose que je ne savais pas gérer. Jamais je ne l'aurais avoué à l'époque, j'étais bien trop fier pour ça…

15

Des États-Unis à Israël, histoire d'une cavale

Prison de la Santé, 404e jour

Nous sommes le 16 mars. Ça y est, c'est aujourd'hui que le président Emmanuel Macron renforce son discours de la semaine dernière, dans une longue lettre que j'ai pu lire en ligne avec mon téléphone. Écoles fermées, commerces non essentiels fermés, grands rassemblements interdits, réunions familiales interdites… Et je me demande : Et nous ? Les pauvres cons en prison, qu'allons-nous devenir ? Je me faisais exactement la même réflexion lorsque je me suis retrouvé coincé en Israël. Prison dorée ou prison grise, quelle différence finalement ?

En voyant la notice Interpol rendue publique, j'ai pris conscience que je ne pourrais plus quitter Israël sans risquer de me faire arrêter. Le matin, je me réveillais avec un mal de ventre phénoménal. J'étais maussade et en colère. Je n'avais plus qu'une seule obsession : retrouver ma liberté. Le rêve américain était déjà hors de portée, là, je voulais seulement pouvoir rentrer en France, négocier ma caution et vivre libre, même sous conditions judiciaires, juste ne plus devoir être enfermé.

Ni en Israël ni en France Je savais que tout cela prendrait des mois, voire des années. Et l'idée était inconcevable. Je devais recouvrer des forces, me tenir prêt pour un très long combat. Moralement, c'est quelque chose de très épuisant que de prendre conscience que le chemin sera long et difficile.

En juillet 2015, mon avocate Valérie Daibilian m'a téléphoné, elle avait décelé une erreur matérielle commise par le juge Daieff et ses pairs, qui pourrait jouer en notre faveur. Le juge d'instruction avait établi une commission rogatoire internationale à mon encontre (CRI). C'est un acte juridique par lequel un juge charge un autre juge, ou selon la législation, une autorité de police judiciaire, d'instruire ou de rechercher des preuves dans une affaire déterminée. Il avait avancé son premier pion.

Il pouvait ainsi demander une coopération judiciaire au nom des traités en vigueur entre les deux pays. Quand la commission rogatoire est envoyée aux autorités judiciaires compétentes françaises ou d'un autre pays, ni le prévenu ni ses avocats ne peuvent savoir quelles pièces ou quels éléments sont demandés. C'est au retour d'enquête que le juge est obligé de la verser au dossier. Alors seulement nous avons pu savoir ce qui était réclamé. Il est apparu que le juge français avait établi cette commission le 21 février 2014. Il était indiqué que le prévenu – moi – avait été convoqué à deux reprises au cabinet du juge, le 3 mars 2014 et le 2 avril 2014. Que ledit prévenu ne s'était pas présenté, qu'il était actuellement en fuite aux États-Unis et en Israël, et qu'il était sous le coup d'un mandat d'arrêt international. Il demandait donc des éléments relatifs à son enquête, tels que la liste de mon patrimoine, etc.

L'avocate m'a immédiatement averti que ce document était

un faux. Parce qu'aux dates ciblées, j'étais bien en France et m'étais bien présenté à mes convocations. Elle m'a aussi ouvert les yeux sur un détail troublant. La commission était établie en février 2014 et stipulait qu'en mars et avril 2014 je n'avais pas respecté l'une de ces convocations obligatoires. Il était donc antidaté. Mon plan était de négocier avec lui, de le confronter à son erreur qui n'en était finalement pas une pour sa hiérarchie. À mon tour d'avancer un pion sur notre échiquier judiciaire. L'objectif était de faire redescendre mon cautionnement, que je puisse rentrer en France, le payer et vivre dehors, tout simplement. Je n'étais pas plein d'espoir comme mon avocate, mais je l'ai suivie et nous avons lancé le processus. Après leur entretien, le juge a accepté de revoir le prix de ma caution, sous conditions. À son tour de jouer : il ne voulait pas que dans la demande officielle de mes avocats son erreur soit pointée du doigt, alors mes avocats l'ont reformulée. Ils étaient contents, avaient l'impression de sortir vainqueurs de son cabinet. Moi, j'attendais que tout soit officiel pour me réjouir, je me méfiais de lui comme de la peste. Sa réponse nous est parvenue quelques jours plus tard et, évidemment, elle était négative. Rien ne l'incriminait de manière officielle, donc il n'avait aucune raison d'accéder à notre requête. Échec pour moi.

J'étais désespéré ; pourtant, mes avocats restaient confiants. Faire un faux, pour un juge dépositaire de l'autorité publique, est condamnable, c'est un acte criminel. Ils m'ont assuré qu'ils avaient de quoi le renverser. Ils voulaient porter plainte et demander sa révocation. Néanmoins, j'avais la certitude que nous n'obtiendrions rien de cette façon. Il serait couvert à coup sûr par ses pairs. Notre parole ne vaudrait rien contre la sienne. Et puis, une idée m'est venue à l'esprit. L'attaquer en France n'était pas une solution, mais pourquoi ne pas l'attaquer aux

États-Unis ? Le faux étant adressé aux autorités américaines, il était possible de le signaler à la justice, leur prouvant qu'ils avaient été bernés.

J'ai mandaté un avocat américain à Jérusalem, Donald Etra. C'est un ancien procureur de Los Angeles, un homme brillant, très intelligent. Il m'avait clairement dit : « Vous vous attaquez à un gros poisson », je me rappelle son intonation sur le *big fish*. Il n'était pas à cent pour cent convaincu, mais pensait que nous avions quelque chose à tenter tout de même. La malhonnêteté du juge le révoltait. Je les ai laissés faire leur métier, attendant des résultats, au moins une avancée, qui n'a pas tardé. Comme convenu, le juge Daieff avait été couvert et il s'agissait, selon ses pairs en France, d'une « erreur matérielle ». Une simple mauvaise note transmise. Je ne parvenais pas à comprendre comment un document antidaté, avec des informations fausses, pouvait réellement être considéré comme « erreur matérielle », c'était surréaliste. J'avais l'impression d'incarner l'un des personnages du film *Minority Report*. C'était à mon tour de jouer la course contre la montre pour prouver mon innocence. Le juge avait pour seul objectif de me nuire et pas d'établir la vérité et la véritable responsabilité de chaque protagoniste de cette affaire, mais il semblait impossible de le prouver. Mon avocat américain, Donald Etra, a mis en demeure le juge depuis les États-Unis par des courriers adressés directement au juge au pôle financier ainsi qu'au parquet général de Paris. Le juge Daieff a dû faire appel à un cabinet d'avocats californien réputé pour l'aider. Ses avocats ont demandé aux miens un délai supplémentaire pour préparer correctement sa défense.

J'ai découvert cela en pleine nuit, vers 3h du matin, alors que je me levais simplement pour aller aux toilettes. Je scrollais mes mails et j'ai alors lu celui de mon avocat. J'ai trouvé cela invraisemblable qu'un juge de renom s'accompagne d'un gros cabinet pour batailler contre moi, le malfrat recherché par Interpol ! Même si ça n'a pas duré, j'étais assez euphorique et plein d'espoir pour la suite : à mon tour de le mettre en échec ! La partie reprenait !

Je me rappelle m'être posé une question à ce moment-là, qui me taraude encore aujourd'hui : qui a payé ce cabinet d'avocats ? Lui avec son propre argent, ou bien le Syndicat de la magistrature ? Sachant que l'ouverture de ce dossier devait avoisiner les 50 000 dollars… Je n'ai jamais eu de réponse mais ne désespère pas de découvrir la vérité un jour !

Pour enfoncer le clou, j'ai également décidé de saisir la presse française. À mon tour de relancer la partie à mon avantage, Daieff !

Les journalistes ont commencé à s'affoler, à appeler le procureur de la République au tribunal de grande instance de Paris, qui était alors François Molins. Mon affaire a remué un merdier sans nom. Nous étions en plein dans l'« affaire HSBC », une affaire financière dans laquelle Hervé Falciani, ex-employé de cette banque, avait révélé à l'administration fiscale une liste de comptes bancaires non déclarés. Étaient également sur la table l'« affaire UBS » – une banque suisse condamnée pour fraude fiscale (condamnée en appel, en 2021, à 1,8 milliard d'euros en amende, confiscation et dommages et intérêts) – ainsi que l'« affaire Bernard Tapie », l'idole de mon adolescence, dont je suivais apparemment la voie. Mon affaire à moi, dans une certaine mesure, remettait en cause la partialité de ce juge d'instruction. J'ai dénoncé les agissements, avec preuve à l'appui, du juge Daieff auprès des avocats des autres prévenus, personnes morales et physiques, que ce même juge avait mis en examen pour les grands dossiers financiers que je viens d'évoquer.

En février 2016, Chirelle avait rendez-vous à l'ambassade des États-Unis à Paris pour la deuxième tentative concernant notre demande de visa. Avec comme argument mon entreprise de Uber alors à son nom. Lorsqu'elle est sortie de leurs locaux, deux policiers l'attendaient.

– Madame, suivez-nous, s'il vous plaît.

Des mots qui allaient sonner le glas de notre relation et briser notre vie maritale.

Aujourd'hui, j'ai croisé un détenu à la promenade, qui dessinait une réplique un peu tremblante, à cause du froid, du tableau de Van Gogh, La nuit étoilée. *J'ai repensé aux belles nuits californiennes et j'ai songé à ma vie d'aujourd'hui. Mon beau tableau est bien abîmé… Les couleurs sont passées, ont coulé jusqu'à former une masse sombre. Ma peinture parfaite n'en est plus une, seulement un brouillon sans forme et sans espoir d'être un jour exposé au grand public.*

Avant son rendez-vous, Chirelle m'avait téléphoné en fin de matinée pour me dire qu'elle était arrivée, que tout allait bien. J'avais géolocalisé son iPhone avec le mien. Puis vers 13h, n'ayant toujours aucune nouvelle, je l'ai géolocalisée de nouveau. Là, j'ai vu qu'elle n'était plus à l'ambassade mais à Nanterre, rue des Trois Fontanot. Il s'agit d'un bâtiment du ministère de l'Intérieur où se trouvent des offices centraux de la police judiciaire. J'ai tout de suite appelé mon avocat pour lui expliquer la situation. Les officiers qu'il a réussi à joindre étaient très surpris de constater qu'il possédait déjà cette information alors qu'elle n'avait toujours pas été transmise au procureur de la République. Nous nous sommes abstenus de parler de nos iPhone géolocalisés, car le sien aurait pu être désactivé. Mon avocat a brodé un mensonge plausible pour étouffer nos manœuvres et l'officier l'a informé que mon épouse passerait la nuit à la prison de Fresnes, avant d'être déférée devant un juge.

Y repenser encore me brise le cœur. J'ai rarement ressenti une aussi grande douleur que ce jour-là. J'imaginais ma femme derrière les barreaux et l'image était insoutenable. Non seulement je me sentais coupable parce qu'elle payait pour mes conneries mais, en plus, c'était un rêve qui s'effondrait. Tous mes espoirs s'envolaient. Aujourd'hui, cette rancune m'agite encore, parce que, si j'avais peur de tout perdre à cette époque, à présent c'est bel et bien le cas. Ma femme a déserté ma vie, ne laissant qu'une triste sensation de courant d'air entre les parois de mon âme.

Le lendemain, la juge d'instruction au tribunal de grande instance de Paris, Aude Burésy, l'a entendue et la sentence est tombée : la juge demandait son incarcération et avait saisi le juge des libertés et de la détention. Trente minutes plus tard, ce juge tombait d'accord avec elle et son incarcération fut officielle. Le moment où j'ai appris la nouvelle fut bien plus effroyable que l'annonce de mes propres incarcérations. J'ai envoyé valser notre jeu d'échecs virtuel, le juge Daieff avait pris ma reine et était sur le point de me mettre mat.

J'étais seul à Eilat, avec Tess et les enfants de Chirelle. Je suis tombé par terre, avec cette impression que la maison tournait autour de moi. J'avais la mer Rouge en face de moi, les montagnes, les contours de la Jordanie, tout se mélangeait pour former un tableau absurde, une réalité que je n'acceptais pas. La douleur était indescriptible, le monde s'ouvrait sous mes pieds et je me suis senti extrêmement faible. Autant j'avais eu l'impression d'être un véritable guerrier en m'attaquant à un magistrat depuis les États-Unis, autant là je comprenais que depuis le départ, je me battais avec un pistolet en plastique face à des gens possédant l'arme nucléaire.

Ma première réaction fut de téléphoner à mon père pour lui expliquer la situation. Je devais rentrer en France en acceptant sciemment la forte probabilité d'être incarcéré, je n'aurais jamais permis que ma femme reste en détention alors qu'elle était innocente. Je lui ai demandé de me rejoindre pour m'aider avec les enfants. Trois jours après, il était à mes côtés, prêt à m'accompagner, j'avais organisé ma reddition avec les avocats. Le deal était celui-là : je devais rentrer en France, ne plus quitter le territoire et abandonner ma procédure pénale aux USA à l'encontre du juge Daieff, ainsi ma femme serait libérée avec un cautionnement.

Ils avaient activé un levier de pression inhumain, totalement disproportionné. Steven Spielberg avait nommé un de ses grands films *Il faut sauver le soldat Ryan* ; je peux dire qu'en 2016, pour le parquet national français, le titre était : *Il faut sauver le juge Daieff*. Mettre mon épouse en examen pour mes fraudes est une pratique exceptionnelle que tout magistrat instructeur mal intentionné peut utiliser à l'encontre des épouses des prévenus en les poursuivant, comme ce fut mon cas. Ceci dans le but de faire naître une pression pour obtenir des informations de la part de ces derniers. Chirelle n'y était strictement pour rien, mais elle vivait avec moi, cela suffisait.

Nous avons pris l'avion en mars 2016 avec Tess, qui n'avait alors que cinq ans et mon père. Je n'ai jamais remis les pieds en Israël depuis ce jour. Dans l'avion, j'étais très nerveux et, discrètement, j'ai expliqué aux hôtesses qu'à l'arrivée la police m'attendait. Ce que je souhaitais, c'était que Tess puisse sortir avec mon père et ne me voie pas avec les menottes. Je ne voulais pas faire de vagues ni être l'objet d'une curiosité mal placée. Très gentilles, elles ont accepté de me faire sortir discrètement. Quand l'avion a atterri, j'ai embrassé ma fille avec tendresse, mon cœur battait à mille à l'heure. Je lui ai dit :

– Ne t'inquiète pas, je ne pars pas avec toi, mais on se revoit très vite.

C'est le plus gros mensonge que je lui ai dit de ma vie. On ne s'est revus que neuf mois plus tard… J'ai attendu que mon père parte avec ma fille et que l'avion se vide avant de sortir à mon tour. Les policiers m'ont ensuite menotté, les mains devant car je ne présentais aucun signe de dangerosité. Les mains menottées dans le dos signifient que vous êtes un individu agité. Lors du transfert jusqu'au palais de justice, une chaîne est accrochée entre les deux bracelets qui vous menottent et les policiers tirent dessus pour vous faire avancer. Ils vous tiennent en laisse. Comme un chien.

D'après ce qu'on m'avait dit, je devais me rendre, mon cautionnement devait être échelonné et je devais retrouver ma liberté. Chirelle, quant à elle, serait libre aussitôt. J'avais une dernière idée, peut-être que la partie n'était pas encore terminée, un coup à jouer pour la sauver.

Et j'ai perdu. J'ai été emprisonné et Chirelle est restée derrière les barreaux. Le motif de mon incarcération : « Non-respect du contrôle judiciaire ».

On m'a d'abord emmené au commissariat de Roissy comme le veut la procédure, avant de me conduire au Pôle financier, rue des Italiens. Lorsque je suis arrivé, on m'a conduit au sous-sol, dans un espace avec des cellules en verre. C'était propre et très bien entretenu. J'imagine que les prévenus ne sont pas les mêmes non plus entre la section financière et ceux qui sont coupables de délits de droit commun. Néanmoins, j'estime que la qualité des lieux et leur propreté devraient être égales. Une ancienne amie est venue me voir. C'est une femme un peu plus jeune que moi, qui a grandi dans ma communauté à Pantin. Je l'ai connue à l'adolescence, lorsqu'elle s'est convertie au judaïsme. Elle a fait des études de droit puis est entrée à l'École nationale de la magistrature avant de devenir magistrate. Elle a d'abord été procureure à Bobigny puis, après une promotion, est devenue procureure à la section financière de Paris, le PNF : le Parquet national financier. Elle m'a rendu visite, a assuré aux gendarmes qui gardaient ma porte que tout se passerait bien. Elle savait que je n'étais pas violent, nous nous étions suffisamment connus pour qu'elle ait confiance en moi. L'entretien qui a suivi fut assez surréaliste. Déjà, elle me tutoyait. Même les gendarmes à ma porte étaient dubitatifs. Elle était procureure, elle ne devait pas venir souvent rendre visite aux détenus.

– Gregory, qu'est-ce que t'as fait ?

– De quoi parles-tu ?

– Ce que tu as fait au juge… tu le tiens par les couilles.

– Ton juge n'est qu'un faussaire, je ne fais que me défendre.

– Mais la manière dont tu l'as fait, le faire chanter de la sorte…

– C'est pour ça que vous m'avez mis en prison ?

– Écoute, il faut que tu arrêtes tout ça. On va remonter, et je vais demander ton incarcération.

On se parlait comme de vieux amis, c'était invraisemblable. Lorsque je l'ai raconté à mon avocat, il était sidéré qu'elle soit venue mais aussi qu'on se soit tutoyés sans faux-semblants. En revanche, lorsque le débat contradictoire avec le juge des libertés et de la détention s'est déroulé, ce n'était plus du tout la même femme. Elle me vouvoyait et elle s'est montrée extrêmement virulente. Elle a demandé mon incarcération, l'a obtenue et je suis parti. Fin de partie, échec et mat, retour à la case prison…

Après cet entretien, j'avais de plus en plus la sensation que la justice n'avait plus sa place dans mon affaire, c'était un véritable règlement de comptes. Un juge m'accusait à tort, je le mettais en cause avec mes avocats, ils emprisonnaient ma femme innocente puis nous emprisonnaient tous les deux. C'était un moyen de pression redoutable, je sentais qu'il allait bientôt avancer son dernier pion, quel coup tordu allait-il me faire ? J'étais en état de choc, mon épouse aussi, et nos avocats ne parvenaient pas à se dépêtrer de cette situation. Toute la procédure était légale, mais c'était une procédure et une légalité de voyou. Nos familles étaient effondrées, celle de Chirelle me rendait responsable de tout ce qui nous arrivait.

Lorsque je suis arrivé à Fresnes, j'ai ressenti une sorte de soulagement. J'étais persuadé que tout cela allait s'arrêter, que mes ennuis judiciaires touchaient à leur fin. Même si c'était l'affaire de quelques mois, j'avais la conviction que les choses n'iraient pas plus loin.

Au moment où je suis entré en cellule, je n'avais qu'une seule personne en tête : Tess. Quand je suis sorti, j'ai rencontré plusieurs fois sa psychologue, qui m'a affirmé que notre absence l'avait bouleversée. Derrière les barreaux, privé d'elle, je ressasse encore plus mes regrets, et la douleur est insupportable… Mon retour ici s'est accompagné d'une sorte de renoncement. Fini les tenues de chez Décathlon, je voulais être habillé simplement et confortablement, fini la montre Rolex tape-à-l'œil, j'ai préféré une Casio. Pas de Weston non plus, mais des UGG, mes épreuves avaient aggravé mon mal de dos et les mocassins n'étaient plus à l'ordre du jour…

Tous ces caprices ne font plus sens en moi aujourd'hui, parce que tout ce qui m'importe, je ne l'ai plus : l'amour, mes enfants…

Chirelle était dans la même prison que moi, dans l'aile des femmes. Cela faisait environ dix jours qu'elle s'y trouvait. C'était le temps qu'il m'avait fallu pour tout organiser, pour faire venir mon père en Israël et quitter le pays avec lui et les enfants.

Un matin, l'aumônier israélite qui officiait, Philippe Chelly, m'a remis une lettre d'amour écrite par ma femme, elle la lui avait donnée pour qu'il me la transmette. Ses mots m'ont fait énormément de bien, j'ai pris le temps de les lire, de m'en imprégner. Je l'ai ensuite revu durant le culte, il m'a pris à part et m'a dit :

– Viens, il faut que je te parle.

J'étais heureux, beaucoup de questions me venaient en tête.

– Comment va-t-elle ? Elle est contente de ma reddition ? Comment tu la trouves ?

– Non, mais tu n'as rien compris, Grégory, m'a-t-il rétorqué.

J'étais abasourdi.

– Qu'est-ce que je n'ai pas compris ? Qu'est-ce qui m'échappe ?

Il m'a observé d'un drôle d'air, s'avançant dans une posture limite agressive et dédaigneuse.

– Elle t'en veut à mort, a-t-il lâché avec colère.

J'ai eu l'impression de recevoir un coup de massue sur la tête. J'avais lu sa lettre, elle semblait amoureuse. Pourtant, il m'a répété ces mots une deuxième fois :

– Elle t'en veut à mort, Grégory.

Semait-il la zizanie exprès dans mon couple ?

– Ce n'est plus la même femme, ce n'est plus la femme que tu as connue.

Lorsque je suis retourné en cellule, j'avais les jambes en coton, mes oreilles bourdonnaient de ses mots cruels. J'ai relu la lettre plusieurs fois, rien ne laissait entendre qu'elle était en colère, encore moins qu'elle m'en voulait à ce point.

Son cautionnement a été estimé à 200 000 €, elle est sortie quelques jours plus tard. Des amis aisés et irréprochables m'avaient donné un coup de main, ils savaient parfaitement que je les rembourserais bien assez tôt. Le virement avait été fait par mon avocat, sur le compte fourni par l'administration pénitentiaire. Elle a fait une demande de permis de visite pour venir me voir au parloir. Quand je l'ai vue, j'ai compris que la femme qui me faisait face n'était effectivement plus la même. Son visage était marqué par ces 47 jours passés en prison. Elle avait le regard éteint, l'air triste. La joie l'avait complètement désertée. Elle m'a dit :

– Entre nous il y a plein de choses qui sont cassées.

Avant d'ajouter :

– De toute façon, nous ne sommes pas mariés.

J'étais abasourdi. Bien sûr que nous étions mariés, civilement aux États-Unis, puis religieusement, mais sans témoins. Elle estimait donc que nous n'étions pas vraiment mariés. Le message subliminal était : je fais ce que je veux. C'est terrible pour l'un des conjoints d'entendre ces mots dans un parloir de prison. La pièce est minuscule et l'écho des paroles prend une résonance insupportable. En remontant dans ma cellule, je me suis demandé si elle avait seulement envie d'aller voir ailleurs, si c'était ça le message caché. À la fin de notre entretien, elle était très agressive, j'ai compris que c'était réellement terminé, qu'en effet, de son côté la relation s'était fracturée. Sa douceur, ses mots tendres, il n'en restait rien. J'ai songé combien la séparation avec ses enfants avait dû lui être insupportable. Surtout avec Tess, qui était alors très jeune. Cette blessure-là a dû être terrible pour elle, mais elle l'était tout autant pour moi. J'ai ressassé notre discussion des jours durant, sa méchanceté, ses propos et les vérités que je n'aurais jamais voulu entendre : « Comment as-tu osé m'imposer ça ? », « Tout ça, c'est à cause de toi ! », « Tu aurais pu au moins penser à Tess ! », « T'en as rien à foutre de nous, tu ne penses qu'à toi ! », « Pas étonnant qu'Esther n'ait plus voulu de toi ! »…

Je lui avais offert ma liberté parce que je l'aimais, j'aurais tout donné pour elle, pour Tess, je pouvais sacrifier le luxe, les beaux appartements, la vie de rêve pour elle, je me fichais d'aller en prison, du moment qu'elle sorte. Ce que je n'avais pas compris, c'est que mon amour était égoïste. Je n'avais pas réalisé que sa vie avait aussi volé en éclats. Je n'avais pas réalisé combien elle avait dû souffrir d'être privée de ses enfants, d'être privée de sa vie, de son quotidien, de ses rêves, de ses espoirs et de sa liberté. Je lui avais momentanément arraché toute perspective d'avenir. Elle me détestait et quoi de plus normal ? Je me détestais aussi…

La dépression m'a rattrapé pour de bon. L'enfermement était déjà très difficile, mais en plus nous étions trois en cellule et vivions dans des conditions épouvantables. Nos lits étaient infestés de punaises et des rats énormes se baladaient sur les coursives et dans l'espace « promenade ». On avait parfois l'impression qu'ils nous narguaient. D'ailleurs, cela nous amusait parfois car la corporation des surveillants pénitenciers, qui étaient en grande majorité syndiqués, remplissait un tableau avec leurs revendications. La nuit entre deux rondes, ils avaient pour habitude de dormir, de mettre un réveil pour la seconde tournée. Or, certaines nuits, il est arrivé que certains soient mordus par des rats. S'ensuivait généralement une grève. Nous

nous moquions d'eux car ils savaient se montrer terribles avec nous. Fresnes est une prison-école, c'est là que sont formés les surveillants pénitenciers. Et c'est une prison disciplinaire. Cela signifie que lorsque vous sortiez de votre cellule, c'était avec un blouson fermé jusqu'au menton, face au mur, et vous deviez attendre que tout le monde soit dans le rang, comme à l'armée. Seulement alors vous étiez autorisé à vous mettre en mouvement, toujours en file indienne et en silence, vous n'aviez pas le droit de parler. Un écart entre chaque détenu devait être respecté, vous deviez marcher droit, près du mur à votre droite, comme s'il existait un code de la prison comme le Code de la route, pour marcher dans la prison. Si vous ne respectiez pas ce protocole, vous étiez susceptible d'avoir un avertissement ou de passer en commission disciplinaire avec le risque d'aller au mitard, une cellule disciplinaire.

Pour rien au monde, je ne voudrais revivre pareille détention. Je croyais savoir ce qu'était l'enfer, mais ces premières semaines n'en étaient qu'un aperçu. J'avais pourtant déjà connu la prison, mais le quotidien et la routine sur un temps bien plus long se sont avérés pires que l'enfer…

16

Entre quatre murs

Prison de la Santé, 405e jour

17 mars 2020, je viens à peine de me réveiller que la pénitentiaire nous fait passer l'annonce suivante : nous entrons dans une phase d'urgence sanitaire. Ce qui veut dire : plus de visite, plus de parloir, plus d'activités culturelles, plus d'activités cultuelles, plus d'intervenants venant de l'extérieur, beaucoup de restrictions autour des visites médicales et des soins, lors des promenades, plus de mélange entre les détenus, donc plus de nouvelles rencontres, plus d'échanges sortant de l'ordinaire. Permissions interdites – la journée par mois à laquelle je peux prétendre – terminé. Nous allons vivre l'enfermement dans l'enfermement. Ce soir, j'ai l'impression de subir une chute sans fin, les idées noires me torturent et la mort me fait envie. Je ne me sens plus la force d'avancer… Comment le pourrais-je dans ces conditions ? Je ne vais pas voir ma famille ni mes amis. Chirelle me manque soudain ; à vrai dire, elle me manque depuis qu'elle est partie. Je me sens seul, terriblement seul… Aujourd'hui, j'admets qu'avoir un camarade dans ma cellule me ferait du bien, à défaut, je me retrouve seul à parler, à écrire, coincé entre mes quatre murs.

Avril, mai, juin 2016. Les mois se sont succédé. Heureusement, je n'étais pas seul en cellule. Mes deux compagnons étaient respectivement kurdes et algériens, mais ce dernier n'est pas resté très longtemps, il a été condamné à l'issue de son procès. Je m'entendais bien avec le Kurde, moins avec l'Algérien, eux deux ne s'entendaient pas très bien non plus. Le Kurde était là pour escroquerie bancaire et mon second compagnon pour vol d'argent préalablement tiré à la carte bleue par les victimes aux distributeurs automatiques. Il s'agissait de sa dix-huitième arrestation pour le même motif. Le souci était qu'il fumait beaucoup de shit, et la drogue le rendait très lunatique, il fallait donc beaucoup de patience et de self-control pour que le quotidien se passe bien. Par exemple, il adorait le foot, moi pas du tout, alors il fallait composer, négocier, pour éviter d'être en guerre dans nos 7 m^2, jour après jour. Ce qui nous permettait une entente convenable, c'était en partie les colis que je recevais chaque semaine de ma famille, ma mère surtout. Dans chacun d'eux se trouvait de la viande cacher : entrecôtes, merguez… L'avantage, c'est que nous étions soit juifs soit musulmans, donc d'accord au moins sur un point. C'était souvent autour de la nourriture que les tensions retombaient, les repas sont là pour ça : permettre un instant de détente, une coupure avec le reste de la journée. L'hiver, nous pouvions conserver la viande plus longtemps, toujours sur le bord de la fenêtre ; en été, nous n'avions pas d'autre choix que de tout manger le jour même. Mais c'était agréable de hisser par instants le drapeau blanc.

19 mars 2020, encore un matin, une nouvelle journée identique à la précédente qui commence. Je suis d'autant plus frustré que j'avais enfin obtenu une victoire ici, et pas des moindres ! C'est une longue histoire, mais que je dois à tout prix vous raconter.

Pour avoir ma cellule individuelle, ce que je désirais fortement, je devais travailler dans les ateliers. Après avoir patienté plusieurs jours sur liste d'attente, mon tour est enfin arrivé et j'ai pu commencer. On m'a fourni mon bleu de travail, donné mon planning : 7h30-12h, et communiqué le numéro de ma nouvelle cellule. Après des jours et des jours à éplucher des centaines de kilos d'ail ou à mettre sous pli des cartes de Noël, j'ai reçu ma première fiche de paie. 4,11 € brut de l'heure et un salaire s'élevant à… 30 €. J'en suis resté médusé, étant donné le nombre d'heures que j'avais effectuées dans le mois.

Tous les salaires de mes camarades s'élevaient plus ou moins à la même somme et personne ne disait rien. Nous étions payés à la quantité, donc ceux qui réalisaient le plus de travail étaient les mieux payés, alors que nous faisions tous le même nombre d'heures. J'ai alors commencé à m'intéresser de près au droit social en prison.

Pour mieux comprendre le droit social en prison et l'injustice de nos salaires dérisoires, j'ai demandé à ma mère de me faire parvenir le dernier volume du Code pénal mis à jour qui, depuis, trône toujours sur ma table de chevet. J'ai fait part de mes interrogations au responsable de la société privée GEPSA, qui gérait nos ateliers à la Santé, lui expliquant qu'il n'était pas normal d'être payé à la performance et non à l'heure, que cela était discriminant pour les personnes plus lentes. D'autant que le Code pénal était clair, nous devions bien être payés à l'heure. Ce à quoi il n'a pas eu honte de me répondre : « Si nous faisons ça, nous serons perdants. » Comme il n'avait pas l'air disposé à appliquer la loi, j'ai commencé à en parler autour de moi, à expliquer cette arnaque aux autres travailleurs, à me positionner comme leur porte-parole. Les voix se sont élevées et certains ont arrêté de travailler. La nouvelle responsable de la société privée a décidé de me poursuivre en conseil disciplinaire, j'ai riposté en saisissant toutes les instances du ministère de la Justice pour expliquer l'injustice, l'esclavagisme qui existait dans la plus belle prison de France. Je suis bel et bien passé en conseil disciplinaire quelques jours avant ma sortie, le 3 août 2020, mais les poursuites ont été abandonnées parce que… j'avais raison : la loi était de mon côté pour une fois.

Plusieurs semaines après ma sortie en août 2020, le ministère ayant fait pression sur l'administration pénitentiaire, une pointeuse a été installée à la Santé pour que chacun soit payé à l'heure et non plus à la performance. Beaucoup de mes camarades l'ont alors appelée « la Greg ». Grâce à ce combat, leur salaire était passé de 30 € à plusieurs centaines d'euros. C'était un vrai souffle pour eux, ils pouvaient cantiner davantage, donc manger mieux, appeler l'extérieur plus régulièrement… Ce souvenir me fait sourire car je me dis qu'en comprenant parfaitement un système, il est possible d'en tirer un bénéfice incroyable… Le carbone en est aussi un parfait exemple.

Retour à nos conditions de vie misérables… J'ignore encore qu'un jour une pointeuse à laquelle certains donneront mon nom, permettra aux détenus de vivre plus décemment.

Cette année-là, en 2016, nous étions autorisés à nous doucher seulement trois fois par semaine, l'eau coulait grâce à un système de chaîne, et si vous n'aviez pas un mécanisme bricolé pour la maintenir, vous ne pouviez pas vous laver et vous savonner en même temps. Par ailleurs, les gardiens nous chronométraient, nous avions cinq minutes et pas une de plus. Plus d'une fois, je me suis retrouvé couvert de savon et de shampoing parce que je n'avais pas eu le temps de me rincer intégralement.

Par ailleurs, dans nos cellules, les fenêtres ne fermaient pas, nous devions les bloquer en hiver avec des moyens de fortune. Il n'y avait ni réfrigérateur ni eau chaude.

Souvent les gens s'en amusent, mais quand j'avoue être parti en cavale une seconde fois seulement pour éviter ce genre de conditions, ce n'est pas une blague. J'attendais que la prison de la Santé fasse peau neuve avant d'y remettre les pieds, afin d'être emprisonné dans des conditions dignes et basiques : manger correctement et me laver. Ce qui, grâce à Dieu, est bien le cas aujourd'hui, à l'heure où j'écris ces lignes.

En partant d'Israël, j'avais emporté une doudoune assez chaude car je savais qu'il faisait froid en France. Je la portais de temps en temps, surtout lors des promenades dans nos box, souvent trop longues en hiver et trop longues en été, à cause des températures. Nos espaces étaient aussi grands que des box à chevaux et nous étions au moins une trentaine dedans. Ces sorties duraient deux heures, pendant lesquelles nous étions assis ou debout par grappes, tant l'espace était petit. Il était impossible de se dégourdir les jambes et le brouhaha était insoutenable certains jours. Beaucoup de détenus parlaient très fort, c'était, dans ces cas-là, impossible de s'entendre. J'en ressortais toujours avec un fort mal de tête. L'un des jeux, d'un box à l'autre, était de se jeter des détritus : des peaux de banane ou bien des laitages, dans le seul but de salir l'autre. Vous étiez tranquillement assis dans votre coin quand, soudain, explosaient à vos pieds des pots de yaourt. C'était dégoûtant et, avec seulement trois douches par semaine, vous pouviez remonter en cellule comme ça, sans pouvoir vous laver. Ces gestes anodins et récurrents, autorisés par des gardiens qui s'amusaient de nous voir remonter crades, sans perspective de nous laver, ne constituaient ni plus ni moins qu'une forme de torture. Beaucoup de détenus en ont développé des psychoses ou des angoisses.

Lorsque mon compagnon algérien a changé de quartier, j'ai également changé de cellule. Je me suis retrouvé avec un homme qui s'appelait Tarek et avec qui je m'entendais bien. Nous avions comme point commun d'être nés le même jour, mais pas de la même année. Il me faisait beaucoup rire et sa présence m'a fait du bien ; lui s'agaçait chaque nuit de m'entendre ronfler. Il était en détention provisoire car on l'accusait d'avoir cambriolé l'appartement du couturier Claude Montana.

Un soir, vers 21h, alors que commençait enfin la deuxième partie de la journée, la plus « agréable », nous avons subi une « descente ». J'avais sorti de sa cachette mon téléphone portable, seule source de joie dans cet endroit. Il me permettait de regarder des films, de rester en contact avec mes proches, de lire, de m'occuper… Il était bien évidemment interdit. À 21h ce soir-là, la lumière s'est coupée, l'eau également (afin que vous ne vous débarrassiez pas de quelque chose dans les toilettes), la télévision s'est éteinte. Black-out. La porte s'est ouverte et cinq ou six hommes casqués et cagoulés ont déboulé, bouclier dans une main, lampes halogènes aveuglantes dans l'autre, il s'agissait des ERIS (équipes régionales d'intervention et de sécurité). J'ai balancé mon téléphone au sol, ils nous ont attrapés tous les deux avant de nous plaquer contre le mur. Ils nous ont passé les menottes, mains derrière le dos, avant de nous conduire vers une cellule désaffectée, où nous avons dû rester entièrement nus et à genoux.

Cela a duré une heure avant que nous remontions dans nos cellules. Là, nous sommes restés hébétés. Tout était sens dessus dessous. Le lit renversé, du sel, du sucre, de la nourriture partout sur le sol, mélangés aux vêtements. Il nous a fallu deux jours pour tout remettre en ordre. Les hommes qui nous avaient envahis ne cherchaient pas forcément de la drogue ou des objets interdits. C'était une technique d'intimidation, rien de plus.

Quand j'y repense, je me dis que ces surveillants ne choisissent pas de faire une descente dans une cellule au hasard… J'ignore pour quelle raison elle a eu lieu dans la nôtre. L'un de nous était fautif de quelque chose, mais lequel ? Nous payions donc tous les deux.

À cause de la présence de mon téléphone, j'ai écopé d'un compte rendu d'incident et je devais passer en commission disciplinaire.

Les équipes ERIS, affectées aux seuls établissements pénitentiaires, sont composées de personnel de surveillance sélectionné sur des critères très particuliers, notamment sur leurs aptitudes physiques et psychologiques. Formés par le GIGN, ils sont environ 400 à exercer en France, encagoulés, casqués, bottés. Avec Tarek, avec qui je partageais ma cellule à ce moment-là, nous les surnommions – après les avoir vus à l'œuvre – les Tortues Ninja, à cause de tout leur équipement. Ils s'entraînent dans une prison désaffectée et n'ont pas le droit de remplacer sur le terrain la police ou la gendarmerie. Leur rôle est de « figer » une situation avant qu'elle ne dégénère. Ils sont notamment appelés à gérer des mutineries. Voilà ce qu'ils sont sur le papier, mais la réalité est très différente. Même si vous savez qu'ils n'ont aucun droit de lever la main sur vous, lorsque votre état psychologique est fragile, c'est un moment très dur à vivre, très choquant. J'ai eu extrêmement peur. Et puis, ce fut d'autant plus déstabilisant que je n'étais pas un terroriste, je n'étais pas violent, ne l'avais jamais été. Je ne représentais un danger pour personne. Lorsque vous êtes détenu et vivez l'une de ces descentes, croyez-moi, vous êtes figé, mais pour une autre raison. C'est une peur viscérale qui naît en vous, jamais je n'avais ressenti quelque chose de semblable, de si effrayant et perturbant.

Heureusement que Tarek était là pour me remonter le moral. C'était un homme étrange qui avait une drôle de particularité, qui m'amusait beaucoup au quotidien : il adorait connaître la vie de tous les surveillants. Dès qu'il savait leur nom ou leur prénom, il les cherchait sur Facebook, pour connaître l'identité de leur femme, de leurs enfants, de leur lieu de vacances, pour voir quel genre de vie ils menaient. Je me suis demandé si ce n'était pas à cause de cette curiosité que les ERIS ont fait une descente dans notre cellule. Il adorait aussi se rendre sur le site web du syndicat de l'administration pénitentiaire. En effet, on y trouvait toutes les revendications des surveillants, ainsi que l'actualité dénoncée par le personnel pénitentiaire. Il était ainsi au courant de tout ce qui se passait partout et en discutait allègrement avec nos surveillants. Lorsqu'on lui demandait d'où il tenait toutes ces informations, il répondait nonchalamment : « C'est l'un de vos collègues qui en a parlé. »

J'ai également côtoyé en cellule un homme qui s'appelait Gérard. Lui était là pour trafic de drogue et il m'a expliqué comment les détenus faisaient pour introduire du shit en prison. Il faut savoir que ce sont les familles qui font rentrer ce type de produit, transmis durant les séances au parloir. Pour ne pas être démasqués lors des fouilles – car vous étiez fouillé après ces visites –, les détenus planquaient le shit entre leurs testicules et leur anus. Ainsi, de dos, les petits sachets, scotchés, ne se voyaient pas grâce aux fesses et devant, le pénis les cachait aussi. De temps à autre, il y avait des descentes d'agents des douanes accompagnés du procureur de la République et de maîtres-chiens. Ils fouillaient du côté des familles avec leurs malinois, mais c'était très rare et il arrivait que, même après ces fouilles, la drogue rentre quand même en prison. Les détenus comme Gérard m'impressionnaient, ils n'avaient pas froid aux yeux. Ils étaient arrêtés à cause de leur trafic et continuaient à gérer ce même business depuis la prison...

Avec le recul et à partir de ce que je constate encore aujourd'hui, je me dis que ces agents-là trouveraient plus de drogue en prison qu'aux postes-frontières... Encore ce matin, aux ateliers, j'ai entendu un petit groupe murmurer derrière moi. Ils faisaient leurs petites affaires dans le dos du surveillant. J'ai failli m'approcher d'eux pour moi aussi me procurer ces petits sachets, pour avoir moi aussi mon paradis artificiel... Mais je me suis ravisé, ma conscience a sonné l'alarme. Je n'ai jamais été ce genre d'homme. Malgré la solitude décuplée par l'effet Covid, je ne dois pas sombrer...

Malgré la dureté de cette détention, plusieurs anecdotes m'ont amusé, m'ont fait réfléchir, m'ont questionné. Déjà, lors de mon arrestation, la communauté franco-israélienne était un peu chamboulée, d'autant que mon affaire s'étalait partout dans la presse.

Je n'étais pas le seul en cavale, d'autres hommes se cachaient en Israël, tandis que leurs femmes revenaient dans la capitale pour faire du shopping. Lorsque Chirelle a été arrêtée, l'un de mes amis, dans la même situation que moi, a dit à sa femme :

– À partir de maintenant, tu n'iras plus à Paris, moi je ne suis pas Grégory, si la police française t'arrête, je ne me rendrai pas pour te libérer.

C'était presque devenu un débat...

Beaucoup moins ironique celle-ci, je me rappelle qu'un jour, ayant assez chaud et le printemps approchant, j'ai suspendu ma fameuse doudoune sur un cintre et ne l'ai plus remis jusqu'à l'automne. En octobre, j'ai été convoqué au palais de justice. Ils sont venus me chercher à 6h30 et ce jour-là, c'était très difficile de se « sentir prêt ». Je savais que la journée serait interminable, qu'elle serait difficile physiquement et moralement. Déjà, elle avait commencé par la « bétaillère », un fourgon dans lequel je n'avais qu'un espace très restreint, où j'étais assis, attaché à un banc cn fcr, ct où jc mc cognais dcs qu'il freinait ou accélérait. J'imagine que c'était un jeu, pour ce chauffeur, de nous brutaliser en amont de nos convocations au tribunal. Il faut croire qu'on s'amuse comme on peut… Ils sont donc venus me chercher, m'ont intégralement fouillé, nu comme un ver, puis m'ont fait attendre deux heures dans une salle d'attente. En partant, j'ai enfilé ma doudoune pour rejoindre les autres détenus, convoqués eux aussi. Je n'avais pas porté cette veste depuis des mois et, soudain, j'ai entendu crier :

– Espèce de clochard !

Ma doudoune était infestée de punaises, de tiques et de puces. J'étais tétanisé, tout le monde s'écartait de moi. Les bestioles sortaient du col, des manches ; c'était une scène digne d'un film d'horreur. Les gardiens sont intervenus et m'ont isolé. Je n'ai jamais eu autant honte de ma vie, je ne me suis jamais senti aussi humilié que ce jour-là.

Lorsque je suis arrivé au palais de justice, avec cette fameuse doudoune pleine de tiques, j'ai attendu dans ce que l'on appelle « la souricière ». Une cellule où l'on devait patienter avant d'être présenté au magistrat. J'étais avec un homme d'origine yougoslave, qui me rappelait vaguement Ivan Drago dans *Rocky 4*, en plus petit. Il était là pour violences conjugales.

Il avait passé son entretien avant moi, face au juge d'instruction et au juge des libertés et de la détention, et avait pris quatre mois par mandat de dépôt. À la suite de cette audition, il m'a raconté comment cela s'était passé. Lorsque le juge a prononcé son verdict, il lui a répondu :

– Ce que je peux me supporter, tu ne peux pas me le donner.

Cela signifiait clairement que peu importait la peine, il la supporterait sans aucun problème, que rien ne pouvait l'atteindre.

Très au fait de la procédure, il avait récité le Code pénal dans son intégralité au juge pour le déstabiliser. Il lui faisait comprendre qu'il était plus fort que la plus sévère des sanctions. Le juge a évidemment renouvelé sa peine ; après un tel affront, il n'aurait pas pu agir autrement.

J'ai trouvé son attitude incroyable, j'ai envié cette détermination. Habituellement, face à un juge, tous les prévenus crient leur bonne foi, ils font tout pour ne pas être enfermés, lui était aux antipodes de ces réactions. Il semblait imbrisable, invincible.

La prison est faite de rencontres, certaines plus marquantes que d'autres. Au souvenir de ce Yougoslave en vient un autre, celui d'un SDF avec qui j'avais partagé ma cellule en 2010. Il était soupçonné, avec d'autres, d'avoir mis le feu à un SDF dans les rues de Paris. La victime était décédée et la police les avait tous embarqués. Il était là, le temps que les caméras de surveillance révèlent l'identité des véritables coupables. Cet homme est sorti au bout de six mois. En prison, il avait été soigné : vêtements neufs et propres, coupe de cheveux au carré. Un jour, je lui ai demandé :

– Maintenant que tu es là, que tu as chaud, que tu manges à ta faim et que ton environnement est propre, que préfères-tu ? Être à la rue ou bien être enfermé ?

Il m'a alors demandé un temps de réflexion pour me répondre et il m'a alors dit :

– Je préfère être libre et SDF plutôt qu'un SDF en prison.

La liberté n'a pas de prix, je ne suis pas le seul à le dire et le penser, et je donnerai tout ce que j'ai pour pouvoir retrouver la liberté.

Ces mois passés derrière les barreaux ont été très durs, ce qui m'a valu d'être suivi très régulièrement par le Service médico-psychologique régional (SMPR).

Malheureusement, ce dernier n'était pas à la hauteur. La prison était une vaste usine : environ 2800 détenus pour 1400 places. Chaque rendez-vous dans cette unité de soin était humiliant et impersonnel. Mais comment aurait-il pu en être autrement ?

C'est dire comme la détention a été dégradante jusqu'au bout...

Je suis assis dans mon lit, à me souvenir des moments les plus horribles passés en prison, j'en arrive facilement à raconter le plus amusant, le plus choquant... Mais je n'arrive pas à mettre les mots sur le désastre qu'a subi mon esprit à cette période. Ma femme ne voulait plus de moi, je ne voyais plus Tess, ma famille était anéantie et je n'entrevoyais aucune issue, aucun avenir. Ma grosse arnaque à la taxe carbone était en réalité décomposée en quatre affaires et mon quotidien n'était alors qu'ouvertures de procès, instructions, demandes de cautionnement... Dès qu'un nœud de la pelote se démêlait, forcément autre chose arrivait pour rendre ce merdier inextricable. Un soir, à bout de forces, j'ai décidé d'en finir. À quoi bon continuer de vivre ? Je me sentais tellement embourbé et seul, je me noyais dans mes problèmes et n'arrivais plus à trouver de raisons valables pour continuer à vivre, et pour qui ? C'est extrêmement dur à écrire parce que mes enfants, mes proches valaient toutes les raisons du monde. Hélas, parfois, la peine vous fait vous enfoncer très loin dans la noirceur de vos idées...

L'UCSA, l'Unité de consultations de soins ambulatoires, aussi appelée Unité sanitaire, nous prescrivait des médicaments, des antidépresseurs pour moi. Chaque jour, on me donnait deux Lexomil, un anxiolytique censé soulager mon anxiété. Mais le suivi s'arrêtait là, personne n'était là pour contrôler que je les prenais bien… et je ne les prenais pas. Je les ai stockés, chaque jour durant, pendant environ deux mois. Cela m'a valu un état dépressif pire encore, car j'avais du mal à m'en sevrer, je dormais très peu… Il m'est arrivé d'en troquer aussi en prison, contre un peu de la nourriture que je recevais dans mes colis. Et puis un soir, avec ma poignée de médicaments dans la paume de la main, environ soixante-dix, j'ai agi. Sans réfléchir. C'est un instinct qui ressemble fort à l'instinct de survie, même si l'effet voulu est de s'ôter la vie… C'était mon unique échappatoire à ce moment-là. Je m'en suis sorti, mais j'ai réitéré l'acte quelques mois plus tard, avec une dose un peu plus forte. Comme conséquence, j'ai eu chaque fois une perte de connaissance, suivie de nausées et de céphalées insupportables…

Voyant mon état physique et moral se détériorer, le directeur de la prison, Monsieur Khalid El-Khal, a alerté la magistrate qui a convoqué mes avocats. Mon état psychologique était alarmant. J'étais vraiment au bout de ce que je pouvais supporter, de ces conditions de détention, de ma vie personnelle, de mon mariage avec Chirelle. J'avais fait annuler mes parloirs, ne supportant plus de voir mes enfants, ma famille, de me montrer à eux dans pareil état… Ils ont réussi à obtenir la révision de ma caution à 2 millions d'euros et à me faire libérer en conditionnelle le temps d'attendre mon procès qui s'ouvrait au mois de mai 2017. J'échappais par ailleurs à la commission disciplinaire à laquelle je devais me soumettre suite à la descente de l'ERIS.

J'ai réussi à échelonner le paiement de mon cautionnement à 10% de la somme chaque mois, soit 200 000 €.

Je me rappelle m'être souvent demandé à quel moment j'avais fauté, si je méritais vraiment tout ce qui m'arrivait, si Chirelle avait raison de réagir aussi durement. Aux yeux de ses parents, j'étais devenu un monstre. Aux yeux de ses enfants aussi, certainement. Aujourd'hui je comprends et accepte la rupture qui a fini par arriver…

À ma sortie en décembre 2016, j'ai bataillé pendant deux mois pour qu'elle me pardonne. Elle a fini par revenir vers moi et c'est à ce moment-là que j'ai appris son aventure supposée avec un homme pour qui elle travaillait.

J'ai lutté, essayé vainement de reconquérir son cœur entre ce fameux mois de décembre et le début de mon procès en mai 2017. Elle me repoussait, me laissait espérer, me reprenait et me repoussait de nouveau. J'ai compris que j'allais devoir repartir de zéro, encore une fois, que le moment était venu. Pour cela, j'ai décidé de me reprendre en main. De faire le deuil de notre histoire d'amour, mais aussi de cette ancienne vie. Je ne voulais plus être cet homme-là.

Ce que je me reproche aussi, c'est l'obsession que j'ai développée pour m'en sortir. Elle peut sembler justifiée, qui ne bataillerait pas pour sa liberté ? Mais chez moi, cela a pris d'énormes proportions. Je ne me battais pas pour aller dépenser mon argent, tromper ma femme, boire à outrance ou me droguer… Je luttais pour être libre, tout simplement. La justice s'est invitée dans ma vie de façon brutale et a toujours été omniprésente. Un jour, Chirelle m'a dit :

– Dans mon lit, j'avais Daieff et la justice, pas toi.

C'était dur à entendre, mais malheureusement, c'était vrai…

Je suis fier de ne plus être cet homme aujourd'hui, d'avoir réussi à changer, à me libérer de mes démons. Je ne sais pas comment l'histoire finira, comment je me relèverai en sortant, je me demande d'ailleurs quel genre de société m'attendra après le Covid, si tant est que nous parvenions à nous en débarrasser… Mais j'y arriverai, je le dois, pour ceux qui me sont chers et qui ont toujours été là pour moi.

Mon procès a débuté en mai 2017 et a duré environ un mois. Durant ce laps de temps, les audiences se sont déroulées au tribunal de grande instance de Paris.

Ce fut une expérience médiatique extrêmement éprouvante pour moi comme pour ma famille. Les journalistes étaient comme des bêtes enragées, prêts à tout pour une photo, une interview, un commentaire. C'était incroyable. L'affaire, comme c'est souvent le cas lorsqu'il est question d'argent, prenait une ampleur jusqu'à gêner le gouvernement, qui se retrouvait contraint d'expliquer à son avantage comment l'État avait ainsi pu être escroqué. Les débats se sont poursuivis jusqu'à la fin du procès, dans le courant du mois de juin, et c'est à ce moment-là que j'ai décidé de me mettre en cavale et de loger chez un ami, aujourd'hui décédé.

Le délibéré est tombé le 13 septembre : j'ai été condamné à 6 ans de prison et à 300 000 € d'amende ainsi qu'au remboursement de l'État français : 156 millions d'euros en caution solidaire. Nous étions plusieurs protagonistes dans l'affaire, donc le premier qui avait les moyens financiers de rembourser l'État le faisait, mais les autres devaient chacun lui rembourser leur part ensuite.

17

Cavale parisienne

Prison de la Santé, 420e jour

Nous sommes le 1er avril 2020. Ce matin, j'ai eu Marco au téléphone, qui m'a annoncé sa sortie de prison prévue dans un mois. Notre documentaire sur Netflix sort en septembre, c'est assez surréaliste d'imaginer pareille actualité alors qu'aujourd'hui je suis en prison. Je me rappelle son coup de fil alors que j'étais en cavale… Mon procès avait bien eu lieu en mai et juin 2017, je me cachais à ce moment-là pour éviter de retourner derrière les barreaux, surtout dans des conditions si abjectes. La Santé devait être rénovée, je savais que je me rendrais, mais pas avant sa réouverture…

Tout comme Marco, je pense que je vais bientôt sortir aussi, mes avocats sont confiants. Alors débutera un autre chapitre de ma vie. Plusieurs projets sont sur le feu, peut-être la parution de mon livre, du moins je l'espère…

Lorsque je me suis mis en cavale, j'ai donc logé chez un ami, de juin 2016 à août 2017. C'était une âme très généreuse, mais notre quotidien fut également très périlleux. Lourdement handicapé, il recevait chez lui plusieurs visites quotidiennes d'auxiliaires de vie durant lesquelles mon cœur battait à tout rompre tant je craignais d'être découvert. Les nuits étaient également très dures, ses cris de souffrance dus à ses douleurs frôlaient souvent l'insupportable. Et puis, ce qui devait arriver arriva, l'une des auxiliaires de vie m'a vu et reconnu et j'ai dû partir pour ne pas compromettre mes plans. J'ai donc logé chez un membre de ma famille pendant le reste de ma cavale.

Je passais beaucoup de temps au cinéma, pour m'occuper et me réfugier dans un lieu clos. J'y allais environ trois à quatre fois par semaine. J'avais souscrit un abonnement sous un faux nom, c'était un risque à prendre, que j'ai pris sans me poser de questions. Je ne pouvais pas rester enfermé des jours entiers, cela m'aurait été insupportable tout comme pour la personne qui me logeait. En fin de journée, je rendais également visite à mes avocats. Un jour, alors que j'étais dans une boutique, un groupe de jeunes a aspergé le magasin avec des bombes lacrymogènes. La vendeuse a appelé la police et si je ne parvenais pas à sortir discrètement, j'étais certain d'être coincé… Ce jour-là, j'ai réalisé que tout pouvait s'arrêter du jour au lendemain, et j'ai drastiquement diminué mes sorties.

Pendant mon temps libre, je lisais beaucoup, aussi bien des livres que des articles de presse sur Internet, en passant par des serveurs sécurisés. C'est là que j'ai commencé à m'intéresser au marché des influenceurs que je voyais fleurir sur les réseaux sociaux. Ces derniers sont rémunérés à la publicité, en proposant et conseillant les produits de différents annonceurs. Généralement des produits méconnus, non européens. Ce qui m'intéressait, c'était de comprendre de quelle façon le processus se déroulait. Une chose m'a alerté. Lorsque le consommateur se retrouve sur la plateforme d'achat, qu'il entre son code promo et ses coordonnées bancaires, rien ne lui garantit que le produit acheté arrivera bien dans sa boîte aux lettres. Malheureusement, il y a aussi beaucoup d'arnaques dans ce milieu et un grand nombre de produits ne passent pas les frontières, soit parce que l'annonceur est un escroc, soit parce que la TVA due à l'entrée de l'Europe ne l'est pas, donc le produit n'est pas acheminé. D'autant qu'au 1er février 2021, la réglementation douanière européenne a évolué. Dorénavant, « la TVA s'applique à toute marchandise importée dans l'Union européenne en plus d'éventuels frais de dédouanement et autres taxes ».

Ce que j'ai alors imaginé, c'est une plateforme logistique permettant de réceptionner les colis de l'annonceur et de procéder nous-mêmes aux encaissements et aux envois. Ainsi, tout le monde était gagnant : l'annonceur, l'influenceur, son agence et, bien sûr, le client. Je m'étais, pour ce projet, fortement inspiré de la plateforme Amazon.

J'en ai parlé autour de moi et le fils d'un de mes amis m'a dit qu'il connaissait Wesley Nakache et Ron Boccara, les fondateurs de l'agence de marketing digital d'influence, We Events. Nous nous sommes rencontrés, mais j'étais en cavale et il était difficile de communiquer, de se donner rendez-vous en toute sécurité, d'autant que je ne voulais pas leur avouer ma situation. Par ailleurs, ils étaient alors en négociation avec Arthur, qui souhaitait racheter leur entreprise. En février 2019, je me suis finalement rendu et le projet avec eux est tombé à l'eau. En détention, j'ai tout de même continué à travailler sur cette idée et lorsque je suis sorti en août 2020, c'était avec l'idée de recommencer ma prospection. ReplayShopping, voilà comment je voulais nommer cette plateforme. Les publicités des influenceurs n'étant visibles que pendant 24 heures, mon objectif était de continuer de les faire vivre sur cette plateforme, afin que le client puisse retrouver le produit et l'acheter au-delà des 24 heures.

Le fils de mon ami m'a alors orienté vers Magali Berdah, fondatrice de Shauna Events, elle aussi agence de marketing digital d'influence. Je connaissais cette femme à travers la télévision et la presse et je ne pensais pas qu'elle et moi aurions des personnalités compatibles. C'est là que Marco est entré en scène. Je l'ai appelé, lui ai expliqué mon projet et nous avons ensuite rencontré Magali. Comme je le pressentais, le courant est très bien passé entre eux. L'idée a fait son chemin durant plusieurs semaines au cours desquelles nous avons eu de nombreux rendez-vous. Marco s'est professionnellement beaucoup rapproché d'elle, beaucoup de soirées ont suivi nos entretiens, auxquels je n'étais pas présent car sous contrainte avec mon bracelet. Marco, quant à lui, pouvait profiter, l'emmener à Cannes, lui montrer les paillettes telles que nous les connaissions et telles qu'elle pourrait elle aussi les obtenir.

Tout cet enrobage doré était nécessaire pour la convaincre et y a fortement contribué. Si, au départ, elle n'assimilait pas forcément les tenants et aboutissants de cette plateforme inédite, elle a rapidement compris à quel point les enjeux pouvaient être intéressants pour elle, pour sa notoriété et son agence. Par ailleurs, nous lui avions également versé des acomptes comme garantie de notre sérieux.

Quant à moi, j'avais en tête un plan très militaire de cette entreprise, je demeurais dans l'ombre, mais les machines étaient lancées. J'étais désigné par la presse comme le cerveau de la plus grande fraude fiscale du siècle et, étrangement, cela m'a aidé à m'entourer. Les personnes que je sollicitais voyaient en moi un homme de confiance, capable de gagner de l'argent, d'autant plus que c'était de manière légale cette fois-ci. J'ai ainsi contacté l'un de mes amis qui avait une entreprise dormante, cotée en

Bourse à hauteur de près d'un million d'euros. Mon idée était de la lui racheter et de procéder à une extension d'activité. Ainsi, notre plateforme logistique serait, elle aussi, cotée en Bourse et nous permettrait de vendre des actions. J'avais également autour de moi de nombreux investisseurs intéressés. Ma plus grosse force fut la présence de Michèle Marchand – « Mimi » – conseillère en communication du couple Macron. Le projet la tentait et elle était prête à nous aider sur la partie communication du projet. Ce fut une grande victoire pour moi, car beaucoup de projets arrivaient sur sa table mais le nombre de ceux qu'elle acceptait était extrêmement réduit. Toutes les conditions étaient réunies pour faire de ReplayShopping un véritable succès. J'étais très excité, très enthousiaste. Je sortais à peine de prison et je me rendais compte que j'étais encore crédible auprès de personnalités influentes. Ma voix comptait et, surtout, la présence de mon bracelet électronique et mon passé ne dérangeaient personne. C'était inespéré comme retour à la liberté que de créer une entreprise d'une si grande envergure ! J'étais persuadé de révolutionner un système et d'être capable de le pérenniser, de manière tout à fait rentable et honnête. Quelle plus belle réinsertion post-carcérale aurais-je pu avoir que celle-ci ?

En mars 2021, nous avions rendez-vous dans les bureaux de Michèle Marchand, avec Marco et Magali. C'est à ce moment-là qu'elle s'est défilée. Elle acceptait de mettre en vente les produits des annonceurs, mais en aucun cas de partager les images ou les publicités des influenceurs, l'essence même de notre future entreprise. Ce jour-là, le ton est monté, nous étions incrédules, tout notre projet tombait à l'eau et l'idée a bel et bien été enterrée à l'issue de cette rencontre. Quant à nos acomptes, jamais nous n'en avons revu la couleur…

Il m'a fallu plusieurs mois pour m'en remettre. J'avais dépensé une énergie folle à concevoir le projet, à le travailler, à trouver des investisseurs, des associés, des partenaires… Je ne comprends toujours pas ce revirement de situation aujourd'hui, mais quand je vois l'actualité concernant Shauna Events, je me dis que tous ces problèmes-là n'auraient peut-être pas existé si nous avions mené à terme ReplayShopping.

Une épopée entrepreneuriale qui m'aura fait grandir, une fois encore.

Heureusement, mes enfants n'ont jamais cessé de me soutenir. Nos rendez-vous étaient toujours difficiles à gérer, j'étais toujours très anxieux, donc très pénible. Je craignais d'être arrêté, mais surtout, je craignais de l'être devant eux. Bien sûr, nos rendez-vous étaient ce qui m'importait le plus, ce qui me maintenait en vie, mais j'avais terriblement peur de leur infliger le genre d'image qu'un enfant ne pourrait oublier… J'essayais de leur offrir des moments agréables, mais je n'y parvenais pas toujours. Ils soupiraient toujours lorsque ma méfiance atteignait des sommets… mais finissaient par s'amuser de mes recommandations leur donnant l'impression de vivre en temps réel un épisode des *Experts à Miami*… Je leur répétais sans cesse qu'ils ne devaient pas prendre leur téléphone, qu'ils devaient faire deux ou trois fois le tour du quartier avant de me rejoindre. Je leur donnais des consignes de sécurité très strictes, il en allait de ma sécurité, de ma liberté. C'était très douloureux pour moi de leur faire vivre ça, très culpabilisant, mais nous n'avions pas le choix et Dieu merci, il n'y a jamais eu d'incident.

Je ne faisais pas grand-chose de mes journées tant la fatigue était présente. Le stress de ma cavale, mêlé à cette fatigue chronique psychique qui vous envahit lorsque vous sortez de prison me mettait souvent hors jeu.

C'est à l'hiver 2018 que Marco, alors en détention, m'a passé ce coup de fil surréaliste :

– Greg, j'ai quelque chose à te proposer.

– C'est quoi ?

– Olivier Bouchara, rédacteur en chef du magazine *Vanity Fair*, et un producteur, Benjamin Elalouf, veulent réaliser un documentaire sur notre affaire Carbone. Tu peux aller les rencontrer ?

Je connaissais brièvement Olivier Bouchara pour l'avoir vu à quelques reprises durant mon procès, il avait assisté à toutes mes audiences. Marco m'a donné son numéro et je me suis rendu au rendez-vous. Pour y aller, mon itinéraire fut bien plus long que prévu. J'ai longé différentes rues et ruelles, revenant sur mes pas et repartant dans un autre sens. Je voulais à tout prix brouiller les pistes. En arrivant, j'ai bien observé le bâtiment, le nombre d'étages, la présence ou non d'une sortie de secours.

Les bureaux de la société de production de Benjamin Elalouf se trouvent dans le Marais, dans le 4e arrondissement. C'est un endroit très branché aujourd'hui avec de nombreuses galeries, des restaurants cacher, mais aussi le musée Victor Hugo, dans l'ancienne demeure qu'il a habitée. J'y suis allé le plus discrètement possible en fin de journée, en tenue sombre, avec une casquette, et sans téléphone. Les locaux étaient assez petits ; en dehors des tournages, les équipes n'ont pas besoin de beaucoup d'espace.

Nous étions en hiver et la nuit tombait tôt, ce qui m'arrangeait. La discussion n'en fut pas tellement une, car ils savaient très bien l'un et l'autre ce qu'ils voulaient faire et comment ils voulaient le faire.

– Monsieur Zaoui, on a l'intention de réaliser un documentaire sur l'affaire Carbone. Ce serait bien que Marco et vous y participiez.

– On sera payés ?

– Non, vous ne serez pas payés, on ne paye pas les documentaires, c'est comme les interviews. Mais ce serait bien que vous y participiez parce que, de toute manière, on le réalisera. Ce sera l'occasion pour vous de vous exprimer, de donner votre point de vue. Si vous refusez d'y participer, vous n'aurez aucun droit de réponse.

J'ai repensé au documentaire réalisé sur l'affaire Strauss-Kahn, sans la participation de ce dernier, car il avait refusé. Et je n'avais clairement pas envie que le nôtre y ressemble. Je leur ai répondu que j'allais y réfléchir, que nous restions en contact. Je n'avais pas grand-chose à perdre, il verrait le jour avec ou sans nous, de toute façon. Mais je me disais qu'avec notre concours, il serait certainement plus juste. Peut-être que d'une certaine façon, notre partie d'échecs avec le juge n'était pas terminée. C'était là mon ultime chance de revenir en force, d'une manière inattendue pour lui, afin de lui présenter mon grand final…

À la suite de cet échange, j'ai débriefé avec Marco et j'ai stipulé notre accord au producteur. Il était d'abord question de tourner un teaser, seulement avec moi puisque Marco était toujours en prison, et moi toujours en cavale, afin de le vendre à une plateforme. Ils pensaient évidemment, en premier lieu, à Netflix.

Fin décembre je me suis rendu à l'hôtel *Lutetia* à Paris. J'étais attendu avec mon avocat Philippe Ohayon, qui est arrivé quelques minutes avant moi, pour s'assurer que le champ était libre, que je ne courais aucun danger. Le ton était particulièrement monté entre lui et le producteur, qui n'appréciait pas d'être ainsi surveillé, et il avait quitté la suite avant mon arrivée. Lorsque j'ai pénétré dans la pièce, j'ai ressenti une très forte bouffée d'angoisse. J'ai sonné, et lorsqu'on m'a ouvert, j'ai cru avoir devant moi des officiers de police judiciaire. Les techniciens portaient des tenues similaires, jeans, baskets, chemise. Et j'ai tout de suite songé qu'ils avaient des « têtes de flics ». Je me suis convaincu, en l'espace de quelques secondes, que j'étais tombé dans un traquenard. L'un d'eux s'est inquiété en me voyant blanc comme un linge.

– Vous m'avez tendu un piège ? ai-je réussi à articuler. Vous êtes des policiers ?

– Bien sûr que non ! On est l'équipe technique ! Asseyez-vous, mettez-vous à l'aise.

J'ai mis un temps assez long à me remettre, à ne plus trembler et à parvenir à rester calme sur mon fauteuil. Puis nous avons commencé le jeu des questions-réponses. Il y avait dans la pièce le perchiste, le cameraman, Olivier Bouchara qui posait des questions et le producteur Benjamin Elalouf. Les séquences ont ensuite été montées avec des images d'archives. C'est ce teaser-là qui a permis de vendre le documentaire à Netflix. Nous n'attendions plus que la sortie de Marco pour décider de la suite à donner aux événements. Allait-on le tourner alors que j'étais en cavale ou accepteraient-ils d'attendre ma propre sortie de prison ? Lorsque le teaser est sorti publiquement, qu'il a commencé à circuler sur le web, il s'est passé quelque chose de très étrange. La réaction du public – son avis sur moi, sur cette affaire – était positive. J'ai reçu de très nombreux messages, surtout des félicitations.

Dedans, je dis ouvertement : « Actuellement je suis en cavale à Paris, je vis dans la clandestinité », c'était déjà très fort pour moi de le dire, mais le message a été très bien reçu par le public. Plus tard en prison, le teaser circulait et les détenus avaient un certain respect à mon égard, une curiosité bienveillante. Ils me posaient plein de questions, étaient impressionnés de voir jusqu'où l'affaire portait. Il s'agissait tout de même de Netflix. Je pense que ça en a fait rêver plus d'un. Il y avait aussi probablement de la jalousie. Je me méfiais de cet intérêt qu'on me portait soudainement. J'ai toujours préféré rester dans l'ombre et cette mise en lumière me mettait mal à l'aise, même si je ne pouvais m'empêcher de la rechercher.

L'accord était tombé : j'allais me rendre, exécuter ma peine, et à ma sortie nous commencerions le tournage. Pour me préparer à ce dernier et pour m'occuper plutôt que de ruminer, j'avais participé à un stage de cinéma au cours Florent, sur les quais de l'Ourcq, dans le 19e arrondissement. C'était en décembre 2018, en même temps que le tournage du teaser. Je m'y suis inscrit sous le nom de Michael Zaoui, qui est mon deuxième prénom. On me surnommait « Chouquette Man » parce que, chaque matin, j'apportais des chouquettes et des viennoiseries. Pour être honnête, j'étais très mauvais en comparaison des autres. Le professeur, qui était aussi réalisateur, m'a dit un jour :

– Tu es coincé, tu dois te lâcher, tu es là pour te lâcher.

Il voyait bien que quelque chose n'allait pas, que j'étais tracassé. Malheureusement, je ne pouvais révéler à personne que j'étais en cavale. Je garde néanmoins un excellent souvenir de ce stage, je suis toujours en contact avec certaines personnes, j'ai réussi à nouer de jolies relations. Avec le recul, il est vrai que ma démarche n'était pas raisonnable. Durant une cavale, se livrer à ce genre d'activité relève de l'inconscience. J'étais toujours très discret, pas de téléphone portable sur moi, paiement en espèces, je ne laissais aucune trace de mes allées et venues et, grâce à une discipline militaire, je n'ai eu aucun souci.

C'était des moments d'évasion que je chérissais, un moment de liberté, comme une thérapie, dans cet enfermement qu'était la cavale. Elle demeurait un jeu grandeur nature du chat et de la souris, nerveusement éprouvant. Même si je n'étais pas doué pour le théâtre, je pensais à autre chose, j'apprenais des textes, je rencontrais des inconnus, des apprentis comédiens, des acteurs… Parmi eux se trouvaient essentiellement des personnes de mon âge, ce que je regrettais un peu, j'aurais aimé être confronté à des jeunes, profiter davantage de cette pluralité. Malgré notre âge, nous étions quand même tous des débutants. Les exercices m'ont beaucoup servi pour le tournage qui a suivi, car le professeur nous apprenait à nous placer par rapport à l'angle des caméras, il nous enseignait la bonne vitesse de mouvement. Nous travaillions de 9h à 17h, avec une heure pour déjeuner. Nous mangions soit dans les restaurants du quartier soit tous ensemble autour de nos repas faits maison. Certains ont arrêté au bout de quelques séances, moi je suis allé au bout, c'était une vraie bouffée d'air frais.

Toutes les semaines, je passais devant la prison pour observer, constater l'avancée des travaux. Je suivais également l'actualité grâce à Internet. Le jour où j'ai vu que les échafaudages avaient été enlevés, j'ai su que mon heure était bientôt arrivée. Les journaux me l'ont vite confirmé. C'était moralement déroutant d'attendre ma propre incarcération, que je savais inéluctable. J'étais comme le passager de ma propre existence, en stand-by dans la gare. Le train que je devais prendre n'était pas le bon, mais c'était le seul disponible pour espérer revivre un jour… J'étais à l'entrée d'un tunnel dont je ne voyais pas la fin, entre les procédures judiciaires, mon temps d'incarcération, l'aménagement de peine… et mon avenir auquel je ne trouvais aucun sens étant donné que je ne pouvais strictement rien prévoir, rien anticiper…

Le week-end précédant ma reddition, celui du 2 février 2019, fut le plus éprouvant. Je le passai avec Tess, elle avait huit ans. J'habitais le 13e arrondissement chez l'une de mes tantes. Ce jour-là, elle est montée derrière moi sur mon scooter BMW électrique, elle adorait ça, nous avions pour projet d'aller acheter des gâteaux chez Murciano, rue des Rosiers, d'aller au cinéma, de profiter et de passer une belle journée. Lorsque je suis descendu du véhicule et que je l'ai regardée, je me suis mis à pleurer. Je savais que j'allais être de nouveau enfermé, que je ne la verrais plus. Ce fut une prise de conscience extrêmement douloureuse. J'ai tenté de ravaler ma douleur et mes larmes, d'inventer une poussière tenace dans mon œil, mais je ne parvenais pas à les empêcher de couler. C'était les derniers instants que nous passions ensemble, et moi seul le savais. Ce que j'ignorais, c'est que je ne la reverrais plus. C'est le dernier week-end que j'ai passé avec elle. Des moments magiques et gravés en moi à tout jamais, en elle aussi je l'espère.

Je viens d'éteindre la télévision, il est 21h. Ce soir, j'ai entendu aux informations que la cour d'appel rendra son verdict le 22 avril concernant la peine de Patrick Balkany, soit dans quelques jours… L'occasion pour moi de revenir sur un épisode moins douloureux…

J'ai partagé quelques mois de prison avec cet homme, incarcéré en septembre 2019 et sorti depuis le mois de février… Je ne lui ai jamais parlé, mais une anecdote m'amuse ce soir, celle de ses fameux cornichons…

L'aumônier israélite venait lui rendre visite presque tous les jours, ce qui n'était pas le cas pour nous autres, détenus de moindre importance. Je me souviens que Monsieur Balkany était un gros consommateur de grands cornichons, appelés en yiddish Malassoss. Notamment pour l'aider à arrêter de fumer. Le 23 septembre, il a d'ailleurs été transféré à l'infirmerie de la prison pour en avoir avalé un de travers, il a manqué s'étouffer avec. Le problème, c'est que l'aumônier lui en faisait rentrer beaucoup trop... Il avait d'ailleurs déjà eu un précédent à la prison de Fresnes, pour soupçon de corruption. Il n'a pas été mis en examen, a seulement fait de la garde à vue, tout comme le directeur de la prison de Fresnes, qui doit être jugé cet hiver 2022-2023. Le 17 septembre, Le Parisien *a publié un article sur le quotidien de Monsieur Balkany à la Santé. Pourtant court, l'article abordait néanmoins le cas de l'aumônier par le biais de son épouse :* « Côté visites, outre celles de ses deux avocats et de son épouse, il a également reçu celle du rabbin de la prison. L'aumônier ayant le droit – contrairement aux proches – d'apporter à manger aux détenus, Patrick Balkany lui aurait ainsi demandé quelques spécialités, par exemple des cornichons. » *Ce jour-là, l'aumônier a eu très peur en se voyant cité, lui qui était déjà inquiété, mais non poursuivi. Son fils, qui travaillait avec lui, est arrivé un matin, les bras chargés de pots de cornichons, qu'il a distribués à tous les détenus de confession juive. J'ai réussi à l'alpaguer, afin de lui faire cracher le morceau et son regard m'a confirmé que j'avais raison. Moi qui n'aimais pas trop ça, je les ai distribués à d'autres détenus, même non juifs... Cela fait déjà plusieurs mois et l'un de mes camarades m'a dit à la promenade aujourd'hui qu'il en avait encore dans sa cellule... Il est temps de me replonger dans l'histoire de ma cavale, marquée par les prémices de notre documentaire Netflix, mais aussi par la peur de me faire prendre par la police...*

À la veille de mon incarcération, j'avais relégué le projet Netflix très loin dans mon esprit, c'était le cadet de mes soucis, et puis personne n'aurait pu deviner le succès du documentaire. Personne ne s'y attendait, tout était encore très flou.

Le mercredi 6 février 2019, je me suis constitué prisonnier. J'ai pris la terrible décision de me rendre au tribunal de grande instance de Paris, de la porte de Clichy. Il était temps pour moi de solder ma dette envers la société et d'enfin purger cette peine. Les conditions étaient meilleures, la prison avait été refaite. Je savais que je ne revivrais pas le terrible quotidien que j'avais dû affronter lors de ma précédente détention à la Santé.

La suite, vous la connaissez, vous n'avez qu'à reprendre la lecture de mes premiers apartés en début de récit. Ces mots seront probablement les derniers écrits en prison. Mon expérience, vous l'avez découverte au gré de ces pages. Vingt mois d'emprisonnement qui m'auront permis une introspection nécessaire sur les trente dernières années de ma vie, durant lesquelles j'ai connu des hauts et des bas, de grands bonheurs et de grandes tristesses. Il est temps désormais de penser à l'avenir et d'essayer de rattraper le temps perdu avec mes enfants, même si j'ai compris qu'il ne peut jamais être vraiment rattrapé.

18

La genèse

Pantin, 5 août 2020, deux jours après ma sortie

Après 545 jours de prison, me voilà libre, ou presque. J'ai autour de la cheville un bracelet électronique, je n'ai pas le droit de quitter le territoire, et une obligation d'être à Pantin à heures fixes. Je suis chez mes parents, je suis entouré, enfin, et je suis heureux, j'ai quitté pour toujours, je l'espère, cet endroit, ces quatre murs, ma petite chambre de 9 m². J'ai déjà vécu des retours à la liberté, mais celui-ci a une autre saveur, parce que c'est le dernier. Je ne sais pas si je suis un autre homme. Je crois qu'au fond, je suis toujours le même, mais les épreuves et les échecs m'ont endurci plus que je ne l'aurais cru. Je sais aujourd'hui où se trouvent mes priorités. J'ignore ce que je ferai du reste de ma vie, mais je suis libre, un homme libre. Au fond de moi, j'ai toujours l'impression d'être ce papillon attiré par la lumière, mais j'ai une autre certitude : je ne veux plus être un hors-la-loi. Seulement que mes enfants, mes parents, soient fiers de l'homme qui se tient désormais devant eux. Le mois prochain commencera le tournage de notre documentaire Netflix. Cela me donne au moins un horizon pour les semaines à venir.

Je suis sorti de prison le 3 août 2020, Marco en mai 2020. Durant tout l'été, nous avons eu de nombreuses réunions et d'autres rendez-vous. Nous avons passé beaucoup de temps tous les deux avant le tournage. Le revoir n'a rien eu d'étrange : Marco, c'est un peu le genre d'homme que pouvez ne pas voir pendant longtemps mais que vous retrouvez avec la sensation de l'avoir quitté la veille. J'essaie de chasser l'idée que mener ce projet avec lui est peut-être une façon de renouer avec mon passé, parce que je n'en ai pas envie, vraiment pas… Netflix est pour moi un tremplin dont je vais devoir extraire toutes les opportunités possibles. Le documentaire de notre histoire sera peut-être mon premier pas vers un autre avenir, plus respectable.

Avant que l'annonce officielle n'en soit faite, il existait un projet concurrent au nôtre, celui de Fabrice Arfi, un journaliste à Mediapart qui avait écrit un livre, *De larmes et de sang*. Mais ce livre-là était surtout axé sur le côté sombre et criminel de cette histoire, notamment sur des meurtres qui ne me concernaient en rien. Netflix a finalement choisi notre projet. Son titre initial était *Lords of Scam*, *Les seigneurs de l'arnaque*. Dans les autres pays qui l'ont acheté, le titre est resté celui-ci. Les contrats ont été signés avec cet intitulé.

À cause du titre, le documentaire a d'ailleurs failli ne pas voir le jour. En effet, un mois avant sa sortie, le titre en France avait été modifié sans que nous ayons été consultés. La production était dans son droit, pour autant, je m'en suis révolté. Nous étions passés des *Seigneurs de l'arnaque* à *Arnaques, Crimes et* CO_2, en référence au film de Guy Richie, *Arnaques, crimes et botanique*, sorti en 1998. Mon avocat, Richard Malka, a mis en demeure le diffuseur Netflix et les deux coproducteurs, dont Gaumont, de changer le titre. J'acceptais le fait d'être un délinquant, pas d'être un criminel. Par ailleurs, le documentaire ayant été tourné davantage comme un film, j'estimais que nous aurions dû bénéficier d'un contrat d'acteur. Le résultat final est qu'il ne ressemble en rien à un Grand Format de *Sept à Huit*. Ils se sont montrés très condescendants avec moi, me disant que ma demande « volait vraiment très bas». Pour autant, j'étais déterminé à ne pas me laisser faire, hors de question d'être assimilé à un meurtrier. Pendant dix jours, nous n'avons eu aucun retour de leur part, nous étions en octobre 2021, le documentaire devait sortir le 3 novembre. Olivier Bouchara m'a téléphoné un jour pour me dire que, vu les circonstances et les vagues que je faisais, le documentaire risquait de ne pas voir le jour, que Netflix avait des projets à ne plus savoir qu'en faire et que le nôtre ne faisait pas partie de leurs priorités. Pour eux en revanche, la situation était catastrophique. Mais je ne me suis pas démonté, après tout, je n'avais pas été payé pour mon travail, que le documentaire sorte ou non, cela n'était pas une priorité pour moi.

Dix jours plus tard, nous avons reçu un courrier venant des avocats de ces trois personnes mises en demeure, ils acceptaient de modifier le titre au profit de l'actuel, *Les rois de l'arnaque*.

À ma sortie de prison, nous avons donc déjeuné avec Marco dans un restaurant, *Le 7 de table*, qui proposait de la viande excellente. Encore une fois, il m'a surpris. J'ai constaté qu'il maîtrisait très bien ce sujet. En effet, dans sa famille, ils sont bouchers de père en fils, et ce, depuis des générations. Il en parlait d'une manière très professionnelle, très maîtrisée et sérieuse. Une facette de lui qu'il montre généralement peu. J'ai été impressionné par sa connaissance et me suis plusieurs fois demandé pourquoi il n'avait pas continué dans cette voie plutôt que d'emprunter les chemins de l'illégalité.

Enfin, l'heure était venue pour moi de débuter le tournage ! Nous étions assez excités et aussi nerveux l'un que l'autre, mais tout s'est bien déroulé. Si nous appréhendions l'exercice, il n'a pas été difficile. Nous étions soumis à un jeu de questions auxquelles nous devions répondre, puis l'ensemble était coupé et monté. Nous n'avions pas de texte à apprendre, tout était spontané et tourné une seconde fois en cas de mauvaise prise, comme dans un film. Nous travaillions par demi-journées et celles-ci étaient espacées, ce n'était pas tous les jours de la semaine.

Nous étions également tous les deux sous bracelet électronique, ce que l'on appelle PSE : placement sous surveillance électronique. J'ai conservé celui-ci de ma sortie le 3 août jusqu'à fin janvier 2021, lorsque mon aménagement de peine m'a définitivement été accordé. De nombreuses scènes ont été coupées, dont une où j'en parle très naturellement, je m'adresse à Marco en lui disant à 17h30 : « J'ai le bracelet, je ne peux pas rester plus longtemps, il faut que je rentre chez moi. » Cette scène-là a malheureusement été coupée, elle montrait pourtant le réalisme de notre situation.

Ses heures à lui étaient plus souples que les miennes, qui allaient de 9h à 18h. En dehors de ces horaires, je devais être à mon domicile à Pantin sous peine de retourner en prison.

Chaque jour, je profitais que ma mère prenne soin de moi, comme lorsque j'étais petit, comme si je n'étais plus cet escroc mais tout simplement son fils, son petit garçon. Après des mois passés en prison, retrouver le fumet de ses plats cuisinés et les discussions avec mon père, retrouver un équilibre familial stable, c'était ce dont j'avais besoin. J'avais désespérément envie d'être entouré pendant un temps, de voir mes enfants dans un milieu neutre aussi. C'était nécessaire pour moi pour me reconstruire, aller de l'avant et envisager sereinement la sortie du documentaire sur Netflix.

Après sa sortie, le 3 novembre 2020, se sont enchaînées les propositions de plateaux de télévision. Heureusement, j'étais prêt à assumer tout ce qui allait en découler, et je pouvais compter sur Marco et ses relations. Il connaissait personnellement Cyril Hanouna, animateur de *Touche pas à mon poste* (*TPMP*), il a fait la démarche de lui proposer notre histoire et Cyril s'est montré très intéressé.

Nous avons eu un rendez-vous préalable à la promotion du documentaire dans les locaux de Netflix, en présence d'Olivier Bouchara et de Soizic Gelbard. Ils étaient très contents des premiers chiffres, mais ne nous les ont pas communiqués. Leurs bureaux se trouvent derrière l'Olympia, square Édouard VII. C'est un endroit dissimulé derrière des arcades, dont l'intérieur est splendide. Nous avions déjeuné dans un restaurant italien, dans lequel Marco a appris à faire ses premiers selfies, nous avons passé un très bon moment. Marco, égal à lui-même, a raconté que la semaine suivante il serait arrêté par la police, qu'il serait mis en examen mais n'irait pas en prison, que c'était parfait pour faire le buzz… Chose qui ne s'est pas produite avant des mois finalement… Dans leurs locaux, il y avait des paniers remplis de brioches, de chocolats, de confiserie… ainsi que des jus de fruits divers et variés. Il était aisé d'imaginer la richesse de la filiale française. J'ai trouvé leur façon de nous recevoir très « américaine », limite grandiloquente. Ils ont été d'une très grande gentillesse, mais il y avait aussi une façon de faire millimétrée, voire militaire. Tout dans leur discours était maîtrisé, calibré. Ils savaient ce qu'il faut dévoiler ou ne pas dévoiler. Nous avons discuté de la promotion et *TPMP* a bel et bien été acté dans l'agenda.

Pour cette première grande télé, j'étais accompagné de mon fils Ayrton. Ma fille aînée était prise par ses études et

Benjamin et Tess étaient encore trop jeunes. J'étais heureux de l'avoir près de moi pour vivre ce moment. La productrice était là également. Elle nous a d'ailleurs un peu briefés, a calibré notre discours pour que les éléments de communication les plus importants soient énoncés.

J'étais pour ma part très détendu et n'appréhendais pas les questions pièges. J'avais passé tellement d'heures dans les cabinets des magistrats instructeurs les plus intelligents et affûtés de France, avec les juges d'instruction, que les questions des journalistes étaient de la rigolade à côté, et sans aucun enjeu carcéral à la fin. Toutes ces heures passées chez ces magistrats sont devenues pour moi la meilleure école au monde de formation en communication.

J'avais eu largement le temps de comprendre le fonctionnement de la justice française. J'étais aguerri. J'avais choisi de porter une montre Casio avec un bracelet en plastique noir, bon marché, que j'avais achetée avant de rentrer en prison et que j'ai gardée. Je me rappelle un tweet ironique qui disait : « Bien joué le coup de la montre ! », ça voulait dire : « Mec, t'es qu'un comédien ! » Or, ce n'était pas mon intention. Si j'avais mis une montre chère, on me l'aurait évidemment reproché ! Le mieux aurait été de ne rien mettre. Mais le commentaire m'a fait sourire. Un autre tweet disait : « Putain, le mec en costard est en train de réaliser qu'il avait un sacré con dans son équipe », en parlant de Marco. Ce dernier ne l'a pas bien pris, bien sûr, mais encore une fois, ça m'a beaucoup amusé. Il disait ça parce qu'à côté de moi, Marco était très extraverti, alors que je mesurais mes mots. J'essayais d'avoir un discours limpide, clair.

J'accepte et j'assume mes torts et les sanctions que j'ai eues. La plupart des commentaires ont été bienveillants, j'ai vu peu de réactions hostiles à mon intervention.

Le 10 novembre 2021, à l'issue de cette émission, nous nous sommes réunis pour célébrer ce succès promotionnel dans un appartement du 16e arrondissement. 1,8 million de téléspectateurs, c'était un beau score ! Marco était là, tout comme Soizic Gelbard. Lorsqu'elle a levé son verre pour s'adresser à nous, elle a eu l'honnêteté d'avouer que j'avais eu raison. Que le documentaire n'aurait peut-être pas aussi bien fonctionné avec le titre qu'ils avaient voulu, tout simplement parce que la cible n'aurait pas du tout été la même. *Anarques, crimes et botanique* avait eu une belle vie à l'époque, mais aucun gamin aujourd'hui n'aurait fait le lien entre ce film qu'ils ne connaissent pas du tout et le documentaire. Là, nous avions réussi à toucher la jeune génération, et leur engouement sur les réseaux sociaux avait permis d'enflammer la toile. Sans ça, pas sûr que le documentaire aurait bénéficié de la même popularité. Elle m'a remercié et cela m'a fait chaud au cœur. Durant tout ce combat que j'avais mené, j'avais été seul. Jamais Marco ne m'avait soutenu. Lui, il voulait seulement que le documentaire sorte et m'en avait voulu de m'acharner ainsi, parce que je mettais en péril ce projet. Heureusement, ma famille m'avait aidé, car j'avais dû assumer des frais de procédure et d'avocat pour cette affaire de titre. Des sommes que jamais Netflix ne m'a remboursées, pas plus que Marco n'a voulu partager.

J'ai eu peu de contacts ensuite avec l'équipe Netflix. Ils ont notamment eu lieu par l'intermédiaire de Soizic, pour des questions relatives aux droits ou à la promotion à l'étranger. Nous devions notamment présenter le documentaire aux États-Unis, mais cela n'a pas abouti. Une dizaine de jours plus tard, Arnaud Mimran, qui est présent dans le documentaire, a été mis en examen car présumé coupable d'avoir prémédité le meurtre d'Albert Taieb, garde du corps de Cyril Mouly, le cousin de Marco. La productrice nous a téléphoné pour nous enjoindre de garder le silence sur cette affaire, mais aussi pour suspendre la promotion pendant un laps de temps. Finalement, nous avons continué. C'était une chance pour les familles, avec ce matraquage médiatique, de voir l'enquête aboutir plus rapidement, de réveiller la justice et accélérer le processus. Ça a forcément été bénéfique pour le documentaire, en parallèle.

À l'heure actuelle, nous digérons les retombées de ce succès inattendu : 17 millions de vues, un record pour un documentaire français. Nous avons émis l'idée d'une suite, mais rien n'est encore acté. Il y a encore beaucoup d'éléments sur lesquels nous devons réfléchir.

Je suis toujours avec le stylo et le carnet que j'avais dans ma cellule. Plus je les regarde, plus je me dis que je vais devoir m'en séparer. Il est temps de tourner la page, la dernière, de jeter ensuite ce crayon si symbolique pour en acheter un autre, afin d'écrire la deuxième partie de ma vie. Écrire fut pour moi une délivrance mais aussi une souffrance : celle de revivre l'aventure de ma vie depuis ses débuts, mes bonheurs, mes voyages, la naissance de ma fille, mais également mes souffrances, mon enfermement, ma dépression, tout ce qui fait aujourd'hui ma personnalité et tout ce qui m'a rendu plus fort.

Pour le plaisir mais aussi pour exorciser ma vie d'autrefois, ne me reste qu'à vous dresser un inventaire non exhaustif de toutes mes acquisitions matérielles, une façon pour moi de tirer définitivement un trait sur mes anciens démons, sur mes extravagances, et de commencer ensuite un nouveau chapitre.

19

Cash Carbone : Explications de la fraude à la taxe carbone (pour les Nuls)

La vie est faite de rencontres, dit-on. Plusieurs m'ont marqué, certaines m'ont procuré du bonheur, du bien-être, de bons souvenirs ; d'autres, au contraire, ne m'ont apporté que malheur et aigreur… Parmi toutes ces personnes qui ont gravité autour de moi depuis ma naissance, il en est une en particulier qui aura fortement contribué à me faire connaître. C'était en octobre 2004, alors que j'étais incarcéré pour fraude fiscale. Cet homme s'appelait Gérard Landrieu. Il avait été mis en examen pour avoir incendié volontairement ses locaux afin de dissimuler sa comptabilité. Il était alors gérant d'une entreprise spécialisée dans la vente de panneaux solaires dans le Sud de la France. À cette époque, c'était un marché qui n'en était qu'à ses balbutiements. C'était un homme sympathique avec qui je m'entendais bien, mais qui avait une particularité : il parlait sans cesse, inlassablement, d'écologie. Je lui avais même demandé pourquoi il ne s'était pas présenté pour être ministre. Et du marché de l'écologie. À longueur de journée et dans nos 9m^2, j'en entendais parler de façon constante. En long, en large et en travers, l'écologie était au cœur de nos conversations, jour après jour.

– C'est l'État qui finance ça ! Par les crédits d'impôt ! Tu devrais t'y intéresser.

Voilà ce qu'il me répétait en boucle et ce que j'ai fini par faire. Jamais dans nos conversations il n'a été question de quotas carbone. Il ne connaissait probablement pas ça, ou de loin. C'est quelque chose que j'ai découvert par moi-même un peu plus tard, que j'ai compris et qui m'a permis d'orchestrer la plus grosse arnaque fiscale du siècle.

Gérard Landrieu me rappelait Bubba et sa passion pour les crevettes dans Forrest Gump : « *Enfin, comme je te le disais, la crevette c'est le fruit de la mer. On la fait au barbecue, bouillie, grillée, rôtie, sautée. T'as la crevette kebab, la crevette créole, le gombo de crevettes ; à la planche, à la vapeur, en sauce ; tu fais l'avocat crevettes, la crevette citron, la crevette à l'ail, la crevette au poivre ; soupe de crevettes, ragoût de crevettes, la salade de crevettes, cocktail de crevettes, le hamburger de crevettes, le sandwich crevettes. Ah… C'est à peu près tout.* »

Gérard – à l'instar de Bubba qui rêvait de créer sa petite entreprise de pêcherie et cuisine de crevettes sous une marque qui porte son nom – rêvait de faire fortune grâce à l'écologie. Il m'a transmis sa passion. D'autant que le marché de la téléphonie commençait à être saturé. De plus en plus de concurrents s'y faisaient une place et le marché devenait moins intéressant. Je découvrais un nouveau marché avec, au centre, une autoroute très peu fréquentée qui n'attendait que moi !

Lorsque je suis sorti de prison en décembre 2004, c'était avec une toute nouvelle idée en tête ! La première chose que j'ai faite une fois dehors a été de créer la société Marceau Trade, pour faire de la vente de téléphones mobiles. C'est là que j'ai rencontré Christiane Melgrani. J'étais son fournisseur, elle ma cliente la plus importante, elle s'occupait de vendre les téléphones dans des boutiques à Marseille. Nous sommes rapidement devenus amis et nous nous sommes associés.

En parallèle, j'étudiais le marché de l'écologie. J'en ai parlé à ma collaboratrice, étant donné qu'elle vivait dans le Sud de la France. Quelque temps après moi, Gérard Landrieu sortait de prison et tous deux ont pu se rencontrer. Je l'ai revu quelques semaines plus tard, début 2005. Nous avons pu discuter, soulever plein d'interrogations. Je voulais absolument comprendre tout le mécanisme de ce marché. Il nous avait reçus dans sa maison à Montpellier. D'un commun accord avec Christiane, nous nous sommes donc lancés dans cette nouvelle aventure. Elle gérait les commerciaux, leur embauche, afin de démarcher des particuliers, et moi je m'occupais de notre présence sur les salons pour trouver des fournisseurs. J'en ai fait à Paris, en banlieue parisienne, mais aussi dans le Sud de la France, à Marseille notamment. De fil en aiguille, je me suis abonné à tout un tas de newsletters qui m'ont permis de comprendre le marché, ses innovations, ses nouveautés, et c'est là que j'ai pris connaissance du marché des quotas carbone.

Pour appréhender le marché du quota carbone, il faut d'abord comprendre comment fonctionne la TVA intracommunautaire. Un domaine que je maîtrisais très bien depuis mes fraudes avec les téléphones mobiles. Le 2 mai 1992, les douze États membres de l'Union européenne signaient le traité sur l'Espace économique européen par l'UE. Ce traité, entré en vigueur le 1er janvier 1994, permettait d'étendre la zone de libre-échange de l'UE à trois pays de l'AELE (Association européenne de libre-échange) : l'Islande, la Norvège et le Liechtenstein. À compter de cette date-là, chaque pays possédait un numéro de TVA intracommunautaire. Celui-ci commençait par les deux premières lettres du pays, suivies d'une série de chiffres propre à chacun d'eux. Onze chiffres pour la France. Lorsque ce chiffre est vérifié sur un site web de la Communauté européenne, et qu'il est valide, vous pouvez acheter des marchandises dans n'importe quel pays de cette communauté. On appelle cela une acquisition de biens intracommunautaires. Toutes ces opérations sont exonérées de TVA. Néanmoins, lorsque vous revendez ces marchandises, vous êtes tenu d'appliquer la TVA aux taux en vigueur et de la facturer. Lorsqu'une vente est réalisée en France, votre acheteur vous paye TTC et vous devez reverser vos 20% de TVA.

Si vous décidez de ne pas le faire, il s'agit d'une fraude fiscale, non d'une escroquerie. Et une fraude fiscale, quel que soit son montant, est punie de 5 ans d'emprisonnement. Ce qui est ironique car, en 2009, lorsque j'ai été condamné à la suite de mes transactions de téléphonie mobile, le pôle financier a décidé, pour des raisons d'augmentation de peine, de me condamner pour escroquerie et non pour fraude... Il s'agissait du même système que pour le carbone, le même mécanisme. Un « carrousel TVA ». En effet, les marchandises transitent d'un pays à un autre et leur TVA n'est pas reversée aux États. Pour le carbone, au lieu d'importer des biens matériels, nous importions des biens immatériels : des quotas de CO_2 qui ne transitaient ni par la voie aérienne, ni par la voie terrestre, ni par la voie maritime. Il n'y avait donc pas de risques de vol ni de logistique de transport à prévoir, de retards, de frontières… Pour transférer des quotas de CO_2, tout est virtuel, vous passez par des registres électroniques qui ressemblent à des comptes bancaires avec identifiant et mot de passe. Pas d'euros ici, mais des « EUA », des quotas carbone, avec la période à laquelle il correspond.

Très rapidement, je me suis aperçu que je pouvais m'emparer d'un marché avec lequel j'aurais tous les avantages, sans les inconvénients. Ce n'était pas comme avec la téléphonie qui nécessitait un lieu de stockage, où l'on devait payer d'avance avec le risque de ne jamais voir la marchandise arriver, où il fallait compter avec des délais de transport… Là où l'on mettait autrefois trois à quatre jours pour encaisser notre argent, il ne suffisait plus que de quelques secondes. J'ai également découvert que l'on pouvait ouvrir des sociétés non européennes, qui n'avaient donc pas de numéro de TVA. C'était beaucoup moins lourd administrativement qu'une société européenne pour laquelle vous aviez une obligation déclarative. Entre sociétés européennes, nous devions réaliser chaque trimestre une déclaration d'échange de biens. Ce qui veut dire que la société française déclare à la douane ou aux services fiscaux de son pays qu'elle a acquis à la société espagnole ayant le numéro de TVA untel, pour telle somme, à telle date, de tels produits avec le numéro de nomenclature. Et l'Espagne doit faire la même déclaration en sens inverse. Ainsi, dans le système informatique, les incohérences remontaient facilement. En tant que société non européenne, il n'y avait plus d'obligation de faire ces déclarations, c'était une façon de devenir invisible.

Ce marché des quotas carbone a pris son essor à la suite du protocole de Kyoto signé en décembre 1997. Entré en vigueur en 2005, il visait à réduire les émissions de six gaz à effet de serre : le dioxyde de carbone (CO_2), le méthane (CH_4), l'oxyde nitreux (N2O), l'hydrofluorocarbone (HFCs), l'hydrocarbure perfluoré (PFCs) et l'hexafluorure de soufre (SF6). Il s'agissait pour les gouvernements d'allouer des quotas aux installations polluantes (environ 11 000 en France à cette époque), en fonction de leur taille, leur infrastructure… afin de les obliger à réduire leurs émissions. Admettons que l'on vous alloue par exemple 100 000 tonnes de quotas carbone à l'année, si vous les dépassez, vous devez acheter des quotas supplémentaires ;

si vous êtes en dessous, vous pouvez en revendre à ceux qui ont dépassé. Il s'agit ni plus ni moins d'un marché de régulation. Cependant, rien n'empêchait quiconque d'acheter, vendre et trader sur ce marché, et comme on dit en droit pénal : tout ce qui n'est pas interdit est autorisé. Par ailleurs, ce n'était pas un marché régulé en Bourse, il y avait un prix de marché approximatif, mais aucune règle fixe quant au prix. Certaines Bourses se sont emparées du phénomène, se spécialisant sur ce marché, mais chacun était libre de vendre au prix qu'il voulait, de stocker s'il le voulait pour attendre le moment propice. Les quotas carbone étaient gérés via un registre sur le web. Vous aviez votre compte, pour lequel vous aviez transmis au préalable des documents tels que votre Kbis, votre carte d'identité, des documents de domiciliation et, à partir de là, vous pouviez gérer votre stock, vos achats, vos ventes, et ce, avec tous les registres des différents pays. Ainsi, une société française pouvait ouvrir un compte sur un registre étranger, Danemark, Italie, Espagne… Vous pouviez également ouvrir autant de registres que vous le souhaitiez.

Une petite parenthèse, par ailleurs… Le compte registre français était détenu à 100% par la Caisse des dépôts et consignations. Ce qui veut dire qu'elle était le détenteur du registre français des gaz à effet de serre, et qu'ils avaient parfaitement connaissance de toutes les transactions qui s'y passaient avec les numéros de série, parce que chaque tonne de quotas de CO_2 a un numéro de série qui lui est propre. Il commence par deux lettres qui correspondent au chiffre du pays qui a alloué ses quotas à l'usine. Ensuite, vous avez une succession de chiffres. Les premiers correspondent au code de l'usine auquel correspond le quota, et après, une autre succession de chiffres correspond à une date. Chaque tonne de CO_2 a donc un numéro de série qui lui est propre, à partir duquel on peut remonter tout son historique. Pourquoi je vous dis ça ? Parce qu'une chose m'a interpellé : comment se fait-il que la Caisse des dépôts et consignations, étant propriétaire du registre en France, alors qu'elle voyait les mêmes quotas de CO_2 revenir en boucle – le fameux carrousel de TVA – ne s'est jamais posé cette question. Et qui mieux qu'elle était le mieux placé pour s'en rendre compte ?

La période 2005-2007 a été une période dite de « test », la « Période 0 ». Lorsque j'ai commencé à bien maîtriser ce marché, je me suis rapproché de l'une des Bourses. Il en existait plusieurs en Europe, mais la France avait la forte volonté d'être leader sur le quota carbone. La Bourse d'échange s'appelait Power Next. Elle vendait également de l'électricité et du gaz et a ainsi séparé ses activités en créant Blue Next, la Bourse dédiée au quota carbone, située rue Louis-le-Grand, à Paris. Elle appartenait pour 40% à la Caisse des dépôts et consignations et pour 60% à une société américaine spécialisée dans les Bourses d'échange sur divers produits à travers le monde. J'ai ouvert mon premier compte chez eux par le biais de la société Marceau Trade. Quand Marceau Trade a été inscrit chez Power Next, j'ai été leur 21ᵉ membre. Les 20 membres qui avaient ouvert avant moi étaient des installations, comme Michelin par exemple, qui avaient un desk où elles traitaient elles-mêmes la vente de leurs excédents de quotas carbone ; il y avait également des banques qui tradaient la vente de ces quotas. Et moi, en 21ᵉ position, le petit Marceau Trade que j'étais, je m'étais inscrit sur ce marché-là. Nous étions en 2006. Je me suis également inscrit dans une Bourse concurrente aux Pays-

Bas, qui s'appelle Climex, mais qui agit avec beaucoup moins de volume. J'ai alors fait un premier test : acheter 30 000 € de quotas carbone sans TVA en Hollande avec ma société française et les transférer sur mon registre français, Seringas, en quelques secondes. Je les ai mis en vente sur la table des marchés électroniques de Power Next et les ai vendus en quelques secondes également à la Caisse des dépôts, avec TVA, soit 6000 € de plus. Libre à moi de les reverser ou pas. Si je ne le faisais pas, je commettais une fraude à la TVA.

Durant cette « Période 0 », beaucoup trop de quotas carbone ont été alloués. À la fin de l'année, en 2006, la tonne de CO_2 est donc tombée à 1 centime d'euro. Grâce à l'une des newsletters que je suivais, j'ai appris que durant la période « 1 », entre 2008 et 2012, le marché allait devenir explosif. Il serait alloué 15% de moins de quotas carbone. Je me suis donc fait la réflexion que le prix allait être consolidé et que le marché allait fonctionner, car si moins de quotas venaient à être distribués en comparaison de ce qui avait été pollué, les entreprises polluantes allaient devoir faire attention.

En tant que société extracommunautaire, vous aviez affaire à la douane, vous deviez remplir un document, EX1, qui attestait que vous vendiez à un pays qui ne faisait pas partie de la communauté européenne. Or, ce document n'était obligatoire que pour les transactions matérielles et, comme les quotas carbone n'étaient pas concernés par la livraison physique… vous deveniez encore une fois invisible aux yeux de la douane française et européenne cette fois-ci.

J'ai donc décidé de créer une société aux États-Unis, à Las Vegas dans le Nevada. Je l'ai inscrite chez Blue Next, elle s'appelait Energy Stock Market. Cela me permettait de faire des achats de quotas carbone sans TVA chez Blue Next, chez Climex, sans avoir à faire de déclarations. Ce qui était également très intéressant pour moi, c'est que ma société, qui achetait en France ou en Hollande pour revendre en France, n'était tenue à aucune obligation fiscale aux États-Unis, étant donné que rien ne se passait sur le territoire américain... Las Vegas était un paradis fiscal.

Pendant plusieurs semaines, j'ai adopté ce que j'appelais « la méthode crocodile » : j'ai attendu. J'ai préparé mes sociétés : Crépuscule, Energy Stock Market, une autre qui s'appelait VA Corporation, et je les ai toutes inscrites chez Blue Next. Cela a duré environ six mois. Six mois à temps plein à affûter mes armes. C'est comme une préparation pour mener un match de boxe. J'ai créé des sites web pour chacune de mes sociétés, afin de leur donner une vie, leur donner une consistance, une substance. J'ai ouvert des comptes aux quatre coins du monde. Pour ouvrir nos comptes en Asie, nous faisions appel à des « gérants de paille », des hommes qui avaient besoin d'argent et que l'on envoyait dans de beaux costumes les comptes. Grâce à eux et à nos intermédiaires, il y avait une opacité totale entre le marché chinois et nos sociétés.

J'avais un associé, mais c'était moi qui pilotais toutes les opérations de constitution, de création. J'avais une roadmap en tête, extrêmement claire et précise. Au terme de ces six mois, tout était prêt. Il ne restait qu'à attendre le bon moment pour commencer le match, ce qui est arrivé en avril 2008.

Nous travaillions depuis nos ordinateurs, soit en utilisant la Wifi des restaurants *McDonald's*, soit dans un cybercafé. J'étais très méfiant et ne voulais surtout pas que l'on puisse remonter nos adresses IP. Cette même méfiance m'a valu la réussite de deux longues cavales, dont l'une sur le sol français. Être prudent est quelque chose que je sais faire.

Pour récupérer notre argent en liquide, qui arrivait alors sur des comptes à l'étranger, notamment chinois, nous devions le transférer sur un autre compte, lui-même chinois, et il transitait ensuite par une personne basée à Paris. Il y avait ce qu'on appelle « un réseau de compensation ». Ces *compensateurs*, qui agissaient dans l'illégalité, prenaient une commission d'environ 4%, et vous remettaient l'argent en espèces. Je n'avais qu'un seul interlocuteur pour ma part, intermédiaire entre mes sociétés et la Chine. C'était le frère d'un ami d'école de mon petit frère, qui possédait alors des bureaux de change et des comptoirs de rachat d'or à Paris. Cela permettait d'éviter la triangulation. Il n'y avait que deux lignes parallèles : nous et notre interlocuteur, notre interlocuteur et le marché chinois. Ainsi, il n'y avait jamais de connexions. Pour moi qui vivais en autarcie avec Chirelle et nos enfants, c'était rassurant et la technique était imparable. Il suffit toujours d'un seul lien et ensuite, c'est comme une pelote de laine, vous la déroulez et tout vient au bout d'un moment, peu importent les nœuds. Ici, pas de pelote, pas de problèmes.

En octobre 2008, j'ai appris par l'intermédiaire d'un ami que Marco Mouly entrait à son tour sur le marché. Néanmoins, nous n'avons jamais travaillé ensemble dans le carbone. Lui, pour faire ce qu'il voulait faire, devait passer par des gens qui étaient inscrits sur les Bourses. Il était en effet obligé d'acheter et de vendre par le biais de « brokers ». C'est ce que j'étais en étant le 21e inscrit chez Blue Next avec Marceau Trade, mais également avec d'autres sociétés que j'avais chez eux. Je gagnais énormément d'argent en tant que broker car les gens comme Marco payaient des commissions assez lourdes, de l'ordre de 3% : 1,5% sur l'achat, 1,5% sur la vente. Sur des opérations s'élevant à plusieurs millions d'euros, c'était considérable.

En tant que courtier, j'aurais largement pu mener une vie honnête et magnifique et jamais la justice ne m'aurait pris dans ses filets.

Ce que je trouve incompréhensible encore aujourd'hui, c'est que ma société Crépuscule revendait ses quotas carbone en France, avec la TVA, alors que les comptes utilisateurs des registres se trouvaient en Chine, à Hong Kong, à Dubaï, au Monténégro… dans des pays qui n'étaient même pas signataires du protocole de Kyoto. Cela ne semblait pas déranger Blue Next d'avoir en son sein des membres qui ne partageaient pas leur valeur première : la réduction des gaz à effets de serre. Blue Next se contentait de recevoir les quotas carbone et de les régler sur un compte utilisateur en Chine qui portait le même nom que l'entreprise, Crépuscule. Ils payaient donc la société française sur un registre basé en Chine, avec la TVA. Nous sommes en avril 2009.

En janvier 2009, Augustin de Romanet, P.-D.G. de la Caisse des dépôts et consignations, a écrit une lettre à Christine Lagarde, alors ministre de l'Économie, pour l'avertir « de mouvements exponentiels sur le marché des quotas carbone». De là, un signalement à Tracfin (Traitement du renseignement et action contre les circuits financiers clandestins) a été effectué et une enquête a été ouverte.

La TVA sur les quotas carbone a été retirée en France en juin 2009. Pendant presque 14 mois, Blue Next a transféré pour plusieurs milliards d'euros sur des comptes utilisateurs chinois, avec une TVA à hauteur de 20%.

Lorsqu'enfin cette décision a été prise, la France a soufflé, rassurée de voir le blanchiment d'argent disparaître. Mais ce ne fut pas le cas. Déjà, elle avait retiré la TVA de manière arbitraire. Normalement, pour prendre pareille décision, il aurait fallu l'unanimité des pays membres. Je soupçonne qu'elle a eu le droit de faire cavalier seul parce que les fraudes sur le marché français étaient exponentielles. Le gouvernement a donc fait des quotas CO_2 une valeur mobilière pouvant être cotée en Bourse.

Néanmoins, les autres pays continuaient à appliquer la TVA. Blue Next, étant la Bourse leader sur le marché européen et mondial, était celle où il y avait le plus de liquidité. Les fraudeurs ne se gênaient pas pour venir se servir en France avec des sociétés étrangères, faire des acquisitions hors taxes pour aller les revendre TTC en Italie, Espagne, Allemagne, au Royaume-Uni... Les fraudes fiscales ont perduré en Europe bien au-delà de ce mois de juin 2009. La TVA dans ces pays-là n'a été retirée qu'au fur et à mesure.

La suite de l'histoire vous la connaissez : le 8 décembre 2009, la police débarquait chez moi avenue d'Iéna et procédait à la perquisition de mon domicile et de mes bureaux. Mon aventure carbone prenait fin.

20

Inventaire

« *Qu'est-ce qu'un homme riche ? C'est celui qui sait se contenter de ce qu'il a.* »

Extrait des *Maximes des Pères*

Je suis né à Pantin, j'ai grandi à Pantin. Au sein d'une famille modeste, mais honnête. De l'argent, je n'en avais pas. De rêves j'étais empli. Des rêves grands, des rêves immenses, des rêves qui côtoyaient la lune et les étoiles.

Je me suis fait la promesse un jour de ne pas rester ce petit garçon aux poches vides. Je les voulais pleines à ras bord, je voulais distribuer billets et amour à égalité. J'ai brassé des millions, des milliards, j'ai gâté mes proches à même hauteur.

Déchu, me voici de nouveau ce petit gars de Pantin. J'ai tout de même honoré la promesse que je m'étais faite, j'ai frôlé la lune et les étoiles. Il ne m'en reste aujourd'hui que plein les yeux, à l'inverse de mes poches, vides, encore.

Accompagné de mes remords, je jette un dernier coup d'œil en arrière, avant de foncer vers l'avenir, tête baissée et cœur ouvert, libre.

Pour tout bon inventaire, un homme commencera toujours par son garage. Mes voitures ont souvent été des caprices, parfois des pansements alors que je sombrais, mais elles ont toujours été achetées avec amour. La voiture fut le premier signe de richesse que j'ai connu. D'abord en voyant celle des autres. J'ai su très tôt que j'en voulais une encore plus belle, encore plus bruyante, encore plus rapide. Troisième testicule de l'homme, si elle devient synonyme de masculinité, alors oui. À l'époque, elle me faisait me sentir maître, me sentir roi. Pas de maîtresse pour moi, juste des voitures. Assortie à mon humeur du jour, à ma tenue, comme le ferait une femme avec son sac à main. 200 € la place de parking, c'était pour moi l'équivalent de 10 centimes mis dans un parcmètre. J'ai toujours veillé sur elle comme un lion, jamais de papiers à mon domicile, de peur des perquisitions ; les clés toujours cachées sous les roues. Aujourd'hui, je ne suis ni maître ni roi, seulement un homme. Et je ne privilégie ni le bruit ni le luxe, mais le confort à cause de mes problèmes de santé.

Ma plus belle acquisition aura été la Rolls Phantom coupée.

• Clio Baccara : bleu gris métallisé intérieur gris. Première voiture achetée neuve en 1994.

• Ferrari 348 TS, la première. Les premières fois sont toujours mémorables.

• Ferrari Enzo, rouge, cuir rouge : la plus chère. Achetée 800 000 € chez Ferrari à Toulouse en 2003. Pour pouvoir l'obtenir, il fallait avoir eu d'autres Ferrari. Je n'ai roulé que deux fois avec car l'indécence de l'achat me mettait mal à l'aise.

• Ferrari 360 Modena : rouge, intérieur cuir beige. Achetée au moment où elle est sortie. Je l'ai payée deux fois : achetée et immatriculée à Jersey, en passant par le port de Saint-Malo, j'ai été arrêté par les douanes. C'était un Anglais qui m'accompagnait, il avait les papiers sur lui, mais les douanes se sont aperçues que la voiture m'appartenait. Elle a été confisquée et vendue. Je l'ai rachetée pour la récupérer.

• Ferrari 5 75 Maranello boîte F1 : gris anthracite intérieur rouge Cartier, 12 cylindres 575 chevaux. Immatriculée en plaque luxembourgeoise, achetée en 2002.

• Porsche 996 turbo S : gris Kerguelen, intérieur gris clair.

• Porsche Panamera Turbo : bleu gris métallisé, intérieur crème. Achetée pour Chirelle quand elle est sortie en 2009.

• Porsche Cayenne Turbo : gris, intérieur noir.

• Lamborghini Mucielago : bleu nuit métallisé intérieur crème. Achetée en 2003.

• BMW X5 : bleu métallisé intérieur gris.

• Mercedes CL 600 : gris métallisé clair, intérieur gris perle.

• Mercedes 500 SL Roadster : bleu vert métallisé, intérieur bleu marine.

• Rolls-Royce Phantom coupée : bleu gris métallisé intérieur navy avec le ciel étoilé.

• Bentley Brooklands : noire, cuir noir avec initiales entrecroisées C et G sur les appuie-tête. Achetée pour Chirelle chez Bentley à Beverly Hills.

• Ferrari California : achetée aux États-Unis pour Chirelle.

• Rolls-Royce Ghost : bleu nuit métallisé, intérieur crème, achetée aux États-Unis.

• Mini Clubman Cooper S : gris anthracite intérieur noir, achetée pour Chirelle.

• BMW, 4x4 X5M : blanc, intérieur noir, V8, 555 chevaux. Achetée pour Chirelle.

• BMW 750 i.

• BMW 208 GTI.

• MacLaren Mercedes SLR : gris métallisé, intérieur navy.

Avec les portes papillon.

- Audi RS Q 3 : gris anthracite, intérieur noir. Achetée en Israël.
- BMW M 135 I : noir, intérieur cuir noir.
- BMW M 5 : gris silverstone, intérieur noir, moteur 10 cylindres, achetée en 2005.

Plus de 25 voitures de luxe et aujourd'hui, me voilà qui roule en scooter électrique.

À un ponton dans le Var se trouvaient également deux jet-skis See Doo et, près de mes plus belles voitures, une grande collection de motos et scooters :

- Honda VF 750 custom.
- Yamaha V max : tout en carbone.
- 2x Yamaha T max.
- BMW K 12 100.
- BMW HP 2.
- BMW HP 4.
- BMW RT 12 100.
- BMW K 16.
- BMW K 1600 GTL.
- Yamaha MT 01.
- Harley Fatboy : achetée aux États-Unis, la même que Schwarzenegger dans *Terminator* 2. « Belle soirée pour une balade », disait-il.
- SC 50 L Peugeot.
- 2x BMW C1.
- Honda DN 01.
- BMW 650 GT, acheté aux États-Unis.
- BMW C évolution : électrique, acheté durant ma cavale.
- Suzuki burnman 650, acheté en Israël.

Deux choses ont été des moteurs dans ma vie, la vitesse : pour aller plus vite, plus loin, mais aussi pour gagner du temps. Il était donc évident pour moi de posséder les plus belles montres, synonymes du temps qui passe, de l'arrêt sur image, du bonheur qui s'enfuit trop vite et des mauvais moments bien trop longs… Je les ai collectionnées, je les ai offertes, je les ai adorées. Avec une préférence pour l'or gris, le platine et l'acier. J'ai offert la première Rolex à mon fils pour ses dix ans. La montre, c'est l'extra, la cerise sur le gros gâteau. Je n'ai jamais hésité à les offrir, sans occasion spéciale. Par envie, comme on achète une rose au détour d'une rue.

- Breitling chronomate : offerte par mes parents à l'âge de vingt ans. Noire, zone champagne avec la lunette en or.
- Tous les modèles Rolex sortis avant mes cinquante ans.
- 15 modèles de chez Patek Philippe.
- Richard Mills : une RM 003 achetée en 2003.
- Cartier : tank française.
- Cartier : chronographe roadster.
- Un modèle Girard-Perregaux.
- Une Vacheron Constantin.
- Une quinzaine de modèles Panerai.
- Quatre Bulgari.
- Deux modèles Urwek.

Lorsque l'on a les voitures et les belles montres, il est important d'être habillé à la hauteur de ce prestige. Les vêtements, les accessoires, les chaussures… mes caprices par excellence. Et la douce sensation de se vautrer dans la luxure… Essentiellement des achats compulsifs, je possède un pull Hermès en vigogne acheté 17 000 € et jamais porté, des tonnes de chaussures et manteaux jamais portés, tels que le blouson Top Gun, acheté au Japon par ma femme. Si je m'emmerde à la fin de la journée, je vais voir mes vendeurs préférés, Josselin et Benjamin chez Hermès, parce que l'argent se dépense facilement. Voilà mon état d'esprit à l'époque.

• Une ceinture Roland Iten dont la boucle luxueuse lui fait valoir le prix de 15 000 €.

• Un pan de mon dressing dédié à Hermès : blouson, manteaux, pulls... Avec un intérêt particulier pour le cuir, notamment celui des reptiles.

• Vêtements Thierry Mugler.

• Vêtements d'intérieur Compagnie de Californie et Lacoste.

• Un millier de sous-vêtements Calvin Klein : 100% coton, qu'on ne trouve qu'aux États-Unis, achetés tel un grossiste directement à l'usine.

• Costumes sur-mesure Cifonelli.

• Chaussures sur-mesure chez John Lobb.

• Toutes les Weston, dans toutes les déclinaisons, formats, couleurs depuis mes treize ans.

• Chaussures Berluti.

• Chaussures Hermès.

• Cartables Hermès dans toutes les déclinaisons possibles.

• Chaussettes en fil d'Écosse, en soie, en cachemire, en pure laine vierge Burlington et Weston.

• Stylo S. T. Dupont® double mine feutre et bic avec clef USB intégrée, d'une valeur inestimable.

Oscar Wilde disait vrai : « Mes goûts sont simples : je me contente de ce qu'il y a de meilleur. »

Quant au poète Émile Deschamps, il écrivait : « C'est la fleur sans parfum qu'un ouvrage sans style. » Pour ma part, je pense avoir mené mes affaires avec panache et avec style, toujours parfumé par les plus grands.

- Cacharel.
- Fahrenheit, Dior.
- Angel, Thierry Mugler.
- Déclaration, Cartier, que je porte toujours aujourd'hui.

À l'adolescence, j'ai découvert le plaisir des bonnes choses, sucrées bien souvent. L'argent m'a ouvert les portes d'un art que je ne soupçonnais pas enfant : l'art culinaire. Et cet appétit ne m'a jamais quitté depuis. Je suis vorace, j'aime croquer dans les meilleurs mets, j'aime manger. Parfois, je l'ai fait pour calmer mes angoisses, combler les vides en moi, mais jamais je n'ai sous-estimé l'importance d'un bon repas, de préférence en étant bien accompagné, par ma famille, mes enfants, mes amours, mes amis… Et malheureusement, parfois mes emmerdes. Petit florilège de ce que j'aime le plus :

- Bœuf de Kobé.
- Café Illy.
- Pâtisseries Pierre Hermé.
- Chocolats Patrick Roger.
- Pâtes Gragnano.
- Foie gras Corbeau Gaston.

L'excellence à tous les niveaux, ça passe par des placards bien garnis et un confort quotidien. Pour dénicher les meilleures pépites, rien de tel que de multiples abonnements, me faisant plonger dans les méandres de l'électronique. Dans chacun de mes appartements, chacune de mes maisons, trônaient ces marques, avec toujours leurs meilleurs modèles. Les plus puissants, les plus chers.

- Bang & Olufsen.
- Miele.
- Premier écran plasma de 60 pouces, 30 000 €. Nous étions deux à l'avoir à Paris, le roi du Maroc et moi.
- Ampli Devialet, entre 20 000 et 30 000 €. J'étais le premier à l'avoir.
- Vaisselle Christofle.
- PS3/4, Nitendo, Xbox pour chaque enfant.
- Meubles Hugues Chevalier et Roche Bobois.
- Panthère empaillée, achetée dans une galerie d'art à Saint-Tropez.

Aujourd'hui, j'ai perdu la majorité de ces biens. Mais je ne m'en plains pas, j'ai pu les découvrir, les tester, les éprouver au fil du temps. Il me reste l'essentiel à présent, ce que je trouve être le plus inestimable : les souvenirs que j'emporterai dans ma tombe et surtout, ma liberté afin, pourquoi pas, de tout retrouver un jour, de façon honnête cette fois-ci.

CONCLUSION

J'ai été condamné comme étant le cerveau de l'escroquerie de la taxe carbone, le 13 septembre 2017, par la 32e chambre du tribunal correctionnel de Paris à une peine de 6 ans d'emprisonnement ferme, une amende correctionnelle de 300 000 €, ainsi qu'à la confiscation de l'ensemble de mes biens mobiliers et immobiliers.

Le 23 mai 2018, la même juridiction m'a condamné à une peine supplémentaire de 6 ans d'emprisonnement ferme et à une amende supplémentaire de 200 000 €.

Les deux peines ont été confusionnées, passant de 12 ans à 8 ans.

J'ai effectué 5 ans d'emprisonnement.

Je suis à ce jour toujours redevable non seulement des amendes correctionnelles mais aussi du remboursement total de l'escroquerie qui s'élève à plusieurs centaines de millions d'euros.

REMERCIEMENTS

Je voudrais remercier mes parents de m'avoir toujours soutenu sans faille, sans jamais me juger.

À mon ami, Jean-Claude, alias frère Laurent, qui m'a hébergé sans hésiter dans ma cavale et qui nous a quittés le 9 octobre 2017. Je n'ai pas pu te dire au revoir ni t'embrasser, puisse ce message me rattraper.

Merci à Monique, Angèle, Christiane, David M, David H. Nadav, William, Pascal, Kenny et Zlatan, les aumôniers, mes avocats. Sans oublier un remerciement particulier à Samuel, Esther-Lise, Nathalie, Camille, Victoire, Yohan, Florence mon éditrice, Majda et Philippe, mes producteurs, Pascale, Papy…

Un souvenir à mes fidèles compagnons Bugatti et Anakin.

TABLE DES MATIÈRES

Prologue 7

1. « Tu seras béni, mon fils... » 11
2. Va, vis et deviens 35
3. L'or bleu. Partie1, les prémices d'une envolée 47
4. L'or bleu. Partie 2, période faste 67
5. L'or bleu. Partie 3, fin de l'aventure 77
6. À table ! 89
7. Rencontre avec le phénomène Mouly 97
8. « Happy Birthday Madam President » 111
9. Nom de code « Ofer » 117
10. L'amour avec un grand C 129
11. Arthur vs Grégory 141
12. Retour à la case prison 149
13. L.I.B.R.E 173
14. L.A., la vie rêvée des anges 189
15. Des États-Unis à Israël, histoire d'une cavale 207
16. Entre quatre murs 223
17. Cavale parisienne 239
18. La genèse 253
19. Cash Carbone : Explications de la fraude à la taxe carbone 261
20. Inventaire 273

Conclusion 281
Remerciements 282

Retrouvez toute l'actualité
de Grégory Zaoui
sur les réseaux sociaux :

@gregoryzaoui

@gregory_zaoui